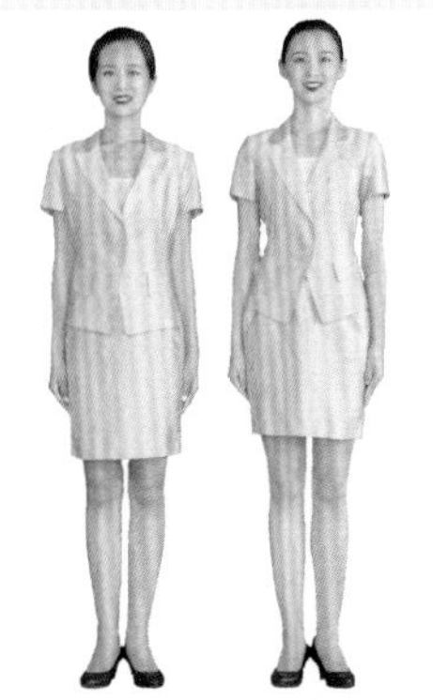

图 1-1　垂手式站姿

图 1-2　握手式站姿

图 4-1　仪态文明

图 4-2　亲切的微笑

图 4-4　大方的仪态

图 4-5　仪态敬人

图 4-6　淡雅日妆

图 6-1　画眉

图 6-2　画眼线

图 6-3　画眼影

图 6-4　刷睫毛

图 6-5　涂腮红

图 6-6　涂口红

图 7-1　中国和世界华人女性的传统服装 —— 旗袍

图 7-2　正装

图 7-3　蓝白对比色

图 7-4　正装西装

图 7-5　正装套裙

图 8-1　酒店人员的形象

图 8-3　新闻类节目主持人的形象

图 9-1　叉手站姿

图 9-2　垂手站姿

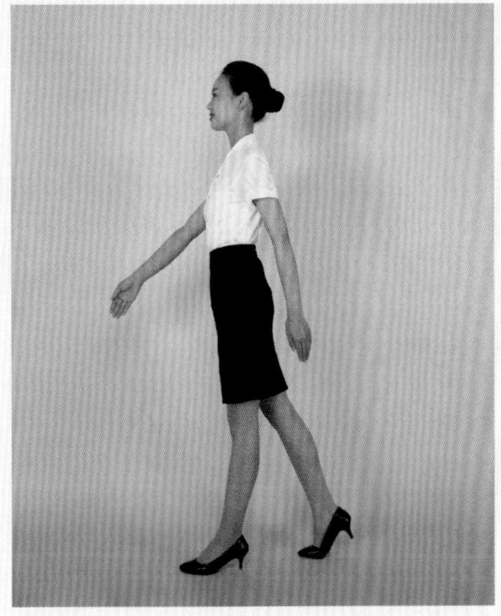

图 9-3　行姿

图 9-4　坐姿（女）

图 9-5　坐姿（男）

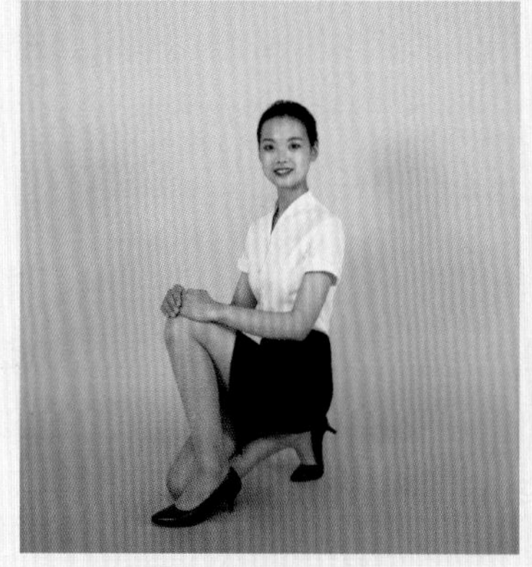
图 9-6　高低式蹲姿

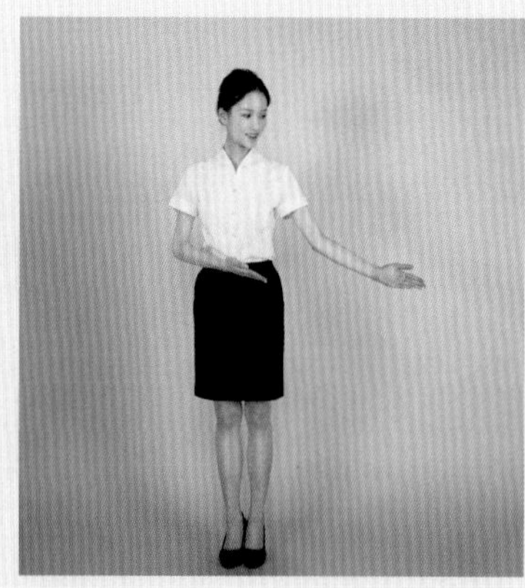
图 9-7　双臂横摆式

图 9-8　斜摆式

图 9-9　OK 型手势

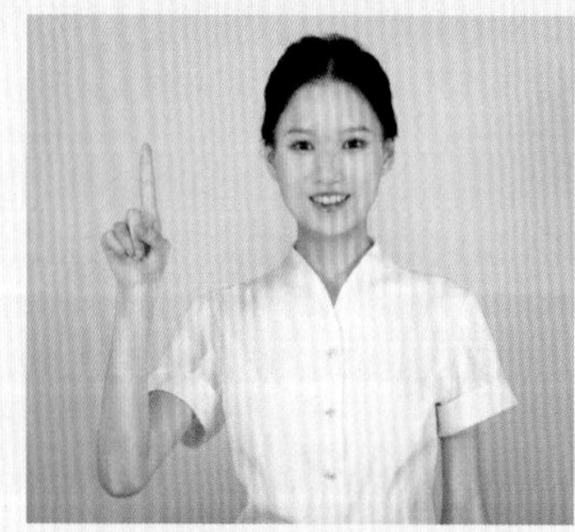
图 9-10　举食指

图 10-14　就座

图 10-19　奉茶礼

图 10-20　团队协作

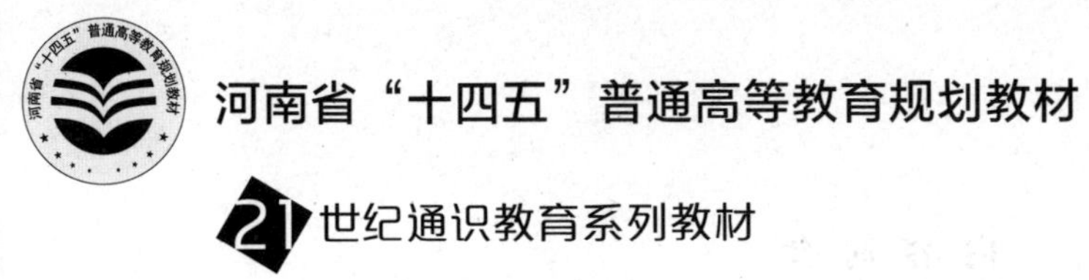

形体训练与形象设计

（第2版）

杨　静　郑大莉
刘　倩　赵　洁　◎编著

清華大学出版社
北　京

内 容 简 介

本书分为上、下两篇，以美学、生理学、公共关系学等理论为基础，立足“表”和“里”两个方面，强调循序渐进的“养成”过程和综合素质培养，对形体、仪态、形象、礼仪进行系统的介绍，并用于指导实践。上篇重点阐述形体及形体美的基础知识和标准、形体及仪态训练的方法，强调通过形体训练塑造良好的仪态；下篇则侧重适宜的形象设计和现代礼仪指导，即重点阐述形象设计的概念与内涵，化妆与形象设计、服装与形象设计、职业形象设计的定位与指导，个人仪态礼仪及常见的社交礼仪等。

本书旨在让读者通过“认识自己—了解标准—实操训练—常见纠错—习惯养成”等方面的学习和实践，逐步塑造完美形象，建立科学的审美标准、正确的道德信念和礼貌修养准则，即思辨“礼”、掌握“仪”、体验“行”、诠释“美”的能力，并力求让读者“一书在手，自信全有”。

图书在版编目（CIP）数据

形体训练与形象设计/杨静等编著. —2 版. —北京：清华大学出版社，2023.4（2024.8重印）
21 世纪通识教育系列教材
ISBN 978-7-302-63326-6

Ⅰ. ①形… Ⅱ. ①杨… Ⅲ. ①形体－健身运动－高等学校－教材 ②个人－形象－设计－高等学校－教材 Ⅳ.①G831.32②B834.3

中国国家版本馆 CIP 数据核字（2023）第 060521 号

责任编辑：杜春杰
封面设计：刘 超
版式设计：文森时代
责任校对：马军令
责任印制：沈 露

出版发行：清华大学出版社
网 址：https://www.tup.com.cn，https://www.wqxuetang.com
地 址：北京清华大学学研大厦 A 座 **邮 编：**100084
社 总 机：010-83470000 **邮 购：**010-62786544
投稿与读者服务：010-62776969，c-service@tup.tsinghua.edu.cn
质量反馈：010-62772015，zhiliang@tup.tsinghua.edu.cn
印 装 者：三河市天利华印刷装订有限公司
经 销：全国新华书店
开 本：185mm×260mm **印 张：**17 **插 页：**2 **字 数：**414 千字
版 次：2018 年 12 月第 1 版 2023 年 6 月第 2 版 **印 次：**2024 年 8 月第 2 次印刷
定 价：59.00 元

产品编号：095619-02

前　言

党的二十大报告指出，要提高全社会文明程度。推动社会文明程度不断得到提高、达到新高度，是全面建设社会主义现代化国家的重要目标和重要保证，也是建设社会主义文化强国的重要内容。个人形象（点）是一个人内在品质的外部反映，是展示一个人内在修养的窗口，其集合而成国家形象（面），因此，个人形象直接影响国家形象。随着国际政治、文化、经济贸易等各个领域的交流日益频繁，提升个人形象是深刻把握文明建设在现代化建设中的重要作用、着眼于推动全面建设社会主义现代化国家提出的重大任务，是个人发展的需求，也是国家和社会发展对于个人的要求。良好的形体、优雅的仪态、靓丽的形象、规范的礼仪已成为现代人文明的标志。新时代背景下，高等教育人才培养不仅要使学生掌握人文、科学知识，更要有社会责任、家国情怀和世界胸襟。通过有针对性的学习和实践不仅可以矫正人们不良的外在形体，塑造健康优美的体态，还能帮助人们养成良好的礼仪习惯，提升自身的综合素质，使人们更加自信，充满人格魅力。而自信、良好的礼仪习惯、人格魅力等，都是通往成功的有效通行证。个人形象的整体塑造对人们自身以及生活质量的影响是一个逐步递进、逐渐深化的过程。

本书由中原工学院杨静教授、郑州经贸学院郑大莉副教授、中原工学院刘倩副教授、河南信息统计职业学院赵洁讲师联合编写，具体编写分工如下：第一章、第四章、第八章、第十章第三节由郑大莉编写；第二章、第三章由刘倩编写；第五章、第六章由赵洁编写；第七章、第九章、第十章第一、二、四节由杨静编写。

本书在编写过程中，得到了中原工学院老师的大力协助，在此表示感谢！同时， 中原工学院和郑州经贸学院的学生陈文超、王泺铖、钱奕成、师雨、张亚文、马琪玥、杨于佳、刘珈汶、徐梦寒、李鑫、谢铭洋、王琦、路振涛、吕一博、王杨费凯、王昊、杨柏晗、付怡琼、李晨婉承担了本书动作示范的拍摄工作。本书在编写过程中，参考借鉴了许多著作、论文等文献资料，在此对其作者一并致谢。

本书主要基于作者长期的教学研究和实践编写而成，由于作者水平所限，书中难免存在疏漏和不足之处，敬请专家和广大读者不吝赐教，以便修订时完善。

作者

2023 年 1 月

目　　录

上篇　形体训练篇

下篇　形象设计篇

上　篇

形体训练篇

第一章　形体概述

名人名言

外貌是天生的，仪表却是后天的，它或者可以同时理解为魅力、风度。

——程乃珊

章前导读

“爱美之心，人皆有之。”这句话从古至今都体现了人们对美的普遍追求。美的旋律、美的色彩、美的形体、美的形象都能给人一种愉悦和美的享受。现代科技日新月异，虽然带动社会不断地发展，但人们在享受进步带来的惊喜的同时，也面临着各种压力，身体形态便是其中之一，采用科学的方法加以训练，可以塑造美的形象，增加人格魅力。

另外，在国际交往过程中，个人代表国家及民族，个人形象的呈现即成为国家形象的重要构成。塑造良好的形象，也是对当今社会时代精神的领会，是做好思想教育工作的灵魂。个人形象、行为表现不得体，不仅影响个人的形象，在国外还会影响国家的形象。本章从多个角度探讨形体、形体美及形体训练等内容，以帮助人们塑造更好的形体，具备较为完美的形象。

学习目标

知识目标：

1. 了解形体及形体美的概念。
2. 了解形体与仪态、形象之间的关系等知识。

能力目标：

1. 结合自身情况，具备自我基本形体训练的能力。
2. 具备设计不同风格的个人形象的基本能力。

素质目标：通过学习和实践，了解和掌握基本的形体美的塑造方法，以提升个人形象，并且认识到塑造良好的个人形象对于集体形象，乃至国家形象的影响。

第一节　形体与形体美

随着人们生活水平的提高，健康的生活和锻炼方式不断受到追捧。大众对形体美的追求也进入一个探索和实践阶段。然而，近几年的研究发现，个别行业、组织追求过度的所谓“形体美”，使普通人对形体美的认识陷入误区。针对这种情况，科学正确地认识形体美也就具有了重要的现实意义。首先，我们需要对形体美的内涵有深入的了解；其次，通过分析影响形体美的因素，我们要纠正对形体美的错误认知，以达到正确认识形体美、追求健康形体美的目的。

一、形体与形体美的内涵

形体，通俗来讲就是指人的身体以及人的形态、形象，可以分为广义和狭义两种。从广义上来讲，形体可以看作人的身体形状和一个人本身具有的体质。狭义的形体指人的身体的五种组织结构，即筋、骨、皮肤、脉、肌肉五部分。形体是人在先天遗传产生变异和后天获得的基础上所表现出来的身体形态上的相对稳定的特征，它是人的表情、姿态和体形等外在形象的总和。

形体美是一个不断变化发展并具有丰富内涵的概念。对于形体美的研究，可以从两个维度展开。从静态维度来说，形体美是人体体形、体态展现出来的一种人格美。从动态维度来说，形体美是人体风度、气度的一种展现方式。从形体美的内涵可以分析出，形体美并不只是静态的体形和体态的美，更重要的是风度、气度的人格美。

综上所述，形体是指人体的外在表现，人体只有在四肢、躯干、头部及头部五官的合理配合下才能显示出姿态美、体态美、线条美和外部形态与内部情感的和谐统一美。形体美是指由人体体形、体态展现出来的人格美，以及由人体风度、气度展现出来的动态美，人体的整体指标（主要指高、矮、胖、瘦等指标）合理和人体各部位之间的比例恰当，形成优美和谐的外观特征。

思政拓展　　中国传统文化中女性的形体类

二、影响形体美的因素

（一）遗传因素

遗传是子代从亲代那里继承下来的形态和机能上相对稳定的特征。遗传为后天的发展创造条件，提供物质基础，但后天环境对形体美的健康发展起着重要的作用。

（二）环境因素

环境是指生存的条件，包括自然条件、生活条件和工作条件。环境因素对形体美起着潜移默化的作用。

（三）心理因素

心理因素对形体美也有很大的影响。人的精神状态、气质类型，决定了人的性格，而性格对于心理因素来讲，也占有很重要的地位。形体美是通过形体的表现力来实现的，没有良好的心理素质，也就无法适时地展现形体美的风采。稳定的心理素质是通过平时的训练获得的。因此，练习者在塑造完美形体的同时，还应重视心理素质的训练，以期取得更好的效果。

（四）营养因素

营养是影响形体美的重要因素。一个好的形体不是天生就有的，需要经过后天的训练才能得到。如果人体没有合理、充分的营养，就不能保证其正常的生长发育；人体不能及时地补充营养，也就无法补充由于训练所造成的能量消耗，形体训练的效果也就无从谈起。一个好的形体，必须有科学合理的营养补充，只有在此基础之上的形体训练才能取得良好的效果。

（五）科学的形体训练

科学的形体训练，就是根据一定的科学原理、客观标准，并根据科学规律，选择一些适合自己实际情况的训练内容、手段和方法，长期、系统、有目的、有针对性地进行形体训练，从而达到塑造完美形体的目的。

（六）社会因素

社会因素包括社会体育锻炼的氛围以及社会对形体美标准的要求。由于健身产业以及各类舞蹈培训的迅速发展，目前，社会已开始进入一个良性的锻炼阶段。但当今社会生活节奏加快，使得社会各阶层人士的锻炼时间变少。一方面社会人士有对形体美的要求，另一方面很多人缺少必要的锻炼时间，这一矛盾使得推动形体美标准的评价在社会推广的发展步履维艰。社会对形体美标准的评价也是影响形体美的重要因素。社会对形体美标准的评价主要集中在女性方面，例如要求女性又瘦又高等。这种评价标准只是从静态的维度理解形体美。形体美提倡的是一种健康的塑造形体，而不是扭曲的塑造形体。例如，封建时期的男性以玩赏女性的小脚为癖好，认为女人的小脚是一种形体美。这种畸形的偏好并不是对形体美的追求，而是对女性身体的迫害。

社会各界对于形体美的认识应达到一个相对统一的高度，能够更加规范地组织社会各界不同群体的人们进行形体美锻炼。

例如对于学生来讲，一天中一半以上的时间在学校中度过，学校对学生的形体塑造具有一定的责任。学校的影响因素是指学校组织的活动和学校形体课程开设的情况。学校组织的校运会和早操等活动都有利于锻炼学生的形体。校运会能够使学生参与体育锻炼，彰显体育精神，激发学生参加体育锻炼的动机。学校应多组织能够促进学生形体塑造的活动，增强学生的体质，培养学生的体格美。另外，作为体育和美育桥梁的形体课程的开设，能够促进学生培养积极的心态和树立健康美的理念。在开设形体课程时，学校要保障形体课程的开设学时，积极要求教师更新教育理念和教学方法，促进学生美育的发展。

又如社会工作者可以在闲暇的时间了解形体训练的方式和方法。例如，各不同单位的工会组织可以成立专项训练，定期组织一些比赛活动；社区可以针对老年群体搞一些专项训练和比赛等。社会工作者也可以参加形体训练的专业课程，或根据自己的需要参加形体训练活动，增加身体的柔韧性。各个年龄阶段的社会人士可以通过相关产业提供的关于形体训练的产品，充分了解形体美与形体训练。社会各界可以有针对性地开发各个年龄阶段的课程，使每个人都能够参与，从而进一步推进社会形体美塑造的步伐，使其积极健康地向前发展。

三、形体美的误区

（一）观念误区

社会上存在这样一种观念误区：形体美的塑造就是体形的塑造，形体美的塑造针对的人群只是爱美人士。这样的观念是有失偏颇的。形体美的塑造不仅是体形外在美的塑造，更是心灵内在美的塑造。每个人都有追求美的权利，形体美是对健康、协调、骨骼匀称、强壮体魄的追求。另一个关于形体美的误区是：形体美是天生的，没有必要对形体进行塑造。这种天生论是对形体美的一种误导。遗传只是影响形体美的一个方面，并不是唯一的一个方面，美的形体还需要后天不断地努力。先天论用一种静态的观点看待形体美，而没有用一种动态的综合的观点看待形体美。此外，还有一个关于形体美的误区：只以胖瘦作为形体美的标准。不正常的消瘦是一种病态，是不健康的，而形体美是一种适中的曲线美。过分追求消瘦的形体美，是一种扭曲的病态。综上，在日常生活中，大众对形体美的理解有一些误区，作为专业人士有责任宣扬正确、健康的形体美观念，促进人们对形体美的正确领悟。

（二）训练误区

现有的社会观念对形体美的训练的解读如下：形体美的训练就是做一些有氧运动，例如舞蹈、健美操、瑜伽、芭蕾等。这种训练能够起到培养高雅气质的作用，但是这种单一的训练并没有针对具体的个人情况进行训练。对于一些偏胖的人士，首先不是培养其优雅的气质，而是应该塑造其合理的体形，进行必要的燃脂运动。燃脂运动并不一定都是有氧运动，还要配合肌肉进行有氧和无氧运动相结合。塑造形体美很重要的一点就是针对个人具体情况设置不同的运动，综合各项运动塑造形体美。另外，在学校里，学校课程的设置也会影响学生塑造形体美。和国外相比，我国的形体训练课程开设较晚，形体训练教学并没有形成完整的体系，在形体课程设置上，一些学校以最基本的体育训练的方法对学生进行教学。这种不了解形体课意义，随意设置课程的方式是不可取的。形体课的课程设置要有别于体育训练，突出形体课的特点和作用，为增强学生健康的体魄和提高肌肉的协调性打下良好的基础。

形体训练能使骨骼关节匀称发展，促进血液循环，调节大脑的神经系统等。形体美的训练并不是只针对女性，对男性同样有一定的作用。最近几年，呼声比较高的是将男生培养成“真正的男子汉”。要想培养真正的男子汉，首先需要将男生在体格、体魄上塑造得像男子汉。另外，形体美的训练能够增强男生的意志，培养其健全的人格。这种对男性也有帮助的训练方法，应该得到男性的认可和接纳。

四、形体美的意义

（一）形体美有利于促进健康美

我国古人认为理想的形体美应是“增之一分则太长，减之一分则太短”，即不高不低，不胖不瘦。形体美首先要求体形的匀称和谐，即部分与部分、部分与整体之间比例对称合度，协调适中。人体形态的协调优美，主要体现为骨骼发育正常，身体各部分匀称，如躯体左右对称，四肢长短均衡，具体有一定的标准指数，即身长、体重、坐高的比例，颈围、胸围、腰围、臀围和腿围等的大小。如这些围度和长度的指数符合黄金分割率，这样的身体形态就被认为是美的。

体质健康，健康至美。在形体美中，健是美的基础，美是健的升华和结晶。健能造就强劲的筋骨、发达的肌肉、红润的肤色，充分显示出人的自然美，尤其是形体美。健是人的生命活力、青春朝气的象征，使人的形体“生气灌注”，充分表现出人的动态美。健是各民族形体审美意识的最高追求，古希腊人认为只有健康、强壮的身体才是最美的。因此，体质健康是人的形体美的必要条件，是塑造美的基础，形体美是健康美最基础、最本质的表现。形体美可以带来身体的健康与强壮，带来充沛精力、勃勃生机，因此形体美有利于促进人的健康美。

（二）形体美有利于促进人格美

从形体美的内涵中可以看出，形体美不仅是指体格强壮，而且显示出一种人格美。形体美是一种美感教育，其内在的精神是培养完整的人格。偏胖者进行必要的燃脂运动，塑造健康的体格，其实也是一种意志力的培养。另外，分析学生的不良生活习惯影响学生的体形等问题，是一种积极主动地分析并解决问题的态度。同时，养成健康的生活习惯也是一种养成教育。渗透到生活方方面面的形体美，是一种健康的生活方式、完美人格的展现。形体美的训练过程中，主要是对“站姿”“坐姿”“手势”的训练，这种能够促进个人精神焕发的训练是有利于培养健康的心理素质的。

（三）形体美有利于促进心灵美

形体美是一种美的教育，在美育中，心灵美是美育的最终目的。形体美是一个动态综合的概念，但它的最终目的是促进心灵美的发展。外表的体格美只是形体美的一个维度，另一个维度就是心灵的美。培养学生意志力，锻造学生品格，引导学生养成良好的行为习惯等，都有助于学生形成健康的心灵。

第二节　形体与形体训练

了解了形体与形体美之间的关系之后，我们应该怎样训练才能使自己的形体变得更美呢？本节我们就着重介绍形体训练的内涵、意义和方法，以帮助大家更好地根据自身形体的实际情况来进行有效的训练，从而达到美的标准。

一、形体训练的内涵

形体训练就是以人体科学理论为基础，通过各种身体练习，运用专门的动作方式和方法，从而改变人的原有不良体态，以增进健康、增强体质、塑造体形、训练仪态、陶冶情操为目的的形体素质基本练习。形体训练主要包括形态训练、姿态训练和气质训练。形态训练是指针对人体的各个部位进行的训练。姿态训练是指针对人的站、坐、行等姿势而进行的练习。气质训练是指针对个人外在的精神面貌和内在的文化修养而进行的专门练习。

二、形体训练的意义

（一）形体训练有利于身体各方面组织的匀称和谐发展

处于成长阶段的人，无论是身体还是心理方面的成长发育都很关键，骨骼和肌肉的发育在这个阶段非常重要，要想把握住这个时期塑造更好的形体，就必须进行正确的形体训练。形体训练是采用徒手训练的方式，练习把杆系列动作、姿势和步伐等基本动作，使大肌肉和小肌肉群协调发展。形体训练中的姿势和步伐训练，能够矫正关节的弯曲和扭转程度，增强关节和韧带的弹性。

形体训练是有氧运动和无氧运动相结合，在有氧运动的训练中，形体训练能够调节呼吸功能，加强消化系统功能，加快大脑的反应速度，使大脑中枢的运动区域处于兴奋状态。同时，形体训练有助于降低神经系统的疲劳程度，提高大脑的运行效率。

形体训练和音乐相结合，能使身体处于放松状态，有利于控制人的身体，调动身体的各项机能，调节关节灵活性和柔韧性，增强身体组织的协调性。此外，音乐和动作风格的结合，能使身体的动作节奏和音乐旋律相协调。形体训练和相应的舞蹈相结合时，舞蹈的基本动作，例如手位、脚位、旋转等与形体训练的步伐和基本动作的结合，能够达到形体训练的目的——训练仪态和陶冶情操。

（二）形体训练有利于矫正不良体态

有些人，因为受到不良生活习惯和学习习惯的影响，在成长过程中出现了体态上的肥胖、偏瘦，在体形上出现驼背、含胸、X 型腿、O 型腿等。针对不同个体的不同情况，形体训练可以有不同的方式。

例如对于偏胖者，不仅要合理控制饮食，更需要进行形体的塑造。形体训练可以采取减脂法、有氧运动、负重练习等方法，在适当阶段进行适当的练习。在形体训练初期，采取减脂法，合理、迅速地在身体的某些部位减掉多余脂肪。在形体训练的中期阶段，采取有氧运动，如健美操，塑造健康的体形。在形体训练的最后阶段，采取无氧运动与有氧运动相结合的方式，增加肌肉的负重练习，促进肌肉纤维的生长，使小肌肉群和大肌肉群得到协调发展。

总体而言，对于偏胖者，可运用有氧运动、减脂法和局部锻炼相结合的方法。对于体态上存在驼背、含胸特征的人，可根据形体舞蹈课进行“走步”“沉肩”“收臀”等练习，将针对上肢和下肢、腰部和背部等的有针对性的练习相结合，矫正不良体态，形成良好的体形和体态。

（三）形体训练有利于促进形体美

形体美包括外在美和内在美。外在美和内在美都可以通过形体训练得以达成。形体训练中的姿态训练、动作训练、把杆练习等都可以促进身体的协调发展。协调的身体发展也是形体美的重要特征。形体训练使得人们懂得美的基本动作、美的仪表仪态，促进人们感受美的能力。正确的形体训练不仅可以矫正不良体态，也能促进正确审美观的形成。形体训练是形成形体美的重要方式，形体美是形体训练的目的。

三、形体训练的方法

（一）气息训练

人有正常的呼吸节律，例如说话有句读停顿，唱歌有换气。声音由气息控制，舞蹈的呼吸也同样受肢体语言的支配。在形体训练时，明确了气息的要求，有利于我们改变为动作而动作、为模仿而模仿的被动现象。通常，气息控制的长短直接影响动作的力量，它是动作力量产生的预备。当然，气息也作用于肢体动作的过程，会直接影响舞蹈风格的表现。例如汉族的胶州秧歌，“快起慢推”“小提大放”的动作形成了坚韧、舒展、利落的风格特征。这时气息的形式、时机、节奏等就要求人们随着舞蹈肢体动作进行调节。可以说，气息过程与动作表现过程是时刻联系在一起的。

如何运用气息控制、掌握呼吸与动作的调节规律，自然唤起动作的主动意识，赋予动作生命力呢？我们在训练时，当手臂上举时，要自然吸气，不动时，保持气息；下落时，自然吐气；动作快，气息变化快，动作慢，气息要绵长，力量才会延续。有了呼吸，动作就有了生命力，有了生命力，动作才会有美感。实践证明，这种唤起自我意识的训练结果比单纯模仿学习动作要有内涵。

（二）意念训练

意念就是人的大脑发出的指令。运用意念的目的就是感知自己身体各部位活动后所产生的力的效果，是进行关节与肢体的灵活度训练以及肌肉控制力量训练的基础。在意念训练中，我们就是要充分感知自己身体各部位关节和肌肉运动的规律和运动与力的关系。一方面我们要增加常用关节的训练，如腰、胯、腕、膝等关节的灵活性与协调性训练；另一方面我们要开发一些不敏感的身体部位的训练，如脊椎运动，肌肉的张弛练习，胸胛骨、肩胛骨、肋胛骨的运动，力量的凝聚与传递练习等。

一般来讲，手、脚部位较为敏感，运动起来阻碍不大。但是身体中的有些部位，如背部、胯部甚至某个部位的肌肉群就似乎不那么敏感了。而舞蹈恰恰离不开这些部位和肌肉的作用。如何展开训练呢？我们可以将动作的运动源放在身体的不敏感部位，如以一个小沙袋为运动源，将它放在身体的某一个部位——胯部、后背或者侧腰上，然后大脑发出运动指令，让小沙袋跟随身体部位的运动而改变位置，从而渐渐体会这些部位所产生的力的作用。当然，我们选择训练的难易程度可根据自身的具体情况决定，但要在训练过程中融合动作的力量性、抒情性、展开性、控制性等因素，全面开发自己的肢体运动能力。

（三）对抗训练

对抗训练的目的就是要产生内在力。我们知道，任何肢体动作的发生都会有个作用力，有力的起源点，而这种“力”“点”相反方向的作用力就是对抗力。有了内在的对抗力的舞蹈动作，才会有生命力、爆发力、延伸力。例如，任何腾空而起的跳跃动作，在起跳的一瞬间，都会有一个向下推地的作用力，这个力的方向与腾空而起的作用力是相反的。又如，古典芭蕾基训中的“蹲”，在“下蹲”到“直立”的过程中就要始终贯穿一种阻碍性的反向作用力，从而使“蹲”的动作过程充满了内涵。如果没有对抗力，那么这个“蹲”只能称作外形躯壳的变化而已。通常，对抗力保持的时间越长，那么动作的延伸幅度就越大，动作的内在爆发力就越明显。我们在训练时，可以认真地体会一下这种对抗力对肢体运动所产生的作用，并且比较一下对抗力的强弱所产生的不同效果。通过这样的训练，我们就会强化自己掌握控制肢体的能力，培养对动作正误的判断力。

总之，我们在选择素材和训练内容时，要综合自身的情况，及时调整或安排有针对性的训练内容，从而在形体训练时逐渐弥补自身的不足。当然，有时我们在训练时出现问题的原因不仅局限于技术范畴，还可能包括自身的自信心、兴趣等心理因素。所以，我们还可以借助专业教师或者其他专业人员从心理、生理、技术等多方面给予我们正确的指导。

四、形体训练的影响

形体训练的影响， 也可以从社会、学校和个人三个因素进行分析。从社会方面分析，形体训练能够促进社会形成正确的形体观念，形成形体训练的良好氛围，改变已有的形体训练的误区，形成正确的形体训练的方法。从学校方面分析，学校还需要进一步开发形体课程，完善形体课需要的师资、场地、设备等。从个人方面分析，个体应该积极参与正确的形体训练，敢于正视自身存在的不良体态，开发自身潜能，塑造形体美。

第三节　形体与仪态

具有美的形体是获得美的仪态的前提条件和基础。一个人拥有了仪态美，才能在社会交往中展示个人的魅力和修养，本节将给大家介绍仪态和仪态美。

一、仪态的内涵

仪态就是指人们的一举一动所传达出来的内在修养与品质。它包括身体动作是否优雅，处事交流的成熟与否，神情表现得是否自然适宜，等等。通过这一系列的外在行为可以诠释一个人内心所认同的价值观点、修养程度，以及自身学识。具体而言，由于生活的方式不同，生活习性的差异，各个民族所崇尚的思想不同，再加上每个人都生活在不同的大环境下，形成了不同国家、不同民族、不同阶层对仪态有差异性的标准及要求。

仪态礼仪体现了人们在社会交往中，相互之间应具有的友善、得体的气度和风范。在交往中要把握好尺度，态度亲切，称呼得当，穿着得体，坐如钟，立如松，则感情必易于沟通，交往气氛自然融洽，利于达成共识。也因此，人类社会更加和谐，人们彼此之间更有感情，生活更加色彩斑斓。反之，不得体的仪态则有可能导致摩擦发生，阻碍人们之间的相互理解与沟通。

二、仪态美的内涵

仪态美涵盖了仪容、仪表、姿态三个方面，这三方面虽然都在强调人的外在，但是它们的侧重角度是不尽相同的。仪容具体指的是一个人的长相，即本身所具有的容貌。仪表则是指一个人外在的综合表现，服饰搭配、举止端庄、形体匀称、风度翩翩等都在一定程度上展示着仪表。姿态具体是指一个人所表现出来的行为举止，仪容和姿态都是仪表的有机组成。因此，仪态美不仅要求服饰搭配得体、举止大方端庄、形体匀称协调、姿态优雅自然，还要求内在的修养和学识。因学识渊博而自然而然表现出来的谈吐不凡，是集形体美、容貌美、修饰美于一体的内在和外在综合美。一个人若对仪态美倾心追求，就不仅要遵循美的规律改造自身的外在形式，还要不断提高自身的内在修养。

三、形体美与仪态美的区别与联系

从二者的定义来看，形体美是仪态美的一部分，而且是基础的部分，没有形体为基础的仪态，就像没有经济的支撑，空谈精神的伟大一样。当然，仪态美不是仅有形体美，还要有容貌美以及在这两者之上通过适当的修饰而塑造的修饰美。容貌美是人在与人相处时获得第一印象的底牌，好的容貌能够给人很舒适的感觉；形体美则是给美丽的容貌加了取胜的砝码，在多数情况下只有两者俱在才能收到良好的效果；修饰美则是对容貌美与形体美的强化，使美的效果更加明显。

姿态体现一个人素养的高低，它是身体在空间状态下呈现出来的姿势、状态优雅与否的体现，如果说静态美表现为形象和体形，那么动态美就是表现一个人举止动作的优雅，只有静态美的视觉加上动态美的印象，才是一个人仪态美的完整体现。试想，假如一个人仅仅有华丽的装饰，或者有出水芙蓉般的容貌，再或者有黄金比例的身材，但如果没有内在涵养做支撑，这样的仪态美就不是完整的，给人的印象是遗憾的。

综上所述，在追求仪态美的过程中一定要避免陷入误区，一方面谨记遵循美的规律完善自我，使自己有良好的外在基础，在此之上还要时刻注意增加自身综合修养，使外在美与内在美相得益彰，这才是最为自然的状态。

四、女性如何保持仪态美

对于生活中的每一个人，尤其是对于女性来说，爱美是天性，有许多女性常常把美看作是打扮，浓妆艳抹。这是美，但不是美的全部。我们经常可以看到一些女孩，尽管打扮时髦，但站没有站相，坐没有坐相，走也没有走姿，表情过于严肃，很难说是美的，至多是美有其表，而少有其质。

女性如何才能在生活中保持仪态美呢？站，怎样才有样子呢？正确的站立姿势不仅给人阳光、有朝气的感觉，也有益于自身的身心健康。正确的站姿应该是站如松，两腿挺直，也可稍稍岔开，身体微微前倾，面带微笑，两臂自然下垂（见插页图 1-1），也可两手相握叠放于腹前（见插页图 1-2）。行走时，尽量给人身轻体快的感觉，这样显得干练利落，慢吞吞地走路显得缺少年轻人应有的活力。在行走中，切记要使自己昂首挺胸，不能歪头或者步伐太大。尤其是穿高跟鞋的时候，千万不可八字脚走路。平时走路，足尖要先落地，脚要比头部走在前，回头视物，切忌脚先转动，臀部耸起更是不雅。谈到坐，谁不会呢？但是我们常常看到一些女孩子坐姿不雅观，东倒西歪，不仅让人感到不舒服，自身也容易疲惫。坐，要身体正直，肌肉不要紧张，放松即可。特别是工作节奏比较快的女性朋友们，恐怕要放松也很不习惯，表现在站和坐上，都显示出紧张，这不仅不美观，而且妨碍身体健康。那么，我们在紧张的工作之余，利用休闲的时间，按照正确的方法练习一下，就可以使身体各个关节部位得到放松，从而达到美的效果。

如果我们整天面部紧绷，不仅影响仪态的美感，也会影响自身的身心健康。例如，一个人时常皱眉，没有笑容，那是很难令人产生亲近感的。虽然一个人难免有忧伤和失意的时候，但有许多人是由于不注意才养成了愁云满面的习惯。因此，经常保持心情愉快，处世乐观，可塑造仪态美。心情是影响仪态美的一个重要的内在因素。

第四节　形体与形象

每个人都是一个独立的、具有个性特征的个体，根据自身不同的性格、气质类型，所适合的形象也不同。同时形象也受年龄、工作、场合、环境等因素的制约，把握好这些才能更好地做到内外兼修，成为人生赢家。

一、形象的内涵

形象指的是人们运用各个感觉器官，把自己对某种事物、某个人所呈现的整体进行加工，从而产生的印象。我们这里所讲述的形象更偏重于心理学上讲述的概念，简而言之，形象不单独指事物、事态本身，还指事物、事态本身所呈现出的给人的整体视觉印象。这里就存在主观成分，不同的人对不同的事物有不同的看法与观点，相同的人对不同事物有不同观点，不同的人对相同事物有不同观点。因而，对形象认识是否正确或者认同，不仅仅取决于客观事物、人物本身，还往往受人们意识和价值观的左右，人们的主观能动性无形当中就会对判断产生潜意识的影响。

二、各种形象风格的塑造

在现实生活中，存在各种各样形象类型的人，在这里我们将介绍八种类型，以供大家参考。

（一）戏剧型风格者

对于戏剧型风格的人来说，他们不同于职业人士，他们不需要穿严肃大方的服饰。这种风格的人可以试着搭配色彩比较亮丽的服饰，给人以视觉冲击力，反而让人觉得这样的色彩在他们身上很得体，给人如沐春风的感觉。

（二）前卫型风格者

前卫型风格的人追求标新立异，让自己紧跟时代的潮流，适合搭配时髦的服饰，或者搭配比较流行略显夸张的服饰，或者搭配极具艺术气息的服饰显示自己的个性，再加上时髦的发型可以与之辉映。如若经济条件允许，可以搭配抢眼的首饰进行修饰，也可进行自己特有的创意搭配。

（三）少年型风格者

少年型风格的人总是让人感觉有朝气、有活力，时刻都在向社会传递着正能量。但是如果是一个领导者，穿得比较随意就会失去庄重感，穿得严肃了又会显得老气，这时就可以尝试一下格子套装或者条纹式套装，也可以在里面穿套头线衫与外套搭配，这样既不失庄重也显得亲切。

（四）自然型风格者

“出淤泥而不染”，这是对自然型风格者最恰当的描述，这种类型的人可以尝试简单的服饰，不适合奢华亮丽的服饰，衣服上可以有些比较素的小碎花，但是切记花式不要繁杂。有心者还可化个淡妆，这样就显得清新脱俗，给人心旷神怡之感。

（五）古典型风格者

追求古典美的人往往具有深厚的文化底蕴、高贵的气质，因此在选择服饰方面要讲求做工精美，质地优良，可以选择典雅的礼服，也可以选择高雅脱俗的旗袍，还可以尝试飘逸的连衣裙、华贵的皮草等。

（六）优雅型风格者

优雅型风格的人可以尝试选择面料柔软和以曲线裁剪，做工细致的衣服，衣襟、边缘等细节上搭配精致的修饰物，也可以选择带有褶皱的大衣。优雅型女士适合内穿飘逸的裙子，外搭柔软的羊绒开衫。浅色系是优雅型风格者的首选，可以充分彰显这一类型风格者独有的魅力。

（七）浪漫型风格者

充满浪漫气息的人，在选择服饰时一定要谨慎，这种类型的风格者适宜选择礼服或者长裙，或玲珑有致、剪裁比较精致的套装，这样可以凸显华美。以曲线裁剪为主带有风情的服饰、表现曲线美的修身装都是浪漫型风格者明智的选择，这些服饰的衬托会让原本妩媚的身姿显得更加风情万种。在色彩方面，象征高贵典雅的紫色、充满神秘气息的黑色、具有雍容华贵气息的金色都是这类人的首选。另外，曲线形的服装上也可以有代表浪漫的柔美印花，如比较清新淡雅的荷叶、素而有韵味的梅花。

（八）少女型风格者

少女型风格的人，为了彰显其如少女般的清纯、可爱，在选择着装方面，可以选择比较可爱的小碎花，显得有少女气息，也可以选择带有蝴蝶结的外衣、带有可爱清新花边的 A 字裙，还可以选择浅色蕾丝系列的衣服。少女型风格的人要认清自己的定位，这样在与人交往过程中会让人觉得自己的着装与自己的性格是相符的。

三、形体与形象的关系

日常生活中，上述各种形象类型的人就在我们的身边，当然其中不乏典型的风格者，一眼就可以识别出来，但绝大多数人是一两种类型的混合者，并不单纯地只有一种风格特征。那么我们的风格是根据什么标准来确定的呢？形体与形象之间又有什么样的关系呢？首先形体是一个人呈现出何种风格的基础，这是主体无法改变的现实，也就是说，一个比较丰满的人应该根据自身的条件选择宽松休闲的衣服，一个身材比较苗条的人，应该凸显自身的曲线美，穿着比较修身的衣服以显示出自己的身材优势。而衣物的穿着又极大地影响着一个人的风格类型。当然，一个人的风格类型还受其价值观念、同辈群体、家庭教育等因素的影响，但是形体本身的基础因素是不可忽略的。

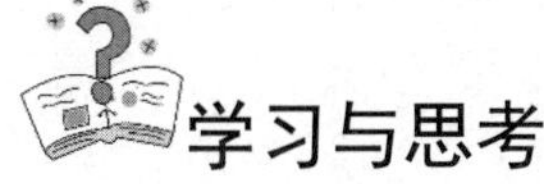

学习与思考

一、问答题

1. 什么是形体？什么是形体美？

2. 形体美与仪态美有何联系？

3. 不同风格类型的人应该怎样塑造自己的形象？

二、论述题

结合中国传统文化的传承和发展，试论述中国女性古代形体美和现代形体美的差别。

三、实践题

结合自身情况选择合适的形体训练方法，制订形体训练计划，为塑造自我完美形象打下基础。

第二章　形　体　美

名人名言

人的完满的美，表现在外表典雅与内心的高尚，仪表的质朴与心灵的优美一致上。

——苏霍姆林斯基

章前导读

美是人类文明的象征。追求形体美是人类永恒的目标，在任何民族中，没有比形体的美更能让人富有感官享受了。作为现代人不仅需要有丰富的内涵，还要懂得雕琢自己的生命，修炼自身魅力，让人生变得更加充盈和美好，从而在家庭、职场、社交中游刃有余，魅力十足。健康匀称的体形、得体的衣着装扮、优雅迷人的举止仪态会帮助你立于不败之地。让我们从认识和发现自身的美开始吧！

学习目标

知识目标：了解形体美的基础和条件；了解形体美的标准。

能力目标：能够根据形体形态评价方法对自己的形体形态做出初步评价，明确自己形体形象的改善方向。

素质目标：建立正确的健康观、审美观，培养自强、自信的性格，树立民族自信心。

第一节　形体美的基础和条件

形体美有人的形体美和物的形体美之分，物的形体美纯属外表之美，而人的形体美是外在与灵魂的结合之美。形体美不仅仅是外在的美，真正的形体美是身体与精神的结合美，而精神之美又包含了善良、智慧、自信、宽容等品质，因此形体美不但包含了体形之美、姿态之美、动作之美，还要充分展现精神之内在美。

形体美亦可以说是“人体美”，人体美是指人体作为审美对象所具有的美。狭义的人体美多侧重于人的自然属性，主要指人的形体、容貌，注重的是人的形态学特征。广义的人体美应是外在美与内在美的有机统一，只有这样，人体美才是真正的美。

车尔尼雪夫斯基说：“人是世界上最美的物类。”

近代人文主义者认为：“人是社会的核心，是自然界的根本所在，人的美是社会美的核心。”

人类的形体美是自然美的最高形态，社会美渗透着人的作用，人体美又是社会形态中最丰富、最动人的美，是社会美的最高体现。人体美是自然美和社会美的和谐统一。

一、健康是形体美的基础

人体之所以美，是因为人体符合美的规律，而健康是人体美的首要条件。起初，从生物学观点看，人体各器官、系统发育良好，功能正常，体质健壮，精力充沛就是健康。随着社会文明与科技水平的发展和进步，人类对健康的认识也逐步全面和深化。1948 年，世界卫生组织（WHO）提出“健康不仅仅是没有疾病或不虚弱，而是身体、心理和社会适应性方面的完美状态”的三维健康观。1978 年，世界卫生组织在《阿拉木图宣言》中重申这一定义，并指出“达到尽可能高的健康水平是世界范围内一项最重要的社会性目标，而其实现，则要求卫生部门及其他多种社会及经济部门的行动”。1989 年，世界卫生组织对健康做出新的定义，即“健康不仅仅是没有疾病，而是包括躯体健康、心理健康、社会适应性和道德健康”。

正确地认识健康，才能为自己设定正确的努力方向，通过系统、科学的学习与锻炼，而达到真正的健康之美。

二、协调匀称的比例是形体美的必备条件

人体的比例是人体各个器官间和各个部位间的对比关系。例如眼睛和面部之间的比例关系，头部和身体的比例关系，躯干和四肢的比例关系，胸围与腰围、臀围的比例关系，上下身的比例关系等。人体存在很多这种比例关系，美学观点有如面部的“三庭五眼”，它阐明了人体面部纵向和横向的比例关系。在传统的中国画法里，关于头身比例关系有“立七、坐五、盘三半”的说法，就是说人站着身高为七个头高，坐着从头到脚底应为五个头高，盘腿而坐应为三个半头高。而这也接近西方审美的黄金分割的比例关系。

三、线条美是形体美的最直接的构成和呈现

人体线条美包括轮廓线和活动动态线。人体线条由直线和曲线组成，无论是静态的站、坐、蹲、卧，还是动态的身姿变化，都是以偏直线条为中轴，在求得稳定的基础上，与曲线发生种种关系。直线偏于沉着、冷静、硬朗、正统、力量等，就像在冷漠中的抒情，有夜空般的浩瀚，也有高山样的逶迤；曲线偏于热情、圆润、柔美、活泼、优雅等，有太阳的热烈，也有月亮的皎洁。

直线偏于阳刚，代表男性的硬朗美，高大、宽广、粗犷而上宽下窄的线条比例显示着男性的力量与性感；曲线偏于柔美，预示着女性善良、温柔、包容的天性，三维的比例、腰胯的曲线、修长优美的颈部和肩部线条构成了女性特有的美。

四、健康美好的体态是形体美的核心

体态是指人体的姿态，身体的姿势、形态，包括站、坐、卧、行以及日常交往中所设计的静态和动态的各种身体形态变化。有人高大挺拔、有人瘦小驼背、有人肚圆背厚、有人婀娜多姿，千姿百态，有庸有美，这都是对身体形态的描述。简而言之，体态就是身体的整体位置排列所呈现出来的状态。英国哲学家培根说：“在美的方面，相貌的美高于色泽的美，而秀雅合适的动作美又高于相貌美。”体态是形成各种静态和动态变化的根本，所以优美的体态是姿势美、动作美与形体美的核心。

可以设想，即使你体形适中，各部位比例和谐完美，但是长期含胸驼背、走路外八字或内扣、松胯斜肩、坐时弓腰低头，这种状态美从何来？此外，体态与健康也存在紧密的联系，早在1938年，国外专家迪利尔就指出：“良好的体态不仅仅是身体的外部表现，它还与个人健康和身体功能有着一定联系，不良体态可能是病痛促成的因素。”研究表明：长期的不良姿势会造成骨骼变形，改变肌肉的走向，从而引起体态的种种变化。例如长时间弓腰低头的坐姿，会造成骨盆后倾，臀肌松弛无力、大腿后侧肌肉弹性减弱、过紧，从而形成腰臀位曲线变直，小腹突出，胸含背厚；习惯低头和头部前伸也会造成颈椎的健康问题；长期内八字的走姿会造成小腿肌肉外翻，形成两小腿间缝隙过大，就是我们平时常说的“腿不直”；等等。这些常见的不良姿势和姿态不仅严重影响了个人的形体美观，还会造成健康隐患。所以，认识人体体态构成，修正不良体态，并学会正确体态的训练方法，不仅能够塑造形体美，而且能够促进健康。

五、仪态美是形体美的精华，是内在美的外在表现

仪态是指人或事物的姿势、举止和动作。不同国家、不同民族、不同的社会历史背景，对不同的阶层、不同群体的仪态都有不同的标准或要求。中国古代礼仪要求“站如松，坐如钟，行如风，卧如弓”，这是古人对于人良好行为姿态的一种标准。仪态，在这里我们也可以理解为人们通过学礼、懂礼、讲礼、行礼在日常生活交往中所呈现的各种姿态与行为表现。

人的美感，是由内而外统一协调产生的。有位老师说，人之形体美，美在人之形体、美在人之形态、美在人之形象、美在人之行为。如果说形体美能够使人外表更美，那么良好的仪态与修养不仅可以修炼个人内在美，亦可以弥补外在美的不足，用内涵精神价值表现自己的特质，使其增强自信心，树立正确的审美观。仪态美是内在美的外在表现，是提升个人整体形象美的行为条件。

六、整体的和谐美是形体美的目标体现

整体的和谐美构成人体美重要的一环。人体的整体和谐来自均衡、对称、协调等形式美因素。人体的整体美是由多个局部构成的。一张小脸配上很大的鼻子就失去了面部的和谐美，大眼睛虽然好看，但是如果你的脸型小巧，下巴纤细，那么小小的眼睛、精致的口

鼻配在一起，也会让人感觉舒服自然；人体双臂与肩同高向两侧张开，两中指间的长度应等于或稍大于自己的身高，如果明显小于身高，就会感觉此人手臂短于常人，通常下肢也会稍短于正常值，即使你的五官比、头身比都较好，但失去整体和谐美，还是有些美中不足的。这些都是整体和谐在形体美中的重要性。当我们先天不是那么完美时，可以通过形体与仪态训练、服饰、发型、化妆等修饰方法，来改善人体整体的和谐关系，最终不断完善形体美、靠近塑造形体美的目标。

第二节　形体形态的评价指标

对于人体的各项形体形态评价指标，每个人可以通过改善营养结构、形体练习以及各种科学系统的锻炼而达成。这是因为人体具有不同程度的可塑性，经过系统的锻炼，骨骼、关节、肌肉和韧带可以发生一定的适应性的形变，特别是肌肉的变化，会较大地改善人们的外部形态。

一、形体评价指标

（一）身高

身高是反映人体骨骼的发育状况和人体纵向发育水平的重要指标，其主要通过标准身高指数来表示，计算公式为

标准身高指数 = 身高（厘米）– 体重（千克）

男子标准身高指数为 109，女子标准身高指数为 104。一般来说，高于此指数，说明发育良好；低于此指数，说明发育较差。

（二）体重

体重是反映人体横向生长及围度、宽度、厚度与重量的整体指标，其主要通过标准体重来表示。国际上常用的标准体重计算方法有以下两种。

方法一：

标准体重（千克，男）=［身高（厘米）–100］×0.9

标准体重（千克，女）=［身高（厘米）–100］×0.9–2.5

方法二：

标准体重（千克，女）= 身高（厘米）–105

标准体重（千克，男）= 身高（厘米）–100

（三）上下身比例

男子以股骨大转子为中心，上下身长相等；女子以肚脐为界，上下身比例为 5∶8。

（1）男女两臂侧平举时两手中指间的长度等于身高。

（2）肩宽是反映人体体形特点的横向发育水平的重要指标。男女肩的宽度，约等于 1/4

身高。

（3）男女大腿长等于 1/4 身高。

（4）胸围是胸廓的最大围度，可以表示胸廓大小和肌肉发育状况，是人体宽度和厚度最有代表性的指标。男子胸围约等于 1/2 身高＋5 厘米；女子胸围是身高的 53.4%。

（5）男子腰围约比胸围小 18 厘米；女子腰围不大于 1/2 身高。

（6）男子臀围约等于胸围（是身高的 50.6%）；女子臀围比胸围大 1～2 厘米（是身高的 54.5%）。

（7）男子大腿围约小于胸围 22 厘米；女子大腿围约小于腰围 8～10 厘米。

（8）男子小腿围约小于大腿围 18 厘米；女子小腿围约小于大腿围 18～20 厘米。

（9）男子脚腕围约小于小腿围 12 厘米，上臂围约等于 1/2 大腿围，前臂围约小于小腿围 5 厘米，颈围约等于小腿围。

二、形态评价指标

（一）BMI

BMI（body mass index），即身高体重指数，也叫身体质量指数，是衡量人体胖瘦程度以及是否健康的重要指标。BMI 最早是由比利时的 Lambert Adolphe Jacques Quetelet 提出的。它的定义如下。

$$W = \text{体重（千克）}$$

$$H = \text{身高（米）}$$

$$BMI = W \div H^2$$

身体质量指数（BMI）标准如表 2-1 所示。

表 2-1　身体质量指数（BMI）标准

体　重	男　生	女　生
体重不足	< 17.0	< 16.4
过轻	17.1～19.9	16.4～19.9
正常	20.0～25.0	20.0～25.0
理想体重	21.9～22.4	21.3～22.1
过重	25.1～27.8	25.1～27.3
肥胖	> 27.8	> 27.3

BMI 原来的设计是一个用于公众健康研究的统计工具，通过把个体的身高及体重换算成 BMI 值，再与大众群体平均值对比，找出其与发病率是否线性相关。

BMI 只考虑了体重，没有把体脂计算在内，所以一个 BMI 指数超重的人，实际上可能并非肥胖。例如，一名健美运动员，由于体重有很大比例的肌肉，他的 BMI 指数可能会超过 30，而体脂却可能只有 10%。

（二）BFP

BFP（body fat percentage），即体脂肪率，简称体脂率，是指身体脂肪含量占总体重的

百分比。它最初用于评估动物，例如评估饲养家畜的品质。近些年它开始应用于人体。BFP的计算公式为

$$BFP(\%) = 1.2\times BMI + 0.23\times 年龄 - 5.4 - 10.8\times G$$

其中 G 为性别，男性 G=1，女性 G=0。

具有相等 BMI 的男性和女性，前者体脂含量比后者低 10%。

即使体重仍维持在相同的水平，随着年龄的增长，其体脂百分比也会有所增长。

人体内的脂肪可以人为地分为两部分：必需部分和储备部分。必需部分是维持身体新陈代谢所必需的最少脂肪量，高出该部分的即是储备部分。成年男性的必需脂肪量占体重的 2%～5%，女性为 10%～13%。一般认为男性 BFP 大于 25%，女性 BFP 大于 33%是可确定为肥胖的标准。

男性正常 BFP 为 10%～20%，女性为 17%～30%。此为成年男女标准值，女性超过 50 岁，男性超过 55 岁，每增加 5 岁，体脂百分比标准值上调 2%～3%。

测量 BFP 具有一定的难度。其中最准确的方法是排水法，可同时测量出被测对象全身浸泡在水下时的体重（即静水体重）和全身体积。

此外，还有仅限于研究用的测量体脂的其他方法，比如 CT 扫描、MRI（核磁共振成像）以及双能 X 线吸收法。

知识拓展　　**体脂率的自我检测**

（三）ABSI

ABSI（a body shape index），即体形指数。这是一个身体参量，它于 2012 年由纽约市立大学的研究人员提出。ABSI 实际上是把 BMI 和腹部脂肪结合起来得到的综合参量。发明者分别比较研究了英、美两国的 14 100 人，发现 ABSI 能比 BMI 更成功地预测出身体指标与过早死亡之间的关系。因为提出至今时间尚短，ABSI 的价值还需要大量后续的研究才能确定。

（四）WHR

WHR（waist-to-hip ratio），即腰臀比，是指腰围和臀围的比值，是判断中心性肥胖的重要指标。女性得数在 0.85 以下，男性得数在 0.9 以下，就说明在健康范围内。WHR 是描述脂肪类型的指标，高者多为向心性脂肪分布，低者多为全身性脂肪分布。这是预测一个人是否肥胖及是否面临患心脏病风险的较佳方法，比当今普遍使用的测量体重指数的方法要准确很多。健康指数无论男女，臀围明显大于腰围者，不仅体型优美，而且健康指数高；而腰围明显大于臀围者，不仅体态臃肿，而且健康指数低。如果 WHR 过高，钙就容易在血管里堆积，使人体患动脉硬化的风险增大。胖人还容易早衰，死亡率较同龄的正常人高出 25%～50%。对于女性来说，胸围、臀围较大，肩部较宽，大腿较粗而腰腹较细者，是最理想的体形，而且健康状况良好。对于大多数人来说，体重的降低也意味着 WHR 的下降，患心脏疾病的风险也随之降低。

研究发现，WHR 对心血管病、糖尿病和乳腺癌都有预测作用。WHR 超过 0.9 的被调查者与低于 0.9 的被调查者相比，其发生高血压和高血脂的危险性显著升高，并伴随体重的增加而递增。绝经前女性的 WHR 越高则发生乳腺癌的危险越大，而且如果女性超重或肥胖则发病危险系数更高。研究人员强调，运动是减少脂肪的最佳方法，同时还可以锻炼下肢肌肉，而单纯的节食并不能有效地改变 WHR。

知识拓展　　体态形成的六大因素

第三节　形体美的标准

美是什么？不同的时代、不同的人都会根据自己的阅历、学识、理解、喜好等建立不同的美的标准。对美的解读可以从各个角度审视，譬如艺术美、和谐美、视觉美、环境美、心灵美、生命之美等。虽然不同的领域有不同的审美角度，但只要是以人为研究对象的审美活动，都离不开外在美和内在美。

一、美的含义

每一个时代、每一种文化、每一个民族，都在以不同的方式谈论美、追求美、评判美。古往今来，无数圣贤从不同角度言说了美的本质。孔子说“里仁为美”，柏拉图说“美在理念”，现代学者克罗齐说“美就是表现”，但这些都不能尽表“美”的内涵。为回答“美是什么”这一问题，近代中国学界也先后形成了四种观点：主观派、客观派、主客观派、客观社会派。他们或从哲学角度，或从艺术角度，或从伦理角度，或用思辨方法，或用实证方法，试图揭开这个谜底。但迄今为止，尚不能得出公认的论断。的确，美的标准定义很难确定，因为“美”太深厚广博。讲到欣赏古典文学名著《红楼梦》，鲁迅先生的话说得真切、明白：“经学家看见《易》，道学家看见淫，才子看见缠绵，革命家看见排满，流言家看见宫闱秘事。”美的本质是存在的，但又无法言说，特别是不能给出定义，正所谓“道可道，非常道；名可名，非常名”。

美的本质无法以正名的形式获取，它只能是在具体的时代、具体的文化中，以具体的形式逐渐显现出来。由此，美成为人类永恒的追求。而且，人们在不同历史时代背景下对美的不同方式的言说和解读的过程，其意义就远远超过答案本身。

为适应社会发展和相应职业、岗位的需求，人们在专业知识、技能、沟通等方面不断提高的同时，对于个人形象的要求也越来越高。

形体美是指在社会评价体系的基础上对一个人的体形、体态、仪态、气质等做出的综合评价。它是社会审美标准的一种体现。由于形体美是以人为审美对象，具体而言，形体美就是人的身体曲线美，是指人的躯体线条结合人的情感和品质，通过形象、姿态诉诸欣赏者的一种美。美包括形体美、姿态美、动作美和精神美。

二、形体美的标准

（一）黄金分割率

黄金分割率的最基本的公式，是将 1 分割为 0.618 和 0.382，它们有如下特点。

$$1/0.618 \approx 1.618$$

$$(1-0.618)/0.618 \approx 0.618$$

$$0.618 \times 1.618 \approx 1$$

$$1.618/1 \approx 1/0.618$$

黄金分割是一种数学上的比例关系，具有严格的比例性、艺术性、和谐性，蕴藏着丰富的美学价值，应用时一般取 0.618。

令人惊讶的是，人体自身也和 0.618 密切相关。对人体解剖很有研究的意大利画家达・芬奇发现，人的肚脐位于身长的 0.618 处。科学家还发现，当外界环境温度为人体温度的 0.618 时，人会感到最舒服。

古希腊帕特农神庙由于高和宽的比是 0.618，成了举世闻名的完美建筑。建筑师发现，按这样的比例设计殿堂，殿堂将更加雄伟、壮丽；设计别墅，别墅将更加舒适、美丽。连一扇门窗设计为黄金矩形都会显得更加协调和令人赏心悦目。

高雅的艺术殿堂里，自然也留下了黄金分割率的足迹。画家发现，按 0.618∶1 来设计腿长与身高的比例，画出的人体身材最优美。而现实中的女性，腰身以下的长度平均只占身高的 0.58，因此古希腊维纳斯女神像及太阳神阿波罗的形象都通过故意延长双腿，使之与身高的比值为 0.618，从而创造艺术美。

希腊古城雅典有一座用大理石砌成的神庙，神庙大殿中央的女神像是用象牙和黄金雕成的。女神的体态轻柔优美，引人入胜。专家研究发现，她的身体从脚跟到肚脐间的距离与整个身高的比值恰好是 0.618。

（二）均衡的比例与整体的和谐美

普列汉诺夫说过：“绝对的美的标准是不存在的，并且也不可能存在。”这是因为，在人类历史发展过程中，形体美的标准是不断变化的，即使是同一时代的人，由于民族特点、种族差异、地理环境、审美习惯、受教育背景、受教育程度等方面的不同，标准也不尽相同。所以，只能根据现代人对人体美的研究，提出相对稳定的评价标准。

1. 躯干骨骼发育正常

脊柱正视垂直，侧看曲度正常。骨骼的异常将直接影响到身体的外观。一些人平时不注意自己的姿势，久而久之会改变脊柱的弯曲度，以致成年后身体形态随之改变。

2. 四肢长而直，关节不显得粗大而突出

长期习惯或保持某些特定的姿势，会缓慢地影响形体外观。

3. 头顶隆起，五官端正

在体育运动中，一些要突出表现形体美的项目，教练员宁愿挑选头部稍小的苗子进行训练。头顶微微隆起，构成的圆弧与全身的线条保持流畅和谐，与端正的五官显得协调。如果两个身材差不多的运动员经过一段时间的训练，肌肉同样发达，给人的印象却是头部较小的运动员肌肉更强壮些。

4. 两肩平正而对称，男宽女圆

男子的肩膀宽阔，可以显示其阳刚之气；女子的肩膀圆润，可以突出其曲线美。

5. 胸廓饱满

有宽大而隆起的胸部，人才显得健壮结实，富有活力。一个男子如果把胸大肌和背阔肌锻炼得匀称而发达，他的躯干就会呈现 V 形而显得挺拔有力。而女性丰满的胸部才能充分显示出身体的优美曲线，表现女性特有的魅力。

6. 腰部细而结实

可以通过体育锻炼来消除沉积在腰腹部的多余脂肪，自然呈现圆柱形的腰部。

7. 腹部平坦

健美的身材要求腹部结实平坦，突出或下垂的腹部是不美观的。

8. 臀部圆翘，球形上收

如果两个骨骼比例一样的人站在一起，那么臀部圆翘将显得腿更长，重心更高，比例更完美。我们应通过体育锻炼收紧臀部肌肉，有助于形体美的形成。

9. 腿修长而线条柔和

腿部的肌肉群比较多，其功能也比较多，所以腿部显得灵活、有力。小腿修长，腓肠肌突出流畅，与大腿比例协调，是形体美的表现。

10. 踝细、足弓高

踝关节相对细小，会显得灵活；足弓高，行走时步伐富有弹性。这些对形体美的构成及表现也具有重要意义。

（三）普通成年男子形体美标准

男性以刚健挺拔的线条为美，身体比例匀称、均衡发展，具有“倒三角”的外形，丰满的胸部，结实隆起的肌肉，有力的四肢，线条清晰的腹肌，饱满而上翘的臀部，修长的下肢。挺拔而端正的体态除了受姿势的影响，也离不开身体基本骨骼的良好发育。男性的体脂率比女性低，所以整体展现均衡、协调，强壮而结实的体形特点。

普通成年男子形体美标准如表 2-2 所示。

表 2-2　普通成年男子形体美标准

<table>
<tr><th rowspan="2">身高/厘米</th><th rowspan="2">体重/千克</th><th colspan="2">胸围/厘米</th><th rowspan="2">上臂屈/厘米</th><th rowspan="2">颈围/厘米</th><th rowspan="2">小腿围/厘米</th><th rowspan="2">大腿围/厘米</th><th rowspan="2">腰围/厘米</th></tr>
<tr><th>常态</th><th>深吸气</th></tr>
<tr><td>153～155</td><td>50</td><td>94</td><td>97</td><td colspan="3">32</td><td>48</td><td>65</td></tr>
<tr><td>155～157</td><td>52</td><td>94</td><td>98</td><td colspan="3">32</td><td>49</td><td>65</td></tr>
<tr><td>157～160</td><td>54</td><td>95</td><td>99</td><td colspan="3">33</td><td>50</td><td>66</td></tr>
<tr><td>160～163</td><td>56</td><td>97</td><td>101</td><td colspan="3">33</td><td>51</td><td>66</td></tr>
</table>

续表

<table>
<tr><th rowspan="2">身高/厘米</th><th rowspan="2">体重/千克</th><th colspan="2">胸围/厘米</th><th rowspan="2">上臂屈/厘米</th><th rowspan="2">颈围/厘米</th><th rowspan="2">小腿围/厘米</th><th rowspan="2">大腿围/厘米</th><th rowspan="2">腰围/厘米</th></tr>
<tr><th>常态</th><th>深吸气</th></tr>
<tr><td>163～166</td><td>58</td><td>98</td><td>102</td><td colspan="3">34</td><td>51</td><td>68</td></tr>
<tr><td>166～169</td><td>61</td><td>99</td><td>103</td><td colspan="3">34</td><td>52</td><td>69</td></tr>
<tr><td>169～171</td><td>63</td><td>100</td><td>104</td><td colspan="3">35</td><td>52</td><td>69</td></tr>
<tr><td>171～174</td><td>65</td><td>100</td><td>105</td><td colspan="3">36</td><td>53</td><td>70</td></tr>
<tr><td>174～176</td><td>67</td><td>102</td><td>107</td><td colspan="3">36</td><td>54</td><td>71</td></tr>
<tr><td>176～180</td><td>70</td><td>103</td><td>108</td><td colspan="3">36</td><td>55</td><td>72</td></tr>
<tr><td>180～182</td><td>72</td><td>103</td><td>109</td><td colspan="3">36</td><td>55</td><td>73</td></tr>
<tr><td>182～184</td><td>75</td><td>104</td><td>110</td><td colspan="3">37</td><td>56</td><td>74</td></tr>
</table>

（四）普通成年女子形体美标准

女子体形的健美主要在于三围，即胸围、腰围和臀围。丰满而挺拔的胸部是构成女性曲线美的主要标志之一。乳房应丰满而富有弹性，并有适度发达的胸肌作为依托，从而构成胸部优美的曲线。过分肥大松弛或过分干瘪的乳房都会影响女性的体形健美。结实平坦的腹部和稍微纤细、苗条的腰部是女性曲线美的又一标志。腰腹周围过多堆积皮下脂肪，无疑会使人显得臃肿。丰满而适中的臀部构成女子形体的又一优美曲线。臀部过分肥大同样会显得臃肿，有损于体形健美；而过于瘦小的臀部则表现不出体形的曲线。修长而有力的四肢也是女子形体美不可缺少的一部分。腿部应略长于躯干，这样可使身体显得修长而苗条；腿部既不能粗胖，也不能瘦长，而应有结实的肌肉，这样才能显出腿部优美的曲线。因此，健美的体形首要的是各部位比例匀称协调。普通成年女子形体美标准如表 2-3 所示。

表 2-3　普通成年女子形体美标准

身高/厘米	体重/千克	吸气后胸围/厘米	腰围/厘米	臀围/厘米
154～155	47.5	88	58	88
155～158	48.5	88	58	88
158～160	50	89	59	89
161～163	51.5	89	59	89
163～166	53	90	60	90
166～169	54.5	90	60	90
169～171	56	92	61	92
171～174	58	92	61	92
174～176	60	94	64	94
176～180	61.5	98	66	96

学习与思考

一、问答题

1. BMI 指数是如何计算的？它反映的是一种什么关系？

2. WHR 的健康范围是多少？测量该指标有什么意义？

二、论述题

试论述健康是形体美的基础。

三、实践题

试动手测量自身的各项形体数据并定期记录锻炼前后的变化。

第三章　形体训练

名人名言

形体之美胜于颜色之美，优雅行为之美又胜于形体之美。

——培根

章前导读

形体训练具有独特的魅力，有别于体操、艺术体操、健美操和舞蹈等，它将多种有效的形体塑造方式艺术化，使人们在训练中促进肢体运动的协调与流畅、舒缓与优美。通过舒展优美的舞蹈基础动作练习，同时结合芭蕾、体操的基本动作进行综合训练，可以塑造优美的体态，培养高雅的气质，纠正生活中不良的姿态与习惯。

形体美是人的整体形态的美，是个体外在美的基础，也是构成仪表美、仪态美的基础。从认识美、发现美到创造美，从静态美到动态美都需要一个过程。我们的聪慧、学识、修养等也需要通过“外秀”来表现。正确地认识形体训练，可以让我们端正自己的心态和认知，由内而外地散发自然和谐的美。

学习目标

知识目标：了解形体美的内容、要求。

能力目标：能够运用教材中所列举的2～3种形体美塑造方法，进行科学有效的形体美训练。

素质目标：增强身体灵活性、柔韧性、心肺功能及肌肉力量，提高健康水平；培养开朗、自信、坚持、自律的品质。

第一节　形体训练的内容

形体训练是一个完整、系统的锻炼体系，是以人体科学理论为基础，通过各种各样的身体练习，以增进健康、增强体质、塑造体形、训练仪态、陶冶情操为目的，有计划、有组织的教育过程。

根据所练习的部位和作用，其内容可分为以下几个方面。

一、基本姿态练习

基本姿态主要表现在坐、立、行、卧等方面。当这些基本姿态呈现在人们面前时会给他人一种感觉，或端庄、挺拔，或高雅、优美，令人赏心悦目；或含胸、驼背，或散漫、拖沓等，给人以不好的印象。一个人的姿态具有较强的可塑性，也具有一定的稳定性，因此，通过基本姿态训练，可以改变诸多不良习惯，消除不对称的身体姿态，创造人体和谐美，养成良好的生活习惯。

正确的感知是形成和保持优美姿态的必要条件之一，包括头颈、躯干、上肢、下肢感知和站立基本姿态。通过各部位的感知练习，我们可以体会保持正确身体姿态所必需的肌肉感觉，提高身体的自控能力。感知练习是形体练习中不可缺少的锻炼内容。

姿态美和动作美的关系极为密切。姿态美是通过动作表现的，而动作美在完成动作时，应显示出姿态美，两者不能互相代替。姿态美有静有动，而动作美是指完成各种动作时省力、协调、实用。

二、身体形态与控制训练

身体形态与控制训练是对练习者身体形态进行系统的专门训练，是改善和提高人体形态控制能力的重要内容。通过把杆、徒手、姿态组合等大量动作的训练，可进一步改变身体形态的原始状态，改善身体各部位的比例，提高身体的灵活性，同时，改善形体的原始状态，逐步形成正确的站姿、坐姿、走姿等，提高形体动作的灵活性，并逐渐地延伸至日常生活中，慢慢养成一种习惯，使我们在拥有一副健康体魄的同时，也能展现身体形态美。

三、基本素质训练

基本素质训练是形体姿态控制和保持的必要条件，该部分筛选了有氧耐力、柔韧、力量、协调等素质训练。通过对肩、背、胸、腰、腹、腿等部位进行专门的训练，能够提高我们的有氧耐力、躯干及四肢的支撑能力和柔韧性，不但可以有效改善我们的健康水平，还可以让我们的脊背更挺拔、更健康，同时促进我们的肌肉的弹性并增强力量，保持骨骼的坚固，减少疲劳与损伤的发生。

四、形体综合训练

形体综合训练以有节奏的形体动作为主要练习手段，包括基本舞步、舞蹈组合、健美操、艺术体操等多种项目的练习方法。

形体综合练习可以提高练习者的有氧代谢能力，促进身体全面均衡发展，提高其节奏感、音乐表现力和形体表达能力，增强练习者的兴趣，陶冶情操，培养高雅的气质和风度，提高美的感受及欣赏能力，丰富其想象力和创造力，改善和保持美的形体姿态，促进优美体态的形成。

思政拓展　　树立正确的审美观

第二节　形体训练的要求

人们参加形体训练或者其他活动最直接的目的是获得健康、健美形体、调节情绪、缓解压力、愉悦身心等，所以，最重要的就是安全、有效。不当练习就是无效付出，不仅得不到理想的锻炼效果，甚至还可能导致运动损伤，所以在从事形体训练之前，我们应该首先了解形体训练的要求，从身到心都做好准备，从易到难，循序渐进，科学健身，才能有效避免运动损伤的发生，使训练过程更加安全、有效，从而使我们获得最佳的运动体验。

一、形体训练的基本要求

（一）锻炼前的身体检查与评定

身体检查一般包括以下三项。

1. 身体形态检查

常用测量指标有身高、体重、坐高、肩宽、三围、上臂围、大小腿围等指数。主要是了解自身身体形态在生长发育的程度上需要做哪些改进，并经过一段时间训练后，对比检查练习效果。

2. 身体成分检查

主要是检查人体脂肪含量和分布，通过测定肥胖程度，确定是否需要减脂及制订科学合理的运动方案。

3. 生理机能检查

通常将测量运动前后的心率、血压和肺活量等作为评定指标。主要是为了了解目前身体各系统机能处于什么水平，为制订锻炼计划提供依据，还可以评定运动效果，检查运动后疲劳和恢复的程度。

（二）合理安排锻炼的节奏和负荷

锻炼的效果如何，在很大程度上取决于运动的负荷量。太弱的刺激不能引起机体功能的变化，过强的刺激也会对身体健康造成不同程度的损害。急于求成是有百害而无一利的。因此要注意训练内容由少到多，动作节奏由慢到快，负荷由小到大，并根据自身实际情况，循序渐进，只有这样才能收到良好的锻炼效果。建议每周锻炼 3～5 次，每次持续锻炼时间为 60 分钟左右。运动中有效的心率范围是最大心率的 60%～80%。

（三）认真做好热身练习

热身练习最主要的目的就是逐渐加快血液循环、升高体温、拉伸肌肉和关节韧带，使机体从平静的抑制状态逐渐过渡到兴奋状态。没有哪一种运动不需要准备活动，否则不但达不到预期的训练效果，而且容易受伤。因为热身练习可以提高深层肌肉的温度，让身体处于暖和的状态，如此一来，就可以减少运动中可能发生的运动伤害，也可以使运动表现出更好的状态。基于热身练习的作用，建议以中低强度的练习为主，如以慢跑、柔软体操、原地踏步等方式进行。

（四）合理饮食，培养良好的生活方式

如果说有效的运动为健康状态提供了身体素质基础，那么合理的饮食就为健康状态的保持提供了营养支持，良好的生活习惯就是让我们的健康得以持之以恒的根本保障。

合理的膳食结构，是维持身体健康的关键因素。首先，应合理安排一日三餐的食量分配，才能适应日常生活、工作以及其他需要。其次，人体需要的营养物质是由多种食物供给的，所以不能挑食和偏食。荤素搭配合理，取长补短，才能最大限度地满足身体的需要。另外，应少摄入高脂肪、油炸及腌制食物，这些食物容易诱发某些疾病，还应尽量避免暴饮暴食等不良饮食习惯。

人的生活习惯是由很多小事组成的，保持良好的生活习惯就要从细微处做起。例如睡眠，睡眠是人生命的基本需要，是人类赖以生存的基本生活方式，是保持人体健康的基础。人的一生中有三分之一的时间是在睡眠中度过的，睡眠时植物神经系统能集中精力完成消化、营养转化、营养储备等一系列工作。通过睡眠，免疫系统得到强化，人们可获得全身心的休息、恢复和调整。

二、形体训练的注意事项

（一）形体训练的基本原则

肌肉是塑造美的体形的主要因素。形体训练可以使人体的更多肌肉参加活动，使肌肉周围的微细血管增加，促进肌肉所需要的营养供应和新陈代谢活动，从而为全面发展人体的肌肉系统，塑造线条明显的健美体形打下基础。但是，没有科学的训练方法是达不到理想效果的。因此在形体训练的各项练习中，应掌握一定的训练原则和要求，学会在训练中自我监督。

1. 全面性原则

全面性原则是指在形体训练中要采用各种手段和方法，使身体各部分的各种技能、能力都得到全面协调的发展。每一种练习，对身体的作用都有一定的局限性，而内容丰富、手段多样的训练方式，既可以保证身体训练的全面性，又可以提高练习者的兴趣和积极性。

2. 针对性原则

针对性原则是指在全面训练的基础上，根据个人身体情况，采用相应的训练内容，使身体各部分协调发展。如男生上身突出胸、肩、背的训练，使胸背脊健硕，肩膀宽阔，以体现男生的阳刚之美；女生则强调胸、肩、腹、腿的柔韧和力度的训练，展现优美曲线。

3. 从实际出发原则

从实际出发原则是指形体训练中从自身的身体条件和客观外界实际出发，科学地选择

练习的内容、方法及练习负荷，从而使形体训练更符合自己的实际情况，这样才能收到良好的效果。这就要求我们对自己有一个正确的认识，明确训练目标，选择适合自己的训练方法，适时地对自己的身体变化和运动机能的状况做出总结，针对自己的薄弱环节有侧重地进行练习，这样才能收到良好的训练效果。

4. 循序渐进原则

循序渐进原则是指在形体训练中，目标的制定、内容的选择、方法的运用、负荷大小的安排要由易到难，由浅入深，逐步提高。

5. 不间断性原则

不间断性原则是指要坚持不懈地进行科学性训练。如果中断训练，在短时间内获得的技术能力和形体变化就会逐渐消退。只有经过长时间训练，才能保持已经提高的机能和形体发生的良好变化。

（二）形体训练中的运动损伤与预防

1. 常见的运动损伤

1）肌肉拉伤

肌肉拉伤是指由于肌肉的猛烈收缩或被动牵伸超过了肌肉本身所承担的限度，从而引起的肌肉组织损伤。

2）关节韧带拉伤

关节韧带拉伤是指在间接外力作用下，关节发生超范围的活动而引起的关节韧带损伤。

3）软组织损伤

软组织损伤可分为开放性损伤和闭合性损伤两类。前者有擦伤、刺伤和切伤；后者有挫伤和肌肉拉伤等。

2. 运动损伤的直接原因

（1）思想因素：对预防运动损伤的意义认识不足；运动中存在急躁或畏难心理。

（2）运动水平不够：机体的运动能力不能满足运动的需求；专项技术水平不高（技术动作有缺点或错误）。

（3）运动负荷过大：局部运动负荷长期过大；一次运动量过大或连续大负荷运动训练。

（4）缺乏合理的准备活动：不做准备活动或准备活动不充分；准备活动的量过大；准备活动的内容与运动的内容结合不当；准备活动与正式运动的时间间隔过长。

（5）身体功能状态不良：睡眠或休息不好；患病或伤病初愈；过度疲劳。

3. 运动损伤后的应急处理

1）擦伤

擦伤后皮肤会出血或组织液渗出。对小面积擦伤，用碘伏涂抹伤口即可；对大面积擦伤，先用生理盐水洗净后涂抹碘伏，再用消毒纱布覆盖包扎。

2）撕裂

在剧烈运动时突然受到强烈撞击，容易造成肌肉撕裂，其中有开放伤和闭合伤。常见的撕裂有韧带撕裂、跟腱撕裂等。对轻度开放伤，用碘伏涂抹即可；裂口大，则需止血和缝合，必要时，可注射破伤风抗毒血清。

3）肌肉拉伤

在外力的作用下，肌肉过度主动收缩或被动拉长，会引起肌肉拉伤。这种损伤多数是因准备活动不充分，或者动作不协调，或者用力过猛造成的。致伤后，轻者即刻冷敷，局部加压、包扎，并抬高患肢，24小时后可施行按摩；严重者，肌肉完全撕裂，则经过加压后，应立即送医院手术治疗。

4）急性腰伤

训练时会因腰部受力过重，肌肉收缩不协调，或脊椎运动超过正常生理范围而导致腰伤。轻度损伤，可轻轻揉按。重度者，应立即平卧（一般不应随意扶动），并用担架护送医院治疗。

4. 运动损伤的预防

1）锻炼前的身体检查和自我评价

每个人的身体状况各异，因而对运动负荷的适应能力也有所不同。在形体训练中，一方面应避免运动负荷过大而造成身体不适应；另一方面也应注意运动负荷过小而达不到训练效果。因此在训练时应加强自我监督，可在每周相同的时间、相同的条件下，运用统一测量方法进行体重及身体各部位围度的测量，并记下数据，与上次的测量数据相对照，以此检查身体变化的情况，进而调整运动负荷或训练方案。此外，应注意自己在训练后的身体感觉，根据具体情况及时调整运动负荷。

2）练习前的准备活动与锻炼后的整理活动

锻炼前，应充分做好准备活动，对运动中容易受伤的部位，要相应再做一些辅助性的活动。对已受伤的部位做准备活动时更要小心谨慎，正式比赛或练习时要量力而行。

3）形体训练的运动强度和负荷控制

形体训练应以有氧运动为主，中等强度为宜。脉搏能反映运动负荷的大小及身体机能的状况。训练前应测出安静时的脉搏，并记录下来。训练结束后，迅速测出脉搏，再与安静时的脉搏对照。一般情况如下。

（1）小强度训练后的脉搏频率为120次/分以下。

（2）中强度训练后的脉搏频率为120～150次/分。

（3）大强度训练后的脉搏频率为150～180次/分。

如果训练后较长时间不能恢复到安静时的脉搏，或经过一个阶段的训练，安静时的脉搏频率反而增加，则说明运动负荷过大，机体出现不良反应。

4）注重合理的饮食与休息

进行训练后，要及时补充适量的、必需的营养物质，以保证人体健康和正常的活动能力。而休息是消除疲劳，使身心得到放松调整，迅速恢复精力的重要措施。因此，给自己制定一个兼顾学习、锻炼、休息的合理作息时间表尤为重要。

5）形体训练动作与呼吸的协调配合

在用力时，或肢体伸展时用鼻子深深地吸气，在运动还原或肌肉放松时用口充分地呼气，呼吸要深，要有节奏，练习时呼吸以自然为准，即呼吸与动作有节奏地协调配合。一般正常呼吸频率为12～18次/分。如果锻炼后10分钟内还未恢复到正常值，说明运动负荷过大。

6）保持良好的心态

练习或比赛时要控制自己的情绪，要以愉快、渴望继续锻炼的心情参与训练或比赛。

第三节 芭蕾基本训练

芭蕾艺术从最初兴起至今已经有500多年的历史了，其随着历史长河的积淀而具有深厚的文化底蕴。在发展过程中，由于世界舞蹈艺术家和舞蹈教育工作者的不懈努力，芭蕾艺术现如今已发展成为一个科学、合理、全面的芭蕾基础训练体系。芭蕾的基础训练是形体训练的基础，目的在于塑造练习者的优美体态和高雅气质，增强身体的柔韧性、协调性和灵活性。运用科学、合理、全面的芭蕾教学方法，能够帮助练习者达到塑造优美体态、优雅气质及树立良好审美情趣的目的，对于提高练习者专业艺术修养和形体塑造具有重要的作用。

一、芭蕾基本训练的内容

芭蕾基本训练包括如下内容。

（1）基本动作训练，包括把杆练习、中间练习等。其中包括手型、手位及手臂姿态练习，蹲的练习、立脚尖、擦地等各种以提高身体感知能力及控制能力为主的训练内容。

（2）组合训练，包括基本舞步训练、手位及脚位组合训练等，其主要目的是将基本动作与音乐及各种舞步完美结合在一起，使练习者更好地理解和掌握练习内容，也可使训练更加丰富和优美。

（3）基本素质训练，包括身体姿态、柔韧性、平衡性、力量、节奏感等的训练。无论何种训练，练习者都必须具备一定的基本素质，才能更好地完成训练，使训练更有效。

二、芭蕾基本训练的意义

（一）有利于发展练习者的柔韧性和力量素质

芭蕾基本练习可以锻炼练习者的柔韧性和力量。它对练习者的形体和姿态有着直接的影响。良好的柔韧性和力量素质是完成组合动作的基础。随着形体训练的难度增加，对练习者的柔韧性和力量素质的要求也会越来越高。

1. 柔韧性

这里提到的柔韧性就是身体的“软度”。在进行芭蕾基本训练的过程中，对于练习者的身体柔韧性是有一定要求的，它关乎肢体动作的优美与延伸，所以柔韧性是进行形体训练的基础。

柔韧性的好坏是由人体的各个关节在进行运动时的伸展幅度大小所决定的。它有先天与后天之分。先天指的是骨骼结构，每个人都有自己的骨骼结构，从遗传角度上来说，骨骼结构具有定性，在进行形体训练过程中是不易改变的。后天指的是关节周围关节囊的紧密程度和韧带数量的多少以及周围肌肉和软组织的体积大小。其中关节囊紧而多者柔韧性相对差些，肌肉和软组织体积大者柔韧性相对不好，而这些是可以通过芭蕾的基本训练得到改善的。

芭蕾基本训练是靠肌肉内在的对抗力来完成的，其内容为开、绷、直、立，具有提高身体柔韧性与收缩肌肉纤维的功能，使身体各部位发展均衡。通过把杆训练，能够有效地发展练习者的腿部、躯干部位的柔韧性、力量和平衡能力，借助把杆进行慢动作和分解练习，能够使髋、膝、踝的柔韧性和屈伸能力得到改善。

2. 肌肉力量

力量是指练习者的身体或身体某部位用力时反映出来的非自然肌肉形态，它能够迅速使肌肉收缩、提拉或紧张。在进行芭蕾基本训练时，最基本的要求就是开、绷、直、立。其中绷、直、立是力量训练的基础核心，所以我们在形体训练过程中通过擦地、蹲、踢腿、立半脚尖等练习增强腿部、膝关节和脊柱的支撑力量及身体核心部位的稳定性，从而使练习者能够保持良好的身体形态，提高其自身的力量、速度与控制能力，有利于练习者稳定地完成动作。

（二）有利于形体塑造

芭蕾基本训练对练习者塑造优美体形具有重要的作用，经过长时间正确而规范的把杆练习，能够经常刺激腿部与胸背部的肌肉，从而使练习者的腿部、臀部肌肉上收、下肢拉长、重心提高，使腿部及臀部线条优美；同时增加胸背部的肌肉线条的拉长感，使练习者躯干及颈部更加挺拔。

芭蕾基本训练分解在各种把上、把下小组合的训练过程中，可以协调全身肌肉，端正体态，对改善练习者身体形态有着重要的作用。其动作组合能把身体各部位动作进行有机组合，从而达到塑造形体的效果。

（三）有利于培养动作的准确性

芭蕾基本动作有利于培养练习者的反应判断能力，塑造优美体态，提高动作美、韵律美的表现能力。在进行形体训练的组合或舞蹈动作时，从始至终都贯穿着动作的正确空间方位、韵律幅度、反应速度等要求。在完成规定的动作时，只有动作准确、节奏合理才能体现出美感来。芭蕾基本训练有利于对各种优雅的静态姿势和各种敏捷协调的动态动作迅速做出反应并准确地贯穿在单个动作和成套动作中，达到举手投足规范化。

（四）有利于形体动作要领的掌握

芭蕾基本动作不仅能培养练习者规范化的身体姿态，而且能有效地发展腿部、躯干部位的柔韧性、力量和平衡反应能力。练习者借助把杆进行慢动作和分解动作练习，能够培养肌肉的延伸感觉，有利于掌握技术细节，建立正确的动作概念。

在进行芭蕾基本训练过程中，无论是全脚掌还是半脚尖，都需要提醒练习者做到脚趾平放，整个脚或半脚尖紧紧地吸附在地面上，用力往下踩。引导练习者想象自己就是一棵大树，而练习者自己的脚就好比是大树的根，寻找一种深深向下扎根的感觉，立半脚尖时要把重心放在前脚掌。身体其他部位的肌肉要收紧向上提起，感觉头顶有一根绳子在把自己用力提起，使脊椎一节节向上拉开，感觉空气可以从中穿过。身体的中段位置向上提，而两侧下沉，让练习者自己感觉到有一种上提下拉的对抗力把自己拉长。

第四节　形体美塑造

基本姿态训练主要通过人体力学原理来改变人的体态。基本姿态包括站、坐、行、卧等静态和动态的各种姿势。人的姿势主要通过脊柱弯曲的程度、四肢和手足以及头的部位等来体现。正确、优美的姿势，不仅体现人的整体美，还反映出一个人的气质与精神风貌。

一、基本形态与控制训练

（一）基本部位练习

在身体进行基本部位练习时，首先应要求有正确的站立基本姿势，其要点是：头正直，两肩下沉，背部挺直，收腹立腰，臀部和两条腿肌肉收紧，双目平视前方。

1. 头、颈姿势及练习

头部姿势的变化是通过颈部的运动实现的，颈椎的解剖学结构决定了头可以围绕额状轴、垂直轴和矢状轴运动，这是对头部动作进行规范的依据。

头、颈部的正常位置：头正颈直，略收下颌。

头、颈部的基础练习：转头练习、颈部屈伸练习、颈绕环练习。

1）转头练习

坐或站立状态，挺胸、立腰、拔背，头正颈直，双眼平视前方。头以颈椎垂线为轴慢慢向左侧或右侧转动，至下颌对着左肩或右肩时控制 5 秒钟，还原（见图 3-1）。两侧练习交替进行，每侧练习 10 次为一组。

2）颈部屈伸练习

坐或站立状态，挺胸、立腰、拔背，头正颈直，双眼平视前方。头沿 Y 轴进行运动，收紧下颌，缓慢低头，下颌找胸椎上端，控制 5 秒钟，还原（见图 3-2）。下颌逐渐上抬，头后仰，做头后屈，运动至最大限度时控制 5 秒钟，还原（见图 3-3）。屈伸 10 次为一组。亦可向两侧做左右侧屈。

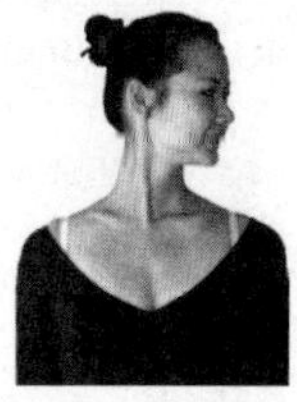
图 3-1　转头

图 3-2　头部屈

图 3-3　头部伸

3）颈绕环练习

坐或站立状态，头先慢慢前屈，由前屈状态向左旋转至左侧屈，继续向左后方旋转至后屈，再向右旋转至右侧屈，最后旋转至初始状态，反复练习（见图3-4）。反向动作同上。注意绕环动作不可过快，应根据自己的情况选择屈伸的最大幅度。

图3-4　颈绕环

2. 手和手臂的练习

手臂是人体很重要的部位，手臂姿势的变化实质上是手臂屈、直的变化和各关节屈伸程度的变化以及屈、伸与前臂旋前、旋后的结合。手臂的训练应从手开始，即使进入其他内容的练习，仍须时时注意手的形状，做到手形能够自如地随着臂形和动作的变化而变化。

1）手的练习

（1）芭蕾基本手型（见图3-5）：五指自然放松，中指往里走，大拇指搭在中指二节线上，食指略伸，其他三指自然靠拢。

图3-5　芭蕾基本手型

（2）手围绕腕关节环绕（见图3-6）：准备姿势——两臂前下外举，手心向上，先做旋前绕，接着做旋后绕。注意绕环时指尖先行，由弧形手过渡到直手。

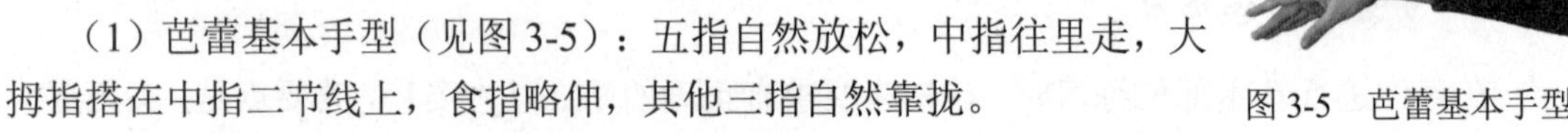

图3-6　手绕环

（3）手掌依次屈伸（见图3-7）：准备姿势——两手握拳前举。先伸直掌指关节，成屈指手；接着手掌伸直，成直手，然后屈手指，成屈指，再还原。

图3-7　手掌屈伸

2）手臂的练习

（1）芭蕾手位（见图3-8）练习。

一位：双手自然下垂，再向里弯曲，双手的中指互相靠拢，手心向上，间距只留一点，两肘呈弧形，手、肘都不要靠近身体。

二位：保持准备位的手型，往上移到对着胃的高度。肘稍微往里收点，不要太远。

三位：在二位的基础上往上抬，眼睛往上能看到手，双手手指靠近些，肘一定要往旁打开。

四位：一手保持三位不动，另一手臂从三位回到二位。

五位：三位手保持不动，二位手用手背带动，将臂向一旁打开。

六位：打开到旁边的手保持不动，三位手下到二位。

七位：是手位中最难的，双手在两肩前一点，比肩低，从肘开始往前弯曲，以小手指、肘为支撑点端平，手心向里，左右手心相对，保持圆弧形。

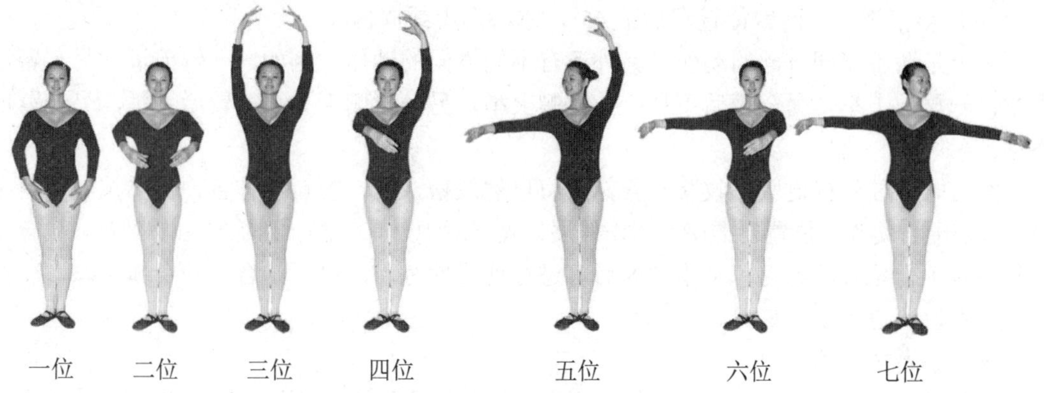

图 3-8　芭蕾手位

（2）手位动作的要求。

① 做一位手时，上臂不要触身。

② 手指完全放松并拢，拇指和中指相连。全臂从肩至各指关节保持柔和的圆形线条。

③ 手臂向七位打开时，可以自由地伸长后打平。

④ 三位手应放在抬眼可以看到的位置，而不是头顶正上方。

⑤ 手臂打开时，要注意呼吸配合，眼随手走。

（3）手臂举（见图 3-9）的练习。

图 3-9　手臂举

① 侧平举——两臂与肩平并稍向后展，手心向下。

② 前平举——前平举时，两臂与肩平，同肩宽，手心向下。前下举时动作同前平举，唯两臂举至身体前下方。

③ 下位——两臂自然下伸，与站立时手臂的位置相同，手微屈或伸直，手心还可向后，此时手应伸直。

④ 侧上举——两臂侧上举 45°，手心相对，从侧面看，脸不露耳，大拇指应稍向外，以使手掌平展，手腕处不应有突起和尺偏。

⑤ 侧上后举——两臂侧上举 45°并向后展，手心向下，手腕有明显的尺偏，指尖低于前臂的延长线。

⑥ 后斜下举——两臂位置在后下 45°，掌心向上或向内。

以上是两手臂同方向的动作，另外还有不同方向的动作。例如，一臂前举，另一臂前上举；一臂前上举，另一臂后下举；一臂侧上举，另一臂侧下举；一臂后上举，另一臂前下举。

练习时，要保持挺胸，收腹立腰，两肩自然放松，臂、腕自然伸直，身体重心保持平稳，头部配合协调。位置要准确，动作伸展，幅度适中，有美感。训练时由易到难，先分别进行各种手臂位置的练习，基本掌握后可进行连贯性练习，最后结合不同身体姿态，变换各种手臂位置进行组合练习。

（4）手臂摆动的练习。

手臂摆动是以肩为轴的摆动动作，可同方向或不同方向，可同时进行，也可依次进行。各类摆动幅度可大可小，一般可使肩角呈 25°、45°、90°或大于 90°的摆动。摆动时肩部放松下沉，并以肩带动肘，以肘带动手自然摆动。动作要柔和、松弛、协调、摆幅均匀。

① 两臂同时向前、后摆动（见图 3-10）。以肩为轴两臂同时向前摆动，接着向后摆动。

② 两臂同时向左、右摆动（见图 3-11）。两臂同时向左侧摆动，接着向右侧摆动。

图 3-10　两臂同时向前后摆动

图 3-11　两臂同时向左、右摆动

③ 两臂同时分别向前、后摆动（见图 3-12）。一臂向前摆，同时另一臂向后摆，接着交替连续进行。

④ 两臂体前交叉摆动（见图 3-13）。两臂在体前同时向内摆动，再向外摆动。

图 3-12　两臂同时分别向前、后摆动

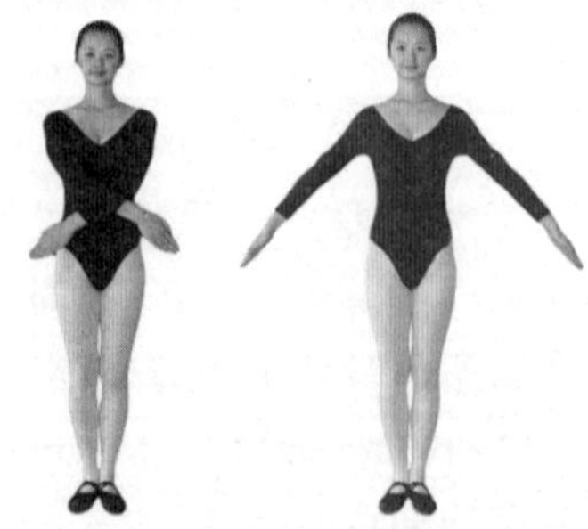

图 3-13　两臂体前交叉摆动

（5）手臂绕环的练习。

手臂绕环是以肩、肘、腕为轴的绕动动作，其形式有各种大、中、小绕环。可同方向、不同方向及同时或依次做。

① 两臂向内大绕环（见图 3-14）。两臂以肩为轴，由侧举经下做向内绕环。

图 3-14　两臂向内大绕环

② 两臂向外大绕环（见图 3-15）。两臂以肩为轴，由体前向外做绕环。

图 3-15　两臂向外大绕环

③ 两臂向前大绕环（见图 3-16）。两臂以肩为轴，由后向前做大绕环。

④ 两臂依次向后大绕环（见图 3-17）。两臂以肩为轴，由体前经上向后做依次绕环动作。

图 3-16　两臂向前大绕环　　图 3-17　两臂依次向后大绕环

⑤ 两臂向左大绕环（见图 3-18）。两臂以肩为轴，由右侧举经下向左做绕环动作。

图3-18　两臂向左大绕环

⑥ 手臂波浪（见图3-19）。手臂波浪可分为两个阶段。第一个阶段为向心运动，屈肘、屈腕、手放松下垂。第二个阶段为离心运动，当肘关节开始做伸的动作时，手腕由屈变为伸，手由弧形手过渡到半握拳，接着肘关节继续做伸的动作，手由半握拳过渡到伸腕屈手指，在肘关节伸的过程中手指渐渐伸直。肘关节完成伸直，即结束动作时，手腕与前臂仍有一定的角度，直至下一次动作开始时手腕才开始屈。

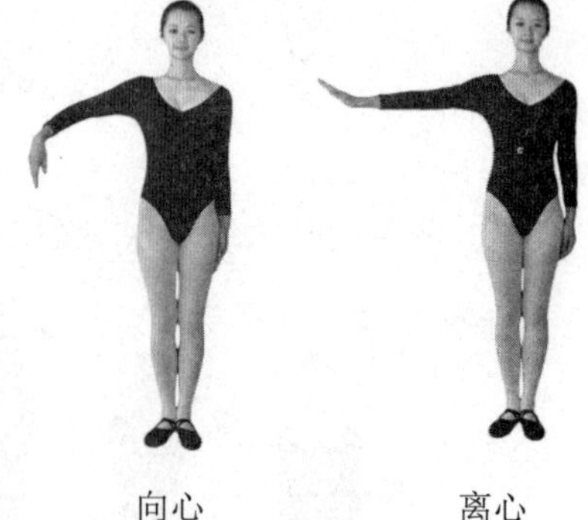

向心　　离心

图3-19　手臂波浪

3. 躯干的练习

躯干的曲线对人的体形是至关重要的。而躯干姿势变化是通过腰部的运动来实现的，腰是连接上体和下体的枢纽，它是躯干中最为灵活的部分。为使躯干成为一个整体，必须锁住腰部，也就是说腰背肌肉必须保持较高的紧张程度。一个稳定、有力的躯干有利于力的传递以及保持身体的平衡和塑造挺拔的姿势。

1）躯干绕环（见图3-20）的练习

图3-20　躯干绕环

躯干绕环是上体弯曲的一种联合动作，通过练习可以增强腰、髋的柔韧性、灵活性及控制能力。

躯干绕环练习：两脚分开，与肩同宽，两臂左侧举。上体由侧向前、向右、向后、向左，再至体前做屈体绕环一周，同时两臂配合绕动。反方向动作同上，方向相反。练习时，注意向各方向的屈体应连续不断在同一水平面上进行，两腿伸直，重心放在两脚上，同时两臂以摆绕远伸的动作加助腰的绕环。躯干各侧肌肉放松与紧张协调配合，后绕时抬头，肩充分挺开。

2）躯干弯曲的练习

躯干弯曲是指下肢保持一定姿势，躯干与下肢形成一定的角度。通过躯干弯曲练习，可以发展胸、腰、髋的柔韧、灵活、协调和力量，加大动作幅度及增强优美感。躯干的弯曲练习包括向前、向侧、向后弯曲。练习时应注意，所有向前、向侧、向后屈体时均要以腰为轴，下肢相对固定，躯干充分弯曲。前屈体时腰、胸、肩、头依次前屈；后屈体时头、肩、胸、腰依次后屈；侧屈体时保持正方向，肩与腿在一个平面上，一侧肌肉收缩，另一侧肌肉尽力放松拉长，髋要正，重心在两腿上，起时腰、腹、背肌用力顶起。

（1）上体向前弯曲（见图 3-21）。

（a）　（b）

图 3-21　体前屈

① 站立，上体前屈。两腿伸直，上体前屈，幅度可以由 90°至胸部贴紧双腿。

② 直腿坐，上体前屈。上体保持胸、背挺直前屈，尽力使头触膝。

③ 单腿跪立，上体前屈。左腿跪立，右腿前伸点地，上体尽力前屈。可换腿做。

（2）上体向侧弯曲（见图 3-22）。

图 3-22　体侧屈

① 站立，上体侧屈。左右开立，上体最大限度向一侧弯曲。

② 单腿跪立，上体侧屈。一腿跪立，上体最大限度向另一侧弯曲。

3）躯干波浪的练习

（1）前波浪（见图 3-23）。由半蹲弓身开始，然后渐渐伸直腿，同时髋部逐渐向前移，波浪的主体在腰椎、胸椎完成，最后肩胛靠拢，抬头，以手臂动作结束。在做挺腰动作时，上体和头部要前屈，并一直保持到挺胸动作开始，应使动作幅度尽量大。

图 3-23　前波浪

（2）后波浪（见图 3-24）。与前波浪相反，后波浪由站立开始，接着塌腰、挺胸、抬头，同时屈膝至弓身半蹲。在掌握了身体的前波浪、后波浪做法之后，就可以把这两个波浪连起来做。

图 3-24　后波浪

（3）侧波浪（见图 3-25）。身体直立，左脚侧点地，上体开始向左侧屈，接着支撑腿弯曲，同时上体更多地侧屈，在腿向左侧移动重心的过程中，膝、髋、胸逐渐向左移动，动作结束时身体直立，右脚在侧点地。换另一方向做同样的动作。

图 3-25　侧波浪

做身体波浪时，要特别注意动作的连贯性，还要注意同时进行的各种动作是否结合得正确，例如膝部还弯曲着，而腰部却已伸直了。

4. 腿脚的练习

1）基本脚位练习（见图 3-26）

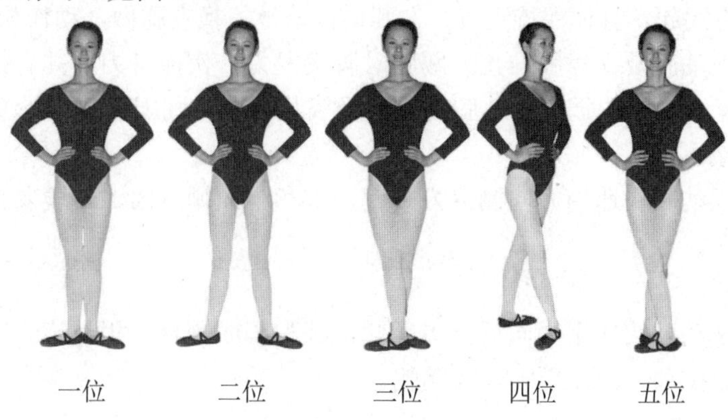

一位　　二位　　三位　　四位　　五位

图 3-26　脚位

一位：双腿外开，两脚脚后跟相靠，双脚脚尖向外呈一字形，大腿内侧夹紧。

二位：双脚保持直线，向旁打开，双脚间隔一脚的距离。

三位：双腿外开，脚向内收回至双脚重叠，前脚跟紧贴后脚心，前脚盖住后脚的一半。

四位：保持两脚外开状，一脚在前，一脚在后，形成两条平行线，重心在两脚中间，前脚跟与后脚趾关节成一条线。

五位：在四位脚基础上，前后脚相靠并拢，大腿夹紧。

2）腿的摆动练习

腿的摆动主要是以髋关节为轴，向前、后、侧各方向的摆起动作。可原地做，也可行进间进行。动作形式包括自然前后摆动和快速有力的踢腿。

（1）前、后摆动腿（见图 3-27）。

图 3-27　腿的前后摆动

准备姿势：自然站立，两臂侧举。

动作过程：左腿伸直向前摆至前举，同时两臂经下摆至右臂前举，左臂侧举；接着左腿伸直向后摆动，同时两臂经下摆至左臂前举，右臂侧举。练习时摆动腿也可屈膝前、后摆动。

动作要求：以髋为轴，利用惯性力，自然前后摆动。动作协调，自然放松，部位准确。

（2）向前踢腿。

准备姿势：自然站立，双手叉腰或两臂侧举。

动作过程：右脚向前一步上重心，接着左腿膝和脚面绷直（稍外旋），以髋为轴，快速有力地向正前上方踢起，身体保持正直，左腿向前落地。换右腿做，动作相同，方向相反。

动作要求：摆动腿及支撑腿伸直，踢腿时脚尖发力，快而有力，并有控制地下落。保持髋正，腹肌收紧。动作协调有力，腿的方向及姿势准确，踢腿高度大于90°。

（3）向侧踢腿。

侧踢腿时，摆动腿快速用力向侧上方踢起，膝和脚面绷直向上，髋要打开不可内收。动作要求同前踢腿。

（4）向后踢腿。

后踢腿时，摆动腿快速用力向后上方踢起，膝和脚面绷直，稍外旋。踢起时，两手臂可由体侧向后上方摆动。动作要求同前踢腿。

3）腿的弹动与移重心练习

腿的弹动与移重心是体操类形体训练中的主要基础动作练习。通过练习，可发展下肢各关节的灵活性、柔韧性、弹性及力量等，建立腿部肌肉的正确感知，提高腿部控制能力。

（1）弹动。腿的弹动是通过踝、膝、髋各关节同时屈、伸的一种练习，包括自然弹动和快速弹动。

① 腿的自然弹动（见图3-28）。

准备姿势：自然站立，两臂侧举。

动作过程：两腿由膝、踝、髋柔和地同时弯曲至半蹲，接着两腿向上伸展至起立，同时两臂由侧举向内摆至体前举。两腿再继续屈、伸弹动一次，同时两臂由体前举向外摆至侧举。

动作要求：两腿各关节同时弯曲，紧接着同时充分伸展；屈时上体稍含胸，伸时上体充分挺开。屈伸要柔和连贯，有弹性，有节奏，有力度。

② 腿的快速弹动（见图3-29）。

图3-28　自然弹动

图3-29　快速弹动

准备姿势：两脚提踵立，两臂前举。

动作过程：两脚落踵同时两膝稍弯曲，接着两腿迅速伸直提踵立，同时两臂由前摆至后下举，呈收腹立腰抬头挺胸姿势，目前视。两腿连续做时，手臂则向相反方向摆回至前举。

动作要求：落踵要有力，伸展要迅速，伸直时重心向上，充分立踵。

（2）移重心。移重心是指身体重心由一条腿移动至另一条腿上，可向前、后或左、右不同方向移动。

① 左、右移重心（见图 3-30）。

图 3-30 左、右移重心

准备姿势：右脚站立，左脚侧点地，两臂右侧举。

动作过程：以左移重心为例。右腿屈膝，接着重心侧移，经两腿半蹲，重心逐渐移至左腿上，左腿经稍屈至伸直站立，右脚侧点地，同时两臂随身体重心摆动，由右向下经体前摆至左侧举。向右移重心同向左移重心，方向相反。

② 前、后移重心（见图 3-31）。

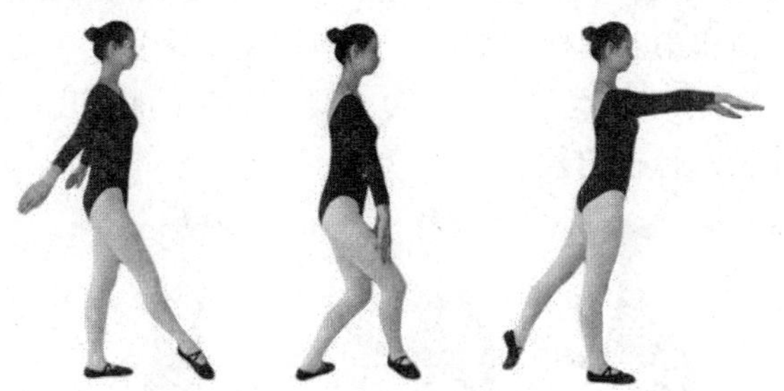

图 3-31 前、后移重心

准备姿势：左腿站立，右脚前点地，两臂后下举。

动作过程：以前移重心为例。左腿稍屈膝，接着重心前移，经四位脚半蹲，重心逐渐移至右腿上，随即右腿伸直站立，左脚后点地，同时两臂随身体重心摆动，由后经体侧摆至前举。后移重心，动作同前移重心，唯方向相反。

动作要求：所有左、右或前、后移重心动作，两腿的屈伸均应用力柔和连贯，使重心自然、平稳地由一条腿过渡至另一条腿上。

4）步法的练习

（1）柔软步（见图 3-32）。自然站立，右腿膝和脚面绷直向前伸出，脚面向外，由脚尖过渡到全脚掌落地，身体重心随之前移，接着再换左脚向前伸出落地，两腿依次交替进行，两臂自然前后摆动或双手叉腰。动作应自然，柔和。

（2）足尖步（见图 3-33）。两脚并立提踵，双手叉腰。左腿膝和脚面绷直向前伸出，脚尖稍向外，右脚尖过渡到前脚掌落地支撑，重心前移，两腿交替进行。注意要身体正直，收腹立腰，步幅均匀且不宜过大，支撑腿脚踝应充分上立。动作应自然协调，提踵高，重心平稳。

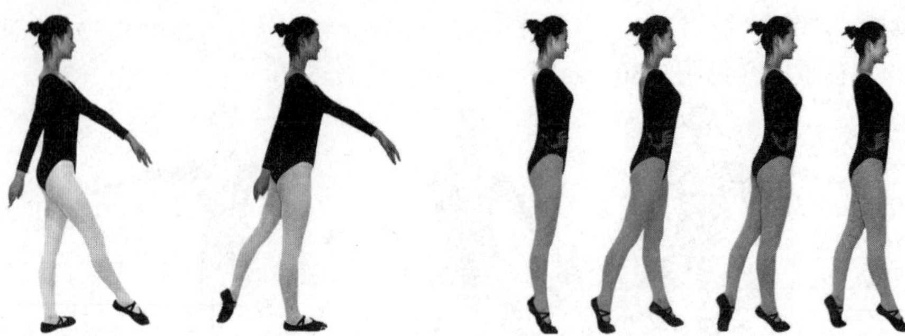

图 3-32　柔软步　　图 3-33　足尖步

（3）柔软跑步（见图 3-34）。自然站立，在自然跑步的基础上，要求摆动腿经稍腾空自然向前伸出，脚面绷直，用前脚掌柔和落地，重心随之前移。然后另一条腿向前摆出，两腿交替进行，跑步时两臂自然前后摆动。摆动腿应自然前伸，步幅适中，身体随之稍前倾，收腹立腰。动作应自然协调、柔和，有弹性。

（4）踏跳步（见图 3-35）。踏跳步是由两拍完成的舞步，包括直膝的、屈膝的及转体的不同变化。以后举腿踏跳步为例。准备姿势：自然站立。准备过程：第 1 拍，左脚向前一步；第 2 拍，左脚蹬地跳起，同时右腿直膝后举，脚面绷直向外，两臂向上摆起成左臂侧举，右臂前举。第 3 拍和第 4 拍换右腿做，方向相反。重复交替进行。

注意在跳起时重心向上，上体正直，收腹立腰，后举的腿和蹬直的腿起跳要同时。动作节奏要准确，姿态伸长，轻松自然。

图 3-34　柔软跑步　　图 3-35　踏跳步

（5）跑跳步（见图 3-36）。跑跳步是一般常用的舞步，它具有轻快、活泼的特点。该步法可向前、侧、后或转体做，一般用一拍完成，采用 2/4 或 4/4 节拍的音乐。

准备姿势：自然站立，两手叉腰。

动作过程：节前右脚原地轻跳，同时左腿屈膝抬起，脚面绷直，脚尖向下。1 拍时左脚落地，随即原地轻跳，同时右腿屈膝抬起。2 拍同 1 拍动作，换右脚做。

技术要点：前屈腿向下落地要快，小跳短促，同时屈膝腿不宜过高，并用前脚掌自然落地和跳起。

动作规格：跳与落节奏准确、轻松、活泼、协调。

（6）滚动步（见图 3-37）。滚动步是具有柔和、连贯及弹性特色的步法，可原地做，也可向前、向后或跑动做。下面以向前滚动步为例进行讲解。

准备姿势：两脚并立提踵，双臂自然下垂。

动作过程：1 拍时，左脚柔和地由脚尖过渡到全脚掌落地，重心移至左腿上，右腿向前屈膝，脚面绷直出一小步，脚尖点地，同时两臂自然前后摆动。2 拍时，经双腿提踵立，重心右移，右脚全脚掌落地，左脚屈膝向前出步，脚尖点地。

技术要点：经两腿提踵立过程移重心，同时上体保持正直，收腹立腰，髋部上提。

动作规格：膝向前，小腿和脚背与地面垂直，动作连贯、柔和、有弹性。

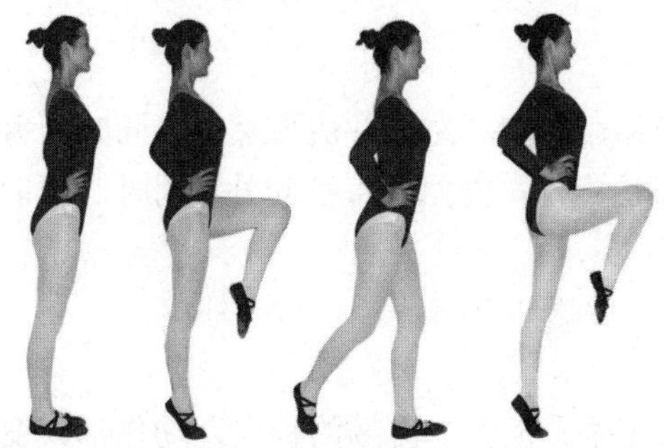

图 3-36　跑跳步

图 3-37　滚动步

（7）弹簧步（见图 3-38）。弹簧步是表现腿部弹性特点的步法，也是单脚立踵舞姿及跳步的基础动作，一般用两拍完成，包括普通弹簧步、前屈膝弹簧步及跳的弹簧步等。下面介绍的是普通弹簧步。

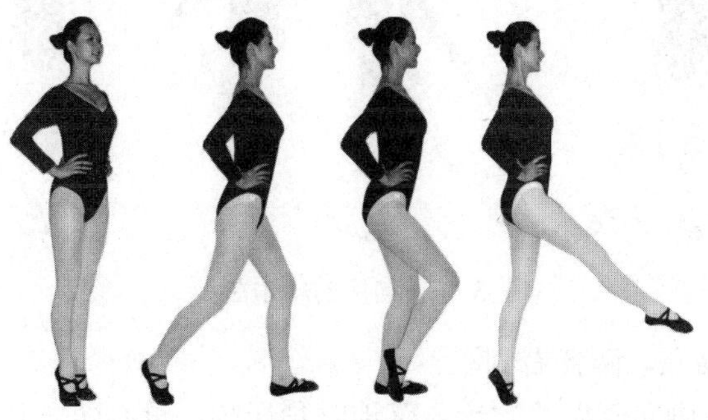

图 3-38　弹簧步

准备姿势：两脚并立提踵，双手叉腰。

动作过程：1 拍时左脚向前一步，同时稍屈膝半蹲，重心移至左脚；2 拍时左腿伸直提踵，同时右腿向前下伸，膝与脚面绷直。3、4 拍动作同 1、2 拍，换右脚做。

技术要点：出脚时右脚尖过渡到全脚掌柔和落地，有控制地依次弯曲踝、膝关节。接着依次充分伸直膝、踝，重心向上成提踵立，上体正直，收腹立腰，步幅不宜过大。

动作规格：动作柔和、连贯、有弹性，步幅适中。

（8）变换步（见图 3-39）。变换步是一种常用的舞步，具有柔和、舒展的特点，动作变化多样，包括普通变换步、前屈膝变换步、后举腿变换步、转体变换步及跳的变换步等。一般用两拍完成，下面以普通变换步为例进行说明。

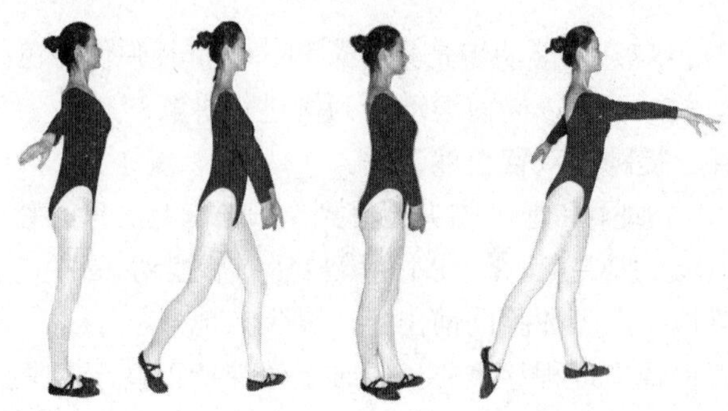

图 3-39　变换步

准备姿势：自然站立，两臂侧举。

动作过程：1上半拍，左脚向前柔软步；1下半拍，右脚与左脚并成自然位，同时两臂成一位。2拍左脚向前柔软步，重心前移，右脚伸直后点地，脚面绷直稍向外，同时右臂前举，左臂侧举。3、4拍动作同1、2拍，换右腿做。

技术要点：做时收腹立腰，上体正直，髋要正，后腿伸直点地，膝与脚外旋。

动作规格：动作连贯、协调、舒展。

（9）华尔兹步。华尔兹步是常用舞步，它具有轻盈、优美、流畅的特点，动作形式变化多样，如向前、向后、向侧、转体及跑动。该动作由三步组成：第一步是柔软步，后两步是足尖步。下面以向侧的华尔兹步为例（见图3-40）进行说明。

图 3-40　向侧的华尔兹步

准备姿势：自然站立，两臂右侧举。

动作过程：1拍左脚向侧做柔软步，落地时稍屈膝，重心随之移至左腿。2、3拍右脚前掌踏在左脚跟后，右腿伸直立踵，接着左脚与右脚并立提踵。在三拍动作过程中，两臂经前摆至左侧举。换右脚开始做，动作相反。

（二）把杆练习

芭蕾的把杆练习是一种辅助身体形态训练的重要手段，也是最切合实际的形体训练之源。把杆练习的目的是使练习者尽快地掌握身体形态的控制能力、基本姿态、身体重心、转体的稳定性，建立准确的肌肉感知，增强腰、腿部力量和柔韧性。

把杆训练的内容一般包括擦地、下蹲、小踢腿、小弹腿、伸屈、画圆、压腿、下腰、大踢腿、压脚跟、舞姿与控制，内容逐渐由浅入深。通过训练使练习者身体得到全面活动，能够纠正自身不良体态，掌握好身体的直立和重心的稳定及软度、力度、开度要求。

1. 擦地

（1）擦地的方向（见图 3-41）。擦地是指脚尖和脚掌与地面摩擦的动作，可以向旁、前、后擦地。它是芭蕾形体训练入门的最基础的动作之一。正因为它简单易做，所以被列入基础训练的最初几个动作，但这个动作要认真地做起来，又并非像看起来那么容易，它的内涵贯穿“开、绷、直、立”的全部。从这个动作开始，以后其他动作的训练就开始走向规范。擦地的一个很重要的价值在于起到符合规范的活动作用。训练擦地的目的是为腿的力度、伸直的习惯、重心的垂直稳定、踝关节的力量等打下坚实基础。

图 3-41　擦地

做法：一般在一位和五位上做，可以向前、旁、后方向进行。大体要求各个方向角度基本相同，但在具体细节上还是有所不同的，不能漫不经心、随心所欲。

下面具体介绍一下各个方向上的要求。

① 向前擦地。右脚用脚跟内侧的力量向前顶出。脚尖擦着地并渐渐把脚背绷直，使脚尖在正前方点地（脚尖是指二脚趾尖的外侧），在不许出胯的限制下，尽量把擦出的脚尖伸向最远端并与支撑腿的脚跟保持一条直线。收回时靠脚尖先收的力量，倒着擦出的顺序收回动作腿，站好五位（或一位）。

② 向旁擦地。右脚用正脚背的力量向旁推出，脚尖擦着地面在不出胯的限制下，把脚尖伸向最远端（脚尖是指大脚趾和二脚趾的尖端），与支撑腿的脚跟保持一条直线。收回时靠内收的力量，倒着擦出的顺序收回动作腿，站好五位（或一位）。

③ 向后擦地。右脚用脚尖先向后渐渐绷起脚背，在不出胯、不掀胯的限制下，把脚尖伸向最远端（脚尖是指大脚趾尖的内侧），与支撑腿的脚跟保持一条直线。收回时靠脚跟先回的力量，倒着擦出的顺序收回动作腿，站好五位（或一位）。

（2）练习擦地的动作要领。

① 身体重心必须始终落在支撑腿的脚掌上，不受动作腿任何干扰而晃动，尤其注重双胯的固定。

② 坚持收膝关节使腿始终保持伸直。

③ 坚持在地面上“擦”，脚趾从来没有离地的时候。

④ 绷脚不是窝脚趾，用窝脚来代替绷脚是错误的，将造成脚趾没有抓力和推力。

⑤ 擦地的过程动作脚必须严格依照“全脚—脚掌—脚尖”的过程擦出，收回时按“脚尖—脚掌—全脚”的过程收腿。

⑥ 双肩双胯始终对准正前方，尤其向后擦地时不能带动动作腿一侧的肩和胯外掀。

⑦ 收回时不仅仅是动作腿去靠支撑腿，而且支撑腿吸回动作腿，用两腿相夹的力量收腿。

⑧“擦地停两头”是指在擦地过程中要轻快一些，而在擦出后的点地及收回后的站位必须用力。这样动作腿在张弛有序中得到了适度的肌肉锻炼。全过程都用劲是不可取的，动作必定僵化，影响训练价值和优美自如性。有两种方法可以检查“擦地停两头”是否使劲或使劲的程度。擦出在外面停留时要用力绷脚背，检查的方法是去摸一下绷脚的脚后跟后面的大筋坚硬与否，硬表示绷脚用力符合要求。擦回收两腿直立夹紧时，用手掌去插一下就知道了，手掌难以插进两腿间就表示用力夹紧了，反之则说明未达到要求。

（3）擦地组合。音乐：2/4 拍。

准备姿势：侧对把杆，一位站立，左手扶把，右手一位，眼看前方。

前奏：4 拍，右手起手，成七位。

第一个八拍：前擦地。

1～2 拍，右脚向前擦出，脚尖点地。

3～4 拍，右脚收回成一位脚。

5～8 拍，同 1～4 拍。

第二个八拍：旁擦地。

1～2 拍，右脚向外侧擦出，脚尖点地。

3～4 拍，右脚收回成一位脚。

5～8 拍，同 1～4 拍。

第三个八拍：后擦地。

1～2 拍，右脚向后擦出，脚尖点地。

3～4 拍，右脚收回成一位脚。

5～8 拍，同 1～4 拍。

第四个八拍：蹲立。

1～2 拍，双腿屈膝半蹲。

3～4 拍，伸直双膝，起身。

5～6 拍，双脚提踵立。

7～8 拍，落脚跟，回到原位。

第五个八拍：擦地、蹲立。

1～2 拍：右脚向前擦地，收回。

3～4 拍：右脚向后擦地，收回。

5～6 拍：双腿屈膝半蹲，起身还原。

7～8 拍：双脚提踵立，落重心还原。

第六个八拍：擦地、勾绷脚。

1～2 拍：右脚向外侧擦出，点地。

3～4 拍：右脚勾脚尖。

5～6 拍：右脚绷脚尖点地。

7～8 拍：右脚擦地收回。

第七个八拍：同第六个八拍的动作。

第八个八拍：同第四个八拍的动作。换方向，换手扶把进行练习。

2. 下蹲

下蹲训练主要围绕膝关节运动，下蹲时，大腿前群肌肉、小腿后群肌肉必然拉长。肌肉是富有弹性的，好似皮筋一样，拉得长才能弹得远，但是张力大的比张力小的皮筋使用的力量也要大，弹得也更远。由于内在的对抗性力量，在下蹲过程中，腿部肌肉要主动收紧，而不是处在自然状态下拉长。

（1）蹲的动作方法。

下蹲练习一般分为半蹲和全蹲（见图 3-42）。练习时，可采用双手扶把或单手扶把。双手扶把，面对把杆，身体与把杆相距一脚，双手轻放在把杆上，肘关节自然弯曲，肩关节放松下沉，两手与肩同宽。单手扶把，侧向把杆站立，单手平放在体前一步的把杆上，另一手一位。要求上体保持直立，收腹、收臀，膝关节的中心点对着脚的中趾尖。

图 3-42　下蹲（半蹲和全蹲）

① 半蹲。两腿旋外、两膝向外侧，逐渐弯曲膝关节直至足跟不离开地面到最大限度为半蹲。

② 全蹲。在半蹲的基础上继续下蹲，足跟离开地面，大小腿之间的距离最接近时为全蹲。在练习中，腿部应该具备一种内在的对抗性，下蹲时，腿本身不愿意弯曲，但有一股力量强迫往下蹲。立起时，上身好像压着一副重担，腿部要用很大的力量才能站起来。

（2）蹲的动作要领。

① 蹲起力量必须是平均的、连贯的，具有柔韧性。

② 下蹲的训练先从半蹲再到全蹲，训练节奏从慢速到中速。

（3）下蹲组合。音乐：4/4 拍。

准备姿势：侧对把杆，一位站立，左手扶把，右手一位，眼看前方。前奏：4 拍，起手成七位。

第一个八拍：

1～4 拍，双腿屈膝，全蹲。

5～8 拍，伸直双膝，起身。

第二个八拍：

1～2 拍，双腿屈膝，半蹲。

3～4 拍，伸直双膝，起身。

5～8 拍，右手臂经体前成按掌。

第三个八拍：同第一个八拍。

第四个八拍：

1～4 拍，双腿屈膝，半蹲，起身。

5～8 拍，右脚向外擦出成大八字站立，右手打开成山膀掌。

第五个八拍：

1～4 拍，双腿屈膝，全蹲。

5～8 拍，伸直双膝，起身。

第六个八拍：

1～2 拍，双腿屈膝，半蹲。

3～4 拍，直膝，起身。

5～8 拍，右脚收至左脚后侧成踏步，右手收至体前成按掌。

第七个八拍：

1～4 拍：双腿屈膝，半蹲。

5～8 拍：直膝，起身。

第八个八拍：

1～4 拍：左腿屈膝，下蹲，右腿向后滑成大掖步，身体左转 45°。

5～8 拍：左腿直膝，起身，右腿后点地收回，还原成一位。

3. 小踢腿、小弹腿

（1）小踢腿。小踢腿是一种力度训练的动作，幅度不大，只有 25°高，但要求动作做得短促而有力，是把杆基础训练中必不可少的一个基本动作。小踢腿对于训练动作腿的力度和在 25°的角度停留，以及绷脚用力、胯的控制都是相当有价值的，同时对于支撑腿的直立稳定也是有作用的。一般来讲，动作腿越用力或幅度越大，对支撑腿来讲，要求就越高，支撑腿应该比动作腿更有劲，才能控制人体重心的稳定。小踢腿同擦地有不少相同之处，可以说它就是从擦地这个动作发展而来的，尤其是前、旁、后的三个方向的出去和收回，在规格要求上完全与擦地相同，腿的绷直、外开也都一致。所不同的是擦地是在地面上做停留，而小踢腿是经过擦地后在空中 25°的角度做停留；另外在力度上也有区别，小踢腿比擦地更用力，动作腿的踢出要像射箭般迅速敏捷。

小踢腿的做法（见图 3-43）：左手扶把，右前五位，七位手准备。右腿先像擦地一样向前擦出，然后向上抬 25°并停留，收回时先落下 25°腿成为前点地，再如擦地一样收回五位。这样的一个过程必须迅速而有力，只有如此才能收到训练效果。

图 3-43　小踢腿

小踢腿的动作要领如下。

① 弹腿与打击的速度要快而有力。

② 弹出要有控制，不能放松乱晃。踢出时要有停顿，收回时大腿内侧肌要夹紧。

③ 动作腿要绷直，支撑腿稳固好重心，后背挺直。

④ 小踢腿要把力量灌注到脚尖上，用脚尖作动力，要有一定的爆发力。

（2）小弹腿。小弹腿（见图 3-44）的动作是大腿吸起不动，小腿做快速伸直的动作（即动力腿向前、旁或后屈膝举起，大腿高度不变，以膝为轴，小腿做快速地伸直和屈的动作），要求小腿敏捷而灵活，大腿有力，动作干脆有力。

图 3-44　小弹腿

小弹腿练习动作要求如下。

① 吸腿或弹腿，膝关节都要外旋，大腿控制不动。

② 弹起时，膝盖绷紧，有弹力，应感到重拍时再弹起。

③ 当脚收回触及踝关节时，要立刻像球一样弹出。

④ 注意踝关节的动作，要绷脚，不要形成勾脚尖。

⑤ 熟练后可以提踵做。

（3）小踢腿、小弹腿组合。音乐：2/4 拍，快速，有力。

准备姿势：小八字站立，侧对把杆，左手扶把，右手打开成七位或叉腰。

第一个八拍：

1～4 拍，右腿前踢收回 2 次。

5～8 拍，5 拍吸右腿，6 拍弹腿，7 拍吸腿，8 拍落地还原。

第二个八拍：

1～4 拍，右腿后踢收回 2 次。

5～8 拍，同第一个八拍中的 5～8 拍。

第三个八拍：

1～4 拍：右侧腿旁踢收回 2 次。

5～8 拍：躯干向把内拧身 90°，然后还原成准备姿势。

第四个八拍：同第三个八拍。

换方向，换手扶把进行练习，动作相同，方向相反。

4. 压腿

压腿有正、侧、后三种压法（见图 3-45）。只有腿的软度好，动作才轻盈。压腿主要是训练腿的软度、柔韧性和胯的开度，丰富舞姿技巧。

（a）正压腿　　（b）侧压腿　　（c）后压腿

图 3-45　压腿

（1）正压腿。身体半侧向里对把杆，正步、单手扶把，把外腿经吸腿后向上伸直，用脚跟放在把杆上，绷脚外开。另一手三位，上身保持正直对准动力腿下压，用小腹贴大腿，里胯往前提，大腿垂直，手去够脚背。注意不要弓背，主力腿不要屈膝。

（2）侧压腿。侧向把杆。以右腿为例，小腿伸直轻轻地用脚跟放在把杆上，然后压旁腿，压时以右肩靠右膝，右手扶把，左手过头顶碰右脚尖，上体直起再压，反复进行。

（3）后压腿。左肩对把杆站立，向右转 45°左手扶把，右手侧举。右腿吸旁腿向后伸直，轻轻用脚的内侧绷脚面置把杆上，右手臂上举，从肩开始往后压，或加主力腿深蹲，压胯。

5. 下腰

（1）下腰的动作有下前腰、下侧腰、下后腰、下胸腰四种（见图 3-46）。

（a）下前腰　　（b）下侧腰　　（c）下后腰　　（d）下胸腰

图 3-46　下腰

① 下前腰。下前腰时，双膝直，脚靠拢。小腹尽量贴大腿，上肢保持正直向前弯下贴到腿上，直到手撑地。直起慢慢还原，不要弯膝驼背。

② 下侧腰。右踏步，双脚重心向旁。向左下侧腰时，左肩与左腿在一个平面上，弯腰收腹，挑侧肋，尽力向高，左手扶把，右手上举。

③ 下后腰。下后腰时双脚呈大八字步，重心在两脚上。双托位，眼看双手。从手、颈、胸、腰，一节一节向后弯下，头去找臀，直到双手或单手撑地，头不能放松，这时眼看地面。起时手推地双腿用力往前，从下肢开始一节一节起，收腹立。

④ 下胸腰。下胸腰时，双脚正步（也可一位）立半脚尖，一手扶把，另一手三位。从

头、颈开始一节一节向后弯，挺胸，立腰，头向外，注意两肩要放平，收臀，膝要直，不要挺肚子。

（2）弯腰组合。

准备姿势：小八字站立，面对把杆，双手扶把。

第一个八拍：

1～4 拍，左手经体侧起手至头上托掌。

5～8 拍，向右侧弯腰，起身。

第二个八拍：

1～4 拍，向右侧转体 90°，侧对把杆，换左手扶把。

5～8 拍，5 拍右脚后擦地，6 拍抬腿，7 拍脚尖点地，8 拍收回还原。

第三个八拍：

1～4 拍，前弯腰，右手臂随着身体向下。

5～8 拍，起身还原，右手臂随着身体向上还原成头上托掌。

第四个八拍：

1～4 拍，后弯腰，右手臂随着身体向外打开成侧举，掌心向后。

5～8 拍，起身还原，手臂还原至体侧。

第五个八拍：

1～4 拍，手臂经体侧成头上托掌。

5～8 拍，把内侧腿，即左腿向后擦地后滑跪地，右腿屈膝。

第六个八拍：

1～4 拍，后弯腰。

5～8 拍，起身。

第七个八拍：

1～4 拍，前弯腰。

5～8 拍，起身。

第八个八拍：

1～4 拍，右膝伸直起身，左腿成后点地。

5～8 拍，左脚收回还原成一位。

换方向进行练习，动作相同，方向相反。

6. 大踢腿

（1）大踢腿的动作有向前大踢腿、向侧大踢腿和向后大踢腿三种（见图 3-47）。

踢腿和压腿可以训练大腿肌肉的力量、韧带软度、爆发力和髋关节的开度。做法：单手扶把，另一手七位。

① 向前大踢腿。大腿伸直外开，绷脚，用脚背力量带动腿向前上方有爆发力地踢出。胯不要随着动，主力腿直膝，上肢正直，立腰，落地时要轻而有控制。

② 向侧大踢腿。旁踢腿时胯要开，肩要正，向正旁踢起，不要撅臀、掀胯。

③ 向后大踢腿。擦地向后踢出，膝腰直，绷脚背外开。上体后屈抬头、挺胸，头尽量向后找大腿。

（a）向前大踢腿　　（b）向侧大踢腿　　（c）向后大踢腿

图 3-47　大踢腿

（2）大踢腿组合。

准备姿势：小八字站立，面对把杆。

第一个八拍：

1～2 拍，右腿向旁做大踢腿，有控制地下落。

3 拍，右脚尖侧点地。

4 拍，右脚擦地，收回。

5～8 拍，同 1～4 拍。

第二个八拍：同第一个八拍，换左腿做。

第三个八拍：

1～2 拍，半蹲。

3～4 拍，伸膝，起身。

5～6 拍，提踵立。

7～8 拍，落地同时向右转体 90°，左手扶把，右手侧举。

第四个八拍：

1～2 拍，右腿向前大踢腿。

3 拍，右脚尖前点地。

4 拍，右脚擦地收回。

5～8 拍，同 1～4 拍。

第五个八拍：动作同第四个八拍。

第六个八拍：动作同第三个八拍，落地时向左转体 90°，面对把杆，双手扶把。

第七个八拍：

1～2 拍，右腿向后大踢腿。

3 拍，右脚尖后点地。

4 拍，右脚擦地收回。

5～8 拍，同 1～4 拍。

第八个八拍：动作同第七个八拍，换左腿做。

第九个八拍：动作同第三个八拍，落地时向左转体 90°，右手扶把。

接着做反方向练习，动作同上，方向相反。

（三）形态控制训练

1. 平衡动作

平衡动作是指以身体某部分支撑于地面，控制身体重心，表现出某种动作姿态造型的静止动作。一般是用单脚、单膝或臀部支撑在地面上，配合手臂、躯干和腿所构成的姿态平衡。通过平衡动作练习，可发展肌肉力量，增强控制重心稳定的能力。

（1）屈膝前举腿平衡（见图 3-48）。

准备姿势：自然站立，两臂侧举。

动作过程：以左腿支撑为例。左腿站立，同时右腿屈膝前举，大腿尽量上举，大小腿成钝角，膝和脚面绷直向外，两臂成五位或三位静止不动。

动作要求：左腿充分伸直，重心控制在支撑腿上，收腹立腰，上体正直。姿态正确，动作平稳，保持静止不动 2～3 秒钟。

（2）屈膝后举腿平衡（见图 3-49）。

准备姿势：自然站立，两臂侧举。

动作过程：以左腿支撑为例说明。左腿站立，同时右腿屈膝后举，大腿尽量后上举，大小腿成钝角，膝和脚面绷直向外，两臂成五位或三位静止不动。

动作要求：左腿充分伸直，重心控制在支撑腿上，收腹立腰，上体正直。姿态正确，动作平稳，保持静止不动 2～3 秒钟。

（3）侧举腿平衡（见图 3-50）。

准备姿势：自然站立，两臂侧举。

动作过程：以右腿支撑为例。右腿站立，同时左腿直膝侧举，大腿尽量侧举，膝和脚面绷直向上，两臂侧举，保持 2～3 秒不动。

动作要求：左腿外旋向正侧上方举起，同时腰、腹、背肌群收紧，身体保持正直，重心控制在支撑腿上。举腿的高度根据自身的情况而定。

图 3-48　屈膝前举腿平衡

图 3-49　屈膝后举腿平衡

图 3-50　侧举腿平衡

2. 跳跃练习

跳跃是难度较大的技术动作。它不仅要求弹跳高度，还要求在空中有准确的舞姿造型。跳跃可分为小跳、中跳和大跳三种。不同的跳有不同的训练目的与效果。其中有的跳是训练跳跃的基本能力，有的跳则可以直接运用到舞台作为表演动作。通过跳跃练习，可以有效地训练与加强练习者的腰腿基本功、协调性及耐力。

跳跃的基本要领有以下三个方面。

① 跳之前要有好的蹲，强调蹲的压力和脚掌推地的反作用力。

② 跳起时注意脚背用力绷直，膝盖很快伸直，腿部肌肉迅速收紧，空中注意保持姿态。落地时保持舞姿轻盈，重心稳定。

③ 跳跃的全过程要善于运用身体各部位不同的力量，强调提气、立腰、收腹、呼吸均匀。

（1）小跳。小跳（见图 3-51）是一切跳跃动作的基础，其中有的动作比较简单，主要训练跳的基本能力；有的动作带舞姿，比较灵巧、多变。

小跳的训练目的如下。

① 训练脚腕推地和脚背用力绷直的能力。

② 训练腿部肌肉、腹肌以及膝盖快速收紧和后背的控制能力。

③ 训练身体的协调、灵活性和小腿的敏捷性。下面以一位小跳为例进行说明。

准备姿势：一位站立，双手叉腰。

动作过程：节前动作——两腿经半蹲蹬地跳起。1——落地成一位半蹲，接着下半拍又蹬地跳起。2——同动作 1。可重复进行练习。

动作要求：两脚掌用力推地向上跳起，膝和脚面绷直，收腹立腰，臀部收紧，身体正直。从前脚掌过渡至全脚，柔和落地成半蹲，身体重心垂直上下起落。空中姿态准确，两腿绷直外开，动作轻盈、连贯、节奏鲜明。

（2）向前吸腿跳（见图 3-52）。

图 3-51　小跳　　　　图 3-52　向前吸腿跳

准备姿势：自然站立。

动作过程：以左脚开始为例进行说明。左脚向前一步蹬地跳起，同时右腿屈膝前吸，脚掌内侧靠左膝，左臂摆至前上举，右臂后下举，抬头挺胸。右脚开始做，动作相同，方向相反。

动作要求：向前上步后用力蹬地跳起，摆动腿主动吸腿，同时收腹立腰，身体重心升高，充分挺胸抬头。腾空要有高度，充分舒展。

（3）原地双脚大跳。

① 分腿跳。

准备姿势：自然站立。

动作过程：双腿屈膝用力蹬地跳起，在空中双腿向两侧分开，同时两臂摆至侧上举，挺身，并腿落地稍屈膝。

② 屈腿跳。

准备姿势：自然站立。

动作过程：双腿屈膝用力蹬地跳起，空中两腿屈膝左前举，并向右后拧身，左臂侧上举，右臂侧举，眼看右前方。

动作要求：双脚用力蹬地起跳时，手臂配合向上摆动以增加起跳高度。空中腰腹用力收紧，保持正确的姿态，落地时屈膝缓冲。

（4）向前跨跳。

准备姿势：自然站立，两臂侧举。

动作过程：以右腿跨跳为例进行说明。左脚向前一步蹬地跳起，同时右腿伸直向前上方跨出，左腿随即向后摆起，空中两腿前后分开，同时左臂前举，右臂侧举，接着右腿柔和落地，左腿保持后举。换左腿跨跳，动作同上，方向相反。

动作要点：蹬地要有力，身体重心向上腾起，空中上体保持正直，收腹立腰，两腿在空中最高点时，前后腿充分展开。空中两腿伸直绷脚面，最高点时，两腿尽量分开接近 180°，动作轻松、协调，姿态正确，落地平稳。

3. 转体练习

转体类动作形式多样，一般用单脚或双脚支撑，绕垂直轴进行旋转。转体形式有原地的、移动的及空中的，此外还有其他身体部位，如臀、膝、背、腹等支撑的转体，这里只介绍脚部支撑的转体练习。它对增强前庭器官的功能，发展身体的灵巧性、协调性与控制力等有很大的作用。

（1）交叉转体 180°～360°（见图 3-53）。

图 3-53　交叉转体

准备姿势：自然站立，两臂侧举。

动作过程：以向左交叉转体 270°为例进行说明。右脚向左脚前侧交叉迈一小步，同时两脚提踵向左转体 270°，转体时两臂上举至三位。

动作要求：转体时收腹立腰，两腿夹紧，以领肩摆臂带动身体转动，头随之迅速转动，目视前方。转动轴与地面垂直，提踵高，转体度数准确。

（2）平转（见图3-54）。平转是通过两脚依次支撑来进行移动的转体。

预备姿势：两脚左右开立（约一脚距离）提踵，两手叉腰，目视左侧目标。

动作过程：以向左平转为例。1——上半拍，以左脚前掌为轴向左转体180°，同时右脚前掌向侧着地，保留头部不动，目视左侧目标。1——下半拍，以右脚前掌为轴向左转体180°，左脚前脚掌向侧落地，同时头部迅速向左转动，目视左侧目标。

2——同1拍，继续向左侧平转移动。动作可连续进行。向右侧平转，动作相同，方向相反。

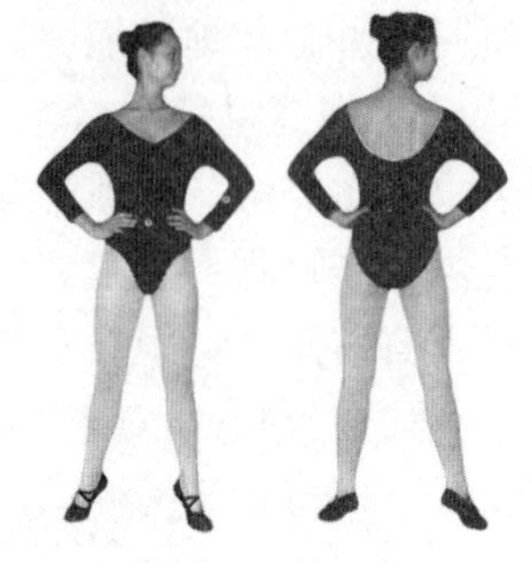
图3-54　平转

动作要求：身体重心依次在支撑腿上转换，身体正直，收腹立腰，两脚移动步幅不宜过大。头部转动（即留头与转头）与转体动作要协调配合，两眼准确盯视目标。步幅要均匀、快速、连贯，重心平稳，方向准确，头部有控制。

（3）单腿吸腿转体180°～360°（见图3-55）。

图3-55　单腿吸腿转体

预备姿势：自然站立，两臂六位（左臂在前）。

动作过程：以向左转体为例进行说明。左脚向侧（或向前）一步，重心移至左腿上，右腿稍屈膝立即提踵向左转体180°或360°，同时右腿吸在左腿旁，两臂摆至七位。

动作要求：支撑腿伸直提踵，以领肩摆臂和吸腿动作带动身体转动。做时保持立腰，上体正直，重心在支撑腿上。

4. 中间姿态组合动作练习

（1）芭蕾手位组合。

准备动作：面对1点站立，脚呈小八字，手一位。

第一个八拍：

1～4拍，右转90°，右腿屈，左腿直膝前伸点地，上体经前屈至直立，同时两臂上摆经二位至三位，眼看2点。

5～8拍，重心前移至左腿，右脚后点地，左臂经二位至七位，上体左转90°，眼睛看7点。

第二个八拍：

1～2拍，右脚向右前方一步提踵，左腿向上举，右臂前上举，左臂侧平举。

3～4拍，左脚落至右脚前，右脚再上一步重复1～2拍的动作。

5拍，左脚落于右脚外侧，右转270°，对8点，同时左臂由后向下再向前摆至上举，两臂成三位。

6 拍，右腿屈膝上抬。

7～8 拍，左腿屈膝，右腿后伸点地成弓步，两臂波浪至斜后举，上体后屈。

第三个八拍：

1～4 拍，右臂三位，左臂体前由左经下垂摆至右侧举再向左水平摆至左侧举，上体随手臂右转 90°，然后转回，眼随左手动，最后看 7 点。

5～8 拍，左腿稍屈，右腿直膝左后伸，脚尖点地，右臂二位，左臂七位，同时右转 90°，面对 2 点，眼看 2 点。

第四个八拍：

1～4 拍，碎步右转 270°，两臂在体侧依次做上、下波浪。

5～6 拍，站立，身体波浪，双手臂前上举波浪。

7～8 拍，双臂经体侧还原成一位。

（2）姿态组合。

准备动作：面向 8 点，右脚前五位站立。双手一位，眼睛看 1、2 点之间。

前奏：双手由一位经二位至七位。

第一个八拍：

1～4 拍，五位半蹲。

5～8 拍，右脚向前擦地，脚尖点地。右手由七位经一位至二位。

第二个八拍：

1～4 拍，落右脚脚跟，向前慢移重心成左脚尖后点地。同时，右手至七位，左手至三位。眼睛看 8 点上方。

5～8 拍，左脚尖滑向 4 点方向，上身前倾，身体伸长成右弓步。手成二位。

第三个八拍：

1～4 拍，向右、向左各转一次胸腰，手臂随身体摆动。

5～8 拍，后移重心，右脚经前点收回落脚，半蹲。手臂六位，左臂前举，右臂侧举。

第四个八拍：

1～4 拍，右腿支撑，左腿后举，成左后鹤立。手臂五位，左手上，右手侧。

5～8 拍，右腿屈膝，左脚向前伸点地，同时前移重心右转面对 2 点方向，右脚并左脚。手臂回一位。

（四）姿态组合训练

1. 柔软步组合

准备姿势：自然站立，两手叉腰。

第一个八拍：

1～4 拍，左脚开始向前柔软步四步，同时上体向左扭转，右肩在前，抬头挺胸。

5～8 拍，继续向前柔软步四步，同时右臂向前环绕一周，左臂向后环绕一周，两臂经上落下时，手心向上，上体向右扭转，左肩在前。

第二个八拍：

同第一个八拍，唯上体和手臂动作方向相反。第八拍时右臂落至后下举。

第三个八拍：

1～4 拍：继续向前柔软步四步，同时右臂胸前平屈，手心向内，左臂后下举，抬头挺胸。

5～8 拍：向前柔软步四步并向右转一小圈，同时右臂上举，左臂侧举，头向前屈并向右转，眼看右后方。

第四个八拍：同第三个八拍，唯方向相反。

2. 足尖步组合

准备姿势：双脚提踵站立。

第一个八拍：

1～4 拍，左脚开始向前足尖步四步，同时右臂摆至侧举，接着落下还原。

5～8 拍，继续向前足尖步四步，同时右臂向左摆至侧举，接着落下还原。

第二个八拍：

1～4 拍，继续向前足尖步四步，同时两臂向前摆至前举，接着落下还原。

5～8 拍，继续向前足尖步四步，同时两臂向侧摆至侧举，接着落下还原。

第三个八拍：

1～4 拍，继续向前足尖步四步，同时右臂向内环绕一周。

5～8 拍，同 1～4 拍，换左臂做。

第四个八拍：

1～8 拍，继续向前足尖步八步，同时两臂向内环绕一周并还原成预备姿势。

3. 变换步组合

准备姿势：自然站立，两臂侧举。

第一个八拍：

1～2 拍，右脚开始向前做变换步，左腿后点地，同时两臂经下摆至左臂前举，右臂侧举。

3～4 拍，同 1～2 拍，换左脚做，手臂方向相反。

5～6 拍，同 1～2 拍，唯左腿后举。

7～8 拍，同 5～6 拍，换左脚做，右腿后举。

第二个八拍：

1～2 拍，右脚向右侧做变换步，左脚侧点地，同时右臂手心向上水平摆至侧举，手心向下，左臂经下摆至前举，眼看右前方。

3～4 拍，同 1～2 拍，唯动作方向相反。

5～6 拍，右脚向右侧做变换步成右腿半蹲，左腿屈膝侧举，脚触右小腿；同时右臂手心向上经侧绕至一位，左臂摆至上举，上体右侧屈，眼看右下方。

7～8 拍，同 5～6 拍，唯动作方向相反。

第三个八拍：

1～2 拍，右脚开始向前做变换步，同时两臂经下摆至右臂前举，左臂侧举。

3～4 拍，同 1～2 拍，换左脚做。

5～6 拍，右脚开始向后做变换步，成右腿半蹲，左腿前点地，同时两臂向上经交叉绕至右臂前下举，左臂后上举。

7～8 拍，同 5～6 拍，换左脚做。

第四个八拍：

1～2 拍，右脚开始向前做跳的变换步，左腿后举，同时两臂经下摆至侧举。

3～4 拍，同 1～2 拍，唯换左脚做。

5～6 拍，同 1～2 拍。

7～8 拍，左脚开始向前小跑三步，成左腿站立，右腿后点地；同时两臂经下摆至右臂前上举，左臂后下举，抬头挺胸，眼看右手。

4. 华尔兹组合

准备姿势：双脚提踵站立，两臂侧举。

1～3 拍，左脚向侧做华尔兹步，同时右臂经下体前绕圆至侧举。

4～6 拍，右脚向侧做华尔兹步，同时左臂经下体前绕圆至侧举。

7～9 拍，左脚向前做华尔兹步，同时双臂体侧绕环经前至体侧自然下垂。

10～12 拍，左脚向前迈步，成左弓步，右脚脚尖点地，同时身体微前倾，双手臂由下摆至前平举并向前延伸。12 拍收回还原。

13～15 拍，右脚后退做华尔兹步，同时左臂经下体前绕圆至侧举。

16～18 拍，同 13～15 拍，换左脚做。

19～21 拍，同 10～12 拍，换右脚做。

22～23 拍，向前侧顶右髋收回，左手前屈置于右胯前，右手置于右肩前。

24～26 拍，右臂由上经侧绕圆拉伸一次，收回置于体侧。

27～30 拍，同 22～26 拍，方向相反。

31～33 拍，右脚向右前方做华尔兹步，同时两臂向右上摆臂至右斜前上举。

34～36 拍，左脚向斜后方做退步华尔兹，同时两臂左下摆至左侧。

37～39 拍，右脚向斜前做华尔兹步，同时向右转体 180°。两臂经体侧摆至上举。

40～42 拍，双脚三位半蹲起，两臂手心向上，经七位手置体侧，手心向下。

43～54 拍，同 31～42 拍，换左脚做，动作相同，方向相反。

5. 波浪组合

准备姿势：自然站立，手臂置于体侧。

第一个八拍：

1 拍，身体向左侧小波浪一次，同时左臂向左侧弧形摆 90°还原，眼看左手。

2 拍，同 1 拍，方向相反。

3 拍，左脚向前一步，身体向前波浪，同时两臂侧举，手心向前，做手臂前波浪一次。

4 拍，同 3 拍，换右脚做。

5 拍，左腿向前并于右腿，两腿弹动一次，同时两臂经下摆至前举。

6～8 拍，身体向前波浪，同时两臂向下向后绕至上举。

第二个八拍：

1～2 拍，左脚向左侧一步，身体向左侧波浪，同时两臂向右经下绕至左侧上举，左臂稍高，眼看左手。

3～4 拍，同 1～2 拍，方向相反。

5～6 拍，左脚向前一步，右腿并与左腿，身体向后波浪，同时两臂向后绕至上举，然后起立成提踵站立。

7～8 拍，右腿下蹲，同时左腿向后伸，两臂向前落至左手于左侧撑地，收腿成双腿跪坐，两臂侧举。

第三个八拍：

1～2 拍，上体前屈，含胸低头，接着成跪立姿势，同时两臂经下向前摆至上举。然后跪坐，上体后屈下胸腰，同时左臂向后绕至体后撑地，右臂前上举波浪一次。

3～4 拍，上体经前屈含胸低头至跪立，同时两臂经下向前绕至上举。然后左腿向左侧伸点地，同时两臂绕至侧举，上体向左侧屈一次，头向左转，眼看左手。

5 拍，上体再向左侧屈一次，同时两臂向侧波浪一次，眼看左手。

6 拍，左脚向右前方上一步站立，两腿交叉向右转体 360°，同时两臂经下向内中环绕至上举。

7～8 拍，原地向右足尖碎步转体 360°，同时两臂依次向下、上摆动三次。

第四个八拍：

1 拍，右脚向右侧一步半蹲，左脚前点地，同时两臂经下摆至右前下举，手心相对，上体右侧屈，眼看两手。

2～4 拍，收左腿，成左脚在前的三位提踵站立，然后向左足尖碎步移动，同时左臂绕至上举，右臂侧举，眼看右手。

5～6 拍，向左转体 45°并腿提踵站立，同时左臂向后绕至前举，右臂经下向前绕至后上举。

7～8 拍，右脚向前一步成弓步，同时右臂经下向前绕至前举，左臂收至胸前平屈，左手触右上臂，上体稍向右侧屈，抬头挺胸，眼看右手。

6. 跳步组合

准备姿势：自然站立，两臂侧举。

第一个八拍：

1～2 拍，右脚向右侧做跳的变换步一次，同时右臂落下经前摆至侧举，手心向上，然后再转向手心向下，左臂经下摆至前举，眼看右前方。

3～4 拍，同 1～2 拍，方向相反。

5 拍，右脚向前一步跳起，左腿后举，同时两臂经下摆至左臂前举，右臂侧举。

6 拍，同 5 拍，换左脚做。

7 拍，右脚向前一步跳起，左腿后举，同时两臂向左经下绕至前上举，右臂稍高，眼看右手。

8 拍，左脚向前一步右跳转 360°，同时右腿屈膝侧举，脚触左小腿，左臂经下摆至侧上举，右臂摆至前下举，眼看右下方。

第二个八拍：

1 拍，右脚向前一步跳起，左腿后举，同时右臂向前摆至前上举，左臂侧举，抬头挺胸，眼看右手。

2 拍，左脚向前一步蹬地，做向前屈膝交换腿跳，同时右臂落至前下举一位，左臂后上举，稍含胸，眼看右手。

3 拍，右脚向前一步，左脚再向前一步，两腿向右交叉转体 180°，同时两臂经下向前绕至上举。

4 拍，两腿并拢弹动一次，同时两臂向侧绕至侧举并向侧波浪一次，抬头挺胸。

5 拍，左脚向前并步跳，同时两臂侧举。

6 拍，左脚向前一步蹬地，右腿向前大跨跳，同时两臂经下摆至左臂前举，右臂侧举。

7～8 拍，左脚开始向前小跑三步，成左腿站立，右腿后点地，同时两臂经下摆至右臂胸前平屈，手心向内，左臂后下举，抬头挺胸，眼看前上方。

7. 形体训练基础动作组合练习

预备姿势：双手重叠背后，左脚前，右脚后点地站立（见图 3-56）。

前奏：

第一个八拍（见图 3-57）：

1～4 拍，右脚向前画弧，重心移到右脚。

5～8 拍，左脚向前画弧，重心移到左脚。

图 3-56 准备

图 3-57 第一个八拍

第二个八拍（见图 3-58）：

图 3-58 第二个八拍

1～2拍，向后移重心至左脚前点地，手至二位。

3～4拍，脚不动，右手上五位。

5～6拍，脚不动，双手摆动至左手上五位。

7～8拍，脚不动，双手摆动至右手上五位。

第三个八拍（见图3-59）：

图3-59　第三个八拍

1～2拍，脚不动，双手摆至左手上五位。

3～4拍，脚不动，手至六位。

5～6拍，左脚向侧画弧至侧点地，手七位。

7～8拍，收脚到一位（小八字步），收手到一位。

组合动作：

第一个八拍（见图3-60）：

图3-60　第一个八拍

1～4拍，左臂向侧做波浪，收回。

5～8拍，左臂向前做波浪，收回。

第二个八拍（见图3-61）：

图3-61　第二个八拍

1～4 拍，左臂沿顺时针方向绕环一周（沿左、上、右、下顺序）。

5～8 拍，左臂沿逆时针方向绕环一周（沿右、上、左、下顺序）。

第三至四个八拍：右臂重复动作。

第五至六个八拍：双臂重复动作。

第七个八拍（见图 3-62）：

图 3-62　第七个八拍

1～4 拍，左臂由前后绕环一周。

5～8 拍，右臂由前后绕环一周。

第八个八拍（见图 3-63）：

图 3-63　第八个八拍

1～4 拍，左右臂依次右前向后绕环一周。

5～8 拍，左右臂依次体侧上下波浪摆动一次。

过渡拍（见图 3-64）：

右臂收回，同时双手叉腰，左转 45°，成左脚在前的三位脚（“丁”字步）站立。

第九个八拍（见图 3-65）：

图 3-64　过渡拍

图 3-65　第九个八拍

1～8 拍，左脚向前擦地两次，双手摆至一前一侧。

第十至十二个八拍：分别向侧、后、侧重复擦地动作（向侧擦地时，双手小七位，向后擦地时，双手一前一侧）。

过渡拍：

右转 90°，成右前 45°站立。

第十三至十六个八拍：右脚重复做擦地动作（同第九至十二个八拍）。过渡拍（见图 3-66）：左转 45°，面向正前方；双手依次做侧下、侧平、侧上方向手波浪一次，上举手腕交叉波浪两次，收手至一位。

图 3-66　过渡拍

过渡拍（见图 3-67）：依次做二至六位手，收一位（四拍换一个手位）。

第十七个八拍（见图 3-68）：

图 3-67　过渡拍

1～8 拍，半蹲 2 次，双手同时向侧摆动收回。

第十八个八拍（见图 3-69）：

1～8 拍，立半脚尖 2 次，手二位，7～8 拍手收回至一位。

第十九个八拍：同第十七个八拍。

第二十个八拍（见图 3-70）：

1～8 拍，立半脚尖 2 次，手七位，7～8 拍手收回至一位。

第二十一个八拍（见图 3-71）：

1～4 拍，左脚向前迈一步做前、后移重心，双臂向前向侧摆。

5～6 拍，右脚并左脚立，手摆至三位。

7～8 拍，左脚向前迈一步，移重心至右脚后点地，双手经侧、下摆至前平举。

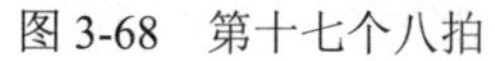
图 3-68 第十七个八拍

图 3-69 第十八个八拍

图 3-70 第二十个八拍

图 3-71 第二十一个八拍

第二十二个八拍（见图 3-72）：

图 3-72 第二十二个八拍

1～4 拍，右脚向后做后、前移重心动作。

5～6 拍，左脚并右脚立，双手摆至三位。

7～8 拍，右脚后退一步移重心至左脚前点地，双手经前、下摆至侧平举。

第二十三个八拍（见图 3-73）：

1～4 拍，左脚向左迈一步做左、右移重心动作，双手一前一侧摆动。

5～6 拍，右脚并左脚立，双手摆至三位。

7～8 拍，左脚向左迈一步移重心至右脚侧点地，双手摆至一前一侧（右前左侧）。

图 3-73　第二十三个八拍

第二十四个八拍：同第二十三个八拍，向右做相同动作。

结束：左手依次至三位、七位收至一位；收脚至一位（小八字脚位）。

二、形体素质训练

形体素质训练是形体训练中最重要的内容之一。对身体局部，如肩、胸、腰、腹、腿、髋等部位进行规范训练，可以提高机体的能力，促进身体正常发育，增强身体的支撑力量和柔韧性，加大挺拔的力度和动作的幅度，为塑造良好的身体外形、提高形体的控制力打下良好的基础。

从解剖学分析形体训练的基本素质，可将其概括为力量、柔韧性、稳定性、灵敏性、耐力和控制力、人体的协调性，其中最重要的是力量和柔韧性，它们的好坏直接影响到形体的控制力和表现力。

形体素质训练的方法多、内容范围广，在训练中应本着由易到难、由简单到复杂、循序渐进的原则，绝不能操之过急。训练前应先做准备活动，根据学生的接受能力安排适量内容，不能超负荷，以免发生伤害事故。

（一）手臂、肩部力量与柔韧性练习

手臂、肩部的动作是上体优美姿态的重要部分。加强手臂、肩部的柔韧性与力量练习，能促进上肢骨骼、肌肉韧带和肩带的正常发育，增强手臂与肩部的力量与灵活性，提高上肢控制能力，使形体动作更加舒展优美。

1. 手臂、肩部力量练习

练习一：哑铃双臂交替前平举（见图 3-74）。

两脚开立，与肩同宽，两手持哑铃，两臂体侧伸直，拳心向后，两臂伸直交替前平举。该动作主要发展三角肌前束。

练习二：哑铃体侧上举（见图 3-75）。

两脚开立，与肩同宽，两手持哑铃，两臂体侧伸直，拳心向上，两臂伸直侧上举。该动作主要发展三角肌中束。

图 3-74　哑铃双臂交替前平举

图 3-75　哑铃体侧上举

练习三：弓身哑铃“飞鸟”（见图 3-76）。

两脚开立，上体前屈，背与地面平行，两臂下垂，两手持哑铃，拳心相对，两臂侧平举。该动作主要发展三角肌后束。

练习四：哑铃后屈伸（见图 3-77）。

双手握哑铃，双臂上举，拳心相对，屈伸小臂做向后的屈伸练习。

图 3-76　弓身哑铃“飞鸟”

图 3-77　哑铃后屈伸

2. 手臂、肩部柔韧性练习

练习一：手臂侧后拉伸练习（见图 3-78）。

双脚自然开立，先弯曲右侧手臂，尽量放在头部后侧，左手拉紧右手向左下侧用力拉伸。然后再慢慢放下，做左手臂侧后拉伸练习，动作同右臂，方向相反。

练习二：手臂向后拉伸练习（见图 3-79）。

练习者自然站立，双手臂向后伸直，握双手于体后，1～4 拍向上抬至最大限度，5～8 拍还原成预备姿势。可反复练习。

图 3-78　手臂侧后拉伸

图 3-79　手臂向后拉伸

练习三：双手外推练习。

盘腿坐，双手放于膝盖上，背挺直坐好。双手交叉相握于胸前，手心向外并向前直臂拉肩，身体保持不动，充分伸展后双手回到胸前。也可做双手向上动作，动作同上。

练习四：转肩练习（见图3-80）。

双腿并拢直立，双臂自然下垂于体侧。右（左）肩经前扣，上提后向后绕环一周。双肩经前扣，上提后绕环一周。

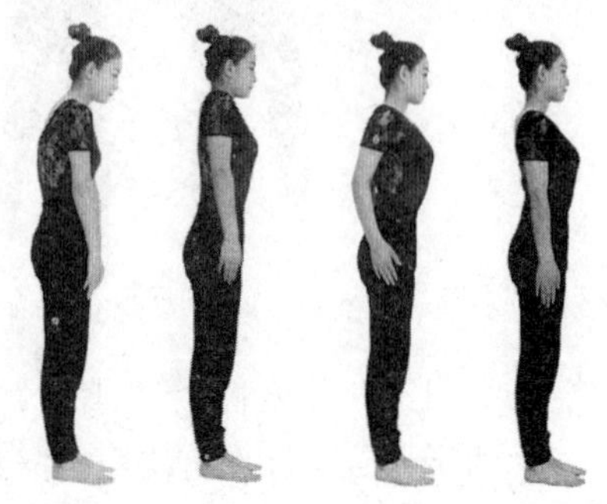
图3-80 转肩

（二）胸腹部力量与柔韧性练习

经常进行胸部锻炼，可促进胸廓更好地发育，增加肺活量。进行腹部锻炼，可以防止腹部肌肉松弛、萎缩，消耗多余的皮下脂肪，同时对腹腔和盆腔内的组织器官起到良好的按摩作用，而且强健的腹肌对人体的内脏器官起着很好的支托作用。

1. 胸部力量与柔韧性练习

练习：挺胸练习（见图3-81）。

图3-81 挺胸

坐地，双腿并拢屈膝，脚掌着地，放于体前，身体挺直，收腹立腰，双臂放于体后两侧，撑于地面。抬臀离地，胸尽量向上挺，双肩感觉下压，手脚不离地，控制数秒后，回到准备姿势。

2. 腹部力量与柔韧性练习

练习一：收腹举腿练习（见图3-82）。

图3-82 收腹举腿

双臂屈肘撑地，身体挺直，双腿并拢绷脚压脚腕。双腿伸直，同时抬起，离地面30°～40°，控制几秒后再慢慢放下。

练习二：两头起练习（见图3-83）。

身体平躺于地面，双手上举贴于地面，双腿并拢绷脚压脚腕。双腿伸直抬起，同时上身前起，双臂前平举，尽量触碰到脚面，然后慢慢回原位。

图 3-83 两头起

练习三：双腿交叉起落练习（见图 3-84）。

图 3-84 双腿交叉起落

身体平躺于地面，双手放于身体两侧，双腿并拢绷脚压脚腕。双腿伸直同时起，离地面 30°～40°，双腿相互交替，逐渐下落至准备姿势。

练习四：双腿交替蹬踏练习（见图 3-85）

图 3-85 双腿交替蹬踏

身体平躺于地面，双手枕在后颈处，双腿并拢绷脚压脚腕。弯曲双腿，使小腿与地面平行，先蹬出右腿，然后再蹬出左腿，双腿交替进行。

（三）腰背部力量与柔韧性练习

腰背部力量的强弱和柔韧性的好坏，直接关系到站立姿势的形成和优美程度，是塑造和保持优美姿态的关键。经常进行腰背部力量和柔韧性的锻炼，可以预防和矫正含胸、驼背姿势，减少背部多余脂肪，有效防治慢性腰肌劳损，使形体挺拔优美。

1. 腰背部力量练习

练习一：腰背起练习（见图 3-86）。

图 3-86 腰背起

练习者俯卧在地毯上，双臂向后伸出放在腰背上，双腿伸直，亦可由辅助者以跪坐姿态，双手压住练习者的双脚。练习者的上体尽量向上直起，然后再回到俯卧状态，反复进行练习。

练习二：伸臂抬腿练习（见图3-87）。

图3-87　伸臂抬腿

俯卧于地面，双臂前伸，手心朝下，右臂和左腿向上抬起，挺胸抬头，伸直腿部，还原，换方向做。

练习三：背肌两头起练习（见图3-88）。

图3-88　背肌两头起

俯卧于地面，双臂前伸，手心朝下，双腿和上体同时向上翘起，夹紧臀大肌，伸直腿部。

2. 腰背部柔韧性练习

练习一：俯撑后仰练习（见图3-89）。

图3-89　俯撑后仰

俯卧，双手支撑在地面上，身体直立抬头。慢慢让头部和上体后仰，停留数秒后，回到准备姿势。

练习二：含胸塌腰练习（见图3-90）。

图3-90　含胸塌腰

双膝跪地，双手撑地，保持背部平直，收腹；将背部向上弓起并收腹，同时让骨盆向前倾，保持弓背姿势两个八拍；背部下沉，胸部贴近地面；略微抬头并让臀部向前移动，使头部和脊椎骨保持在一条直线上，同时注意呼吸的协调配合，反复练习。

练习三：跪立下腰练习（见图 3-91）。

练习者双腿跪立，身体向后下腰，双手尽量扶住脚踝，下腰时头尽量向后抬。

图 3-91　跪立下腰

（四）臀部力量与髋部柔韧性练习

经常进行臀部力量和髋部柔韧性的练习，可以塑造臀部线条，提高髋部的灵活性，防止臀部脂肪堆积，使臀位上提，臀部肌肉紧实而富有弹性，有利于获得优美的形体。

1. 臀部力量练习

练习一：后抬腿练习（见图 3-92）。

跪撑于地面，目视前方。左腿向后上方抬起至最大幅度，然后慢慢放下，重复练习后，换右腿进行练习。

练习二：仰卧抬臀练习（见图 3-93）。

图 3-92　后抬腿

图 3-93　仰卧抬臀

仰卧，双腿屈膝，脚掌着地，双手放在身体两侧贴于地面。双肩、双脚撑地向上抬起臀部，在空中停留数拍，然后慢慢放下。

2. 髋部柔韧性练习

练习一：坐位开胯练习（见图 3-94）。

坐在地板上，双腿屈膝分开，脚心相对，双手撑于膝关节处，双手用力下压膝关节，保持立腰、立背、挺胸，用力下压靠近双脚。

练习二：俯卧开胯练习（见图 3-95）。

图 3-94　坐位开胯

图 3-95　俯卧开胯

双腿屈膝，脚心相对，俯撑于地面，把膝关节开至最大限度，脚心贴紧，臀部下沉，做控制时，大腿尽可能打开至最大限度。

（五）下肢力量与柔韧性练习

下肢练习是基本功训练的主要部分，重点是加强髋关节、膝关节、踝关节的坚固性和灵活性，以提高站立姿态的腿部支撑能力和体形的优美程度。经常进行腿部练习，可以保持腿部围度适中，防止腿部脂肪堆积，加强腿部肌肉力量，使形体更为优美，使步伐永远充满青春活力。

1. 腿部、踝部力量练习

（1）腿部力量练习。

练习一：地面前踢腿练习（见图 3-96）。

准备姿势：仰卧，双臂侧平举，手心向下贴于地面，双腿伸直并拢，双脚成小八字位绷脚，整个身体舒展地贴在地面上，控制身体的稳定。

训练动作：右腿绷脚，向上踢起，感觉右脚向头部踢去，左腿不动，身体其他部位贴住地面不动，然后慢慢放下。换左腿，重复上述动作。

注意事项：踢腿时，用脚背带动大腿踢起，而且速度要快，有一定的爆发力。然后右腿直腿下落回原位，要有控制地轻轻落地，两拍一次。

练习二：地面旁踢腿练习（见图 3-97）。

准备姿势：身体侧卧，身体里侧手臂撑地，肘关节支撑时肩自然放下，手心向下贴于地面，另一只手臂屈肘放在体前，手心向下扶住地面，保持身体平衡。身体外侧的一条腿尽力外旋，膝盖、脚面向上。

训练动作：右腿绷脚，向上旁踢腿，感觉右脚向同侧肩、耳踢去，左腿不动，然后慢慢放下。换左腿，重复上述动作。

注意事项：踢腿时，臀部不要后翘，身体保持一条直线，髋关节正位开胯，而且速度要快，有一定的爆发力。然后右腿直腿下落回原位，要有控制地轻轻落地，两拍一次。

练习三：地面后踢腿练习（见图 3-98）。

图 3-96　地面前踢腿　　图 3-97　地面旁踢腿　　图 3-98　地面后踢腿

准备姿势：左腿跪立，右腿向后伸直，绷脚面点地，上身前俯双手撑地，抬头目视前方。

训练动作：右腿向后上方踢出，然后还原成准备姿势。换左腿，重复上述动作。

注意事项：踢腿时，膝盖要伸直不能弯曲，肩、髋要正，抬头挺胸、塌腰。

（2）踝部力量练习。

练习一：绷、勾脚尖练习（见图 3-99）。

图 3-99　绷、勾脚尖

准备姿势：身体挺直，收腹、立腰，双腿并拢伸直，绷脚压脚腕，双臂放于两侧，双手搭在两侧地面上。

训练动作：右脚尽量向上勾起，然后还原成准备姿势。换左脚，重复上述动作。

图 3-100　原地提踵

练习二：原地提踵练习（见图 3-100）。

准备姿势：小八字站立，双手叉腰，立腰拔背，抬头目视前方。

训练动作：双脚同时向上提踵立起，然后放下，起落交替。

2. 腿部、脚部柔韧性练习

（1）腿部柔韧性练习。

练习一：大腿后侧练习（见图 3-101）。

练习者双腿并拢坐于地面，上体伸直，身体向前屈靠近双腿，也可由同伴将双膝顶于练习者后背部，双手按于对方腰背部，向前下方施力。

练习二：大腿内侧练习（见图 3-102）。

练习者双腿分开坐立，右臂向左侧伸展，身体向左侧下压，左肩尽量贴近大腿，上身尽量保持直立，重复，换方向练习。

练习三：大腿前侧及髋关节练习（见图 3-103）。

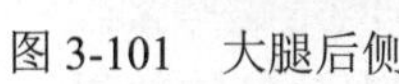

图 3-101　大腿后侧

图 3-102　大腿内侧

图 3-103　大腿前侧及髋关节

练习者右腿跪立于地面，左腿后伸直。左手扶于右膝，右臂上举，身体和手臂尽量向后摆动，稍抬头，重复，换方向练习。

练习四：下叉练习。

练习者坐于地面，一腿在前伸直，绷脚，大腿尽力外旋，右脚尖与两肩成垂直线，与鼻尖对齐，左腿绷脚向体后伸直，大腿后侧、膝与脚面外展，两腿平贴于地面成一条直线。

然后上身前俯，用小腹和下巴贴于大腿前侧，双手抱大腿前侧拉伸前韧带。

（2）脚部柔韧性练习。

练习一：压脚背练习（见图 3-104）。

图 3-104 压脚背

练习者跪于地面，双脚脚面接触地面，臀部坐在脚跟上，双手放于体侧后方地面上支撑，双膝并拢向上抬起，身体向后倒，重心后移，感到脚背有拉伸感。

练习二：转脚腕练习（见图 3-105）。

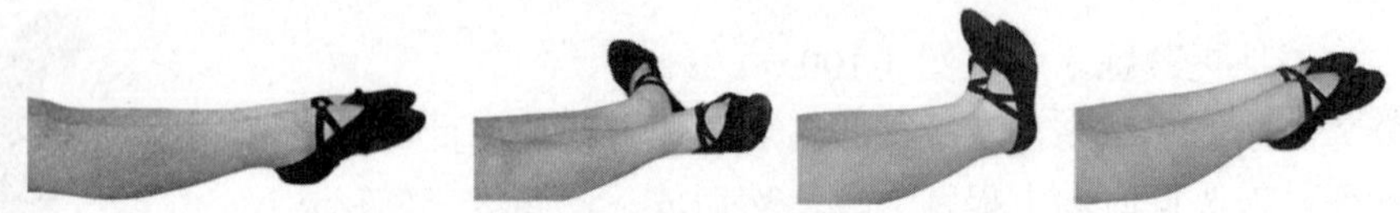

图 3-105 转脚腕

练习者坐于地面，双腿向前伸直并拢，绷脚压脚腕，双臂放于两侧，撑于地面。双脚向里绕圈，脚腕尽量立起，然后踝关节尽力向脚的外侧横展，成勾脚，再向外侧下压，最后回原位。

（六）徒手或轻器械肌肉练习

一般来讲，由于种族的关系，黑色人种肌肉密度相对较大、臀部上翘、身材曲线优美。黑人模特虽然瘦削，却给人健康、结实、精干的总体印象。而亚洲模特由于肌肉密度不大，皮脂少而瘦的人显得瘦骨嶙峋，皮脂厚的人又会显得肥胖臃肿。轻器械训练，可以帮助我们锻炼身体各部位的肌肉，使肌肉更加结实、紧密、有型，却不会使肌肉显得粗大，同时也能消耗多余的脂肪。另外，合理、有针对性的徒手或轻器械的肌肉练习可以修正我们的体形，不同程度地弥补身材比例缺陷。

从人体生理发育的自然规则来说，任何方法都仅仅是保持与维护的手段，身体的自然条件如果运用破坏式的强制手段去修正是得不偿失的。对于身体的许多部位依靠普通的训练是难以改变状态的。例如，身高和头部大小都无法通过训练改变，但是这些部位可以通过训练实现视觉上形象的比例协调，而其通过这种弥补训练，达到事半功倍的效果。

1. 上肢及手的练习

（1）上肢练习可以锻炼手臂肱二头肌、肱三头肌以及前臂肌肉群，使练习者的上肢显得修长，紧致而有型。

练习方法如下。

①手臂摆动：以肩为轴，手臂向前（或侧）摆动至前（或侧）平举，用力时，大臂带

动小臂，依次用力。用力要柔和、均匀。同样的方法摆动收回手臂。

② 手臂波浪：直立。动作时，双臂在体侧，肩、肘、腕关节依次上下用力，让手臂像波浪一样运动。

（2）手的练习可以促进手部血液循环，使我们的手指更灵活，手势、手型更细腻、优美。

练习方法如下。

① 牵拉手指（见图 3-106）：双臂体前自然屈肘，用右手拇指、食指上下捏左手指尖，同时进行牵拉。

② 弹动手指（见图 3-107）：双臂体前自然屈肘，指尖向上，掌心向后，五指自然伸直。前后弹动，犹如弹钢琴一般。要求手指弹动幅度要大。

③ 轮指（见图 3-108）：双臂体前自然屈肘，手心向上，从小拇指到大拇指依次波动，手腕伴随内旋、外展。

图 3-106 牵拉手指

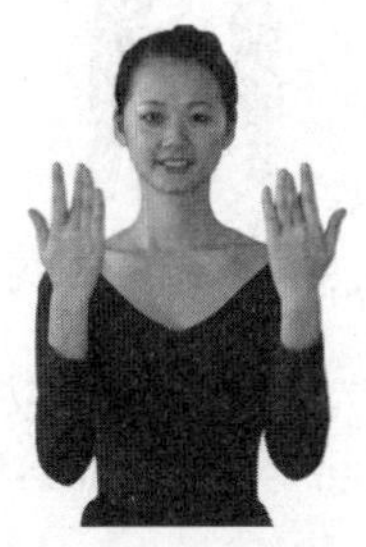

图 3-107 弹动手指

图 3-108 轮指

④ 手腕绕“8”字（见图 3-109）：两臂侧平举，手心向下。屈腕，手指经下、前向上翻腕至手心向上，伸腕，手指经下、后向下翻腕，手心向下前后绕“8”字。练习时要保持手型优雅。

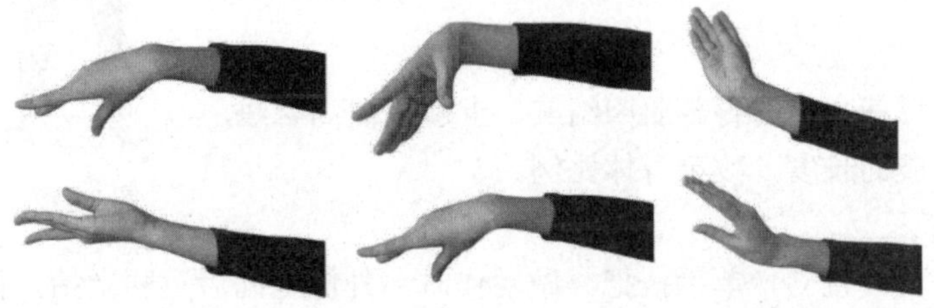

图 3-109 手腕绕“8”字

⑤ 手波浪（见图 3-110）：双臂体前自然屈肘，握拳。双手从手指最后一个关节至指尖依次打开，再依次卷起。手腕可伴随做屈伸动作。要求动作连贯，依次用力。

图 3-110 手波浪

2. 肩部练习

肩部练习可以调整肩部视觉上的宽窄与厚薄。练习方法如下。

（1）准备姿势：直立，双脚打开一个半至两个肩宽。做动作时，双臂前平举一次，侧平举一次，收回（见图3-111）。25～40次/组，3～5组。

图3-111　肩部练习（1）

（2）准备姿势：直立，双脚打开一个半至两个肩宽，双臂肩侧屈。做动作时，双臂上举，收回（见图3-112）。25～40次/组，3～5组。

（3）准备姿势：直立，双脚打开一个半至两个肩宽，肩部做向前、向后绕环，肩部做耸肩动作。25～40次/组，3～5组。

肩部练习可根据练习者的体能、练习目的及身体条件，适当使用小哑铃进行。

图3-112　肩部练习（2）

3. 臀部练习

臀部练习可以使我们的臀部肌肉结实、上翘，提高臀线，从视觉上延长下肢的长度，改善身体比例。

练习方法如下。

（1）准备姿势：直立，单手扶把。做动作时，外侧腿向后直腿上抬，保持躯干姿态。25～40次/组，3～5组。

（2）准备姿势：

跪撑，大小腿自然弯曲保持一定的角度。做动作时，向天上方向伸腿，还原时，屈膝（见图3-113）。注意保持腰部没有任何动作，后举腿时膝关节弯曲。25～40次/组，3～5组。

图3-113　臀部练习（1）

（3）准备姿势：跪撑。做动作时，屈膝向后抬腿至大腿水平，继续向侧摆至侧方，还原。（膝盖从后向侧弧线运动）然后可做反方向弧线动作（见图 3-114）。注意腰部没有任何动作，后半腿是膝关节弯曲。25～40 次/组，3～5 组。

图 3-114 臀部练习（2）

臀部练习可根据练习者的体能、练习目的及身体条件适当使用小沙袋或橡皮筋进行。

4. 下肢练习

下肢练习主要针对股四头肌、股二头肌和小腿肌，站立或卧式均可，可使腿部肌肉富有弹性，修正腿型。

练习方法如下。

（1）大腿前侧。

① 准备姿势：直立，单手扶把。做动作时，外侧腿屈膝上抬至水平，外展 90°屈膝上抬至水平（见图 3-115）。25～40 次/组，3～5 组。

② 动作同上，也可直腿做。

③ 准备姿势：直立，单手扶把。向前大踢腿，注意控制身体姿态，直腿，绷脚尖。25～40 次/组，3～5 组。

（2）大腿外侧。

① 准备姿势：直立，单手扶把。做动作时，靠腿部肌肉收缩用力，屈腿侧抬，保持躯干直立（见图 3-116）。25～40 次/组，3～5 组。

图 3-115 大腿前侧

图 3-116 大腿外侧（1）

② 准备姿势：直腿侧卧，身体保持直线，肘撑地。做动作时，上面的腿直腿上抬，注意保持躯干不加任何动作（见图 3-117）。25～40 次/组，3～5 组。

（3）大腿内侧。

准备姿势：侧卧，肘撑地，身体保持直线，上面的腿屈膝，脚撑地，膝盖朝上。做动作时，下面的大腿内侧肌肉用力，直腿上抬（见图 3-118）。25～40 次/组，3～5 组。

图 3-117　大腿外侧（2）

图 3-118　大腿内侧

（4）大腿后侧。

准备姿势：跪撑。做动作时，屈小腿，大腿固定不动（见图 3-119）。25～40 次/组，3～5 组。

图 3-119　大腿后侧

腿部练习可根据练习者的体能、练习目的及身体条件适当使用小沙袋或橡皮筋进行。

5. 踝与脚的练习

踝与脚的练习可以锻炼踝关节的力量与脚踝部的灵活性。例如，模特需要长时间穿高跟鞋，如果踝关节力量不足或灵活性欠佳，就会影响模特优美的姿态与步态。所以，适当的踝关节训练，可使我们在行走时更加自如、稳定，有助于良好姿态与步态的养成。

练习方法如下。

① 勾绷脚：直腿坐，勾半脚尖，还原。25～40 次/组，3～5 组。

② 踝绕环：直腿坐，脚踝经前、左、后、右依次运动，绕环一周。然后反方向动作。25～40 次/组，3～5 组。

③ 提踵：双手扶把，直立。保持直立姿态，立脚尖，还原。25～40 次/组，3～5 组。

三、伸展（拉伸）运动

伸展运动也叫拉伸运动或拉伸练习，有助于全身淋巴的疏通及关节、肌肉和韧带的放松，是很好的身体保健运动。伸展运动可以增强身体的柔软度，放松拉长肌纤维，降低运动损伤及疲劳程度。

伸展运动可以拉伸髋关节的肌肉、肌腱、韧带等软组织，使人体的伸展能力及弹性得到锻炼，关系到人体的关节活动幅度和范围的大小。这种能力也叫柔韧素质。根据人体的伸展能力的表现和身体状况，伸展运动可分为动态拉伸和静态拉伸。伸展能力是人体健康要素的重要组成部分，伸展练习是非常适合广大健身运动爱好者参与的一类运动形式。

（一）伸展能力的影响因素

影响人体伸展能力的因素包括关节类型和结构、关节周围的肌肉厚度和强度、年龄、性别、体温和肌肉温度、肌肉力量、健康状况，以及疲劳、情绪和心理唤醒水平等因素。系统的训练可以保持和提高人体的伸展能力，对于加大动作幅度和预防动作伤害具有重要作用。

（二）伸展运动的基本要求

1. 负荷强度

伸展练习一方面反映在用力大小上，另一方面反映在负重多少上。被动练习多是借助教练员或同伴的帮助，用力逐渐加大，其程度以练习者的自我感觉为依据。如采用负重伸展练习，负重量一般不能超过拉长肌肉力量所能达到的 50%。负重量的确定也与练习的性质有关，在完成静力拉伸的慢动作时，负重量可相对大些；在完成动力性动作时，负重量则应小些。

增加强度应当逐步进行，练习时不可用力过大过猛。训练强度过大，会造成练习者精神和肌肉紧张，必然会影响伸展能力，导致肌肉、肌腱和韧带等软组织损伤。长时间中强度拉力练习产生的柔韧效果优于短时间大强度的练习效果。

2. 负荷量

在发展和保持伸展能力阶段，人体为使不同关节达到最大活动范围，练习的重复次数是不相同的。伸展运动中应根据人体不同关节活动范围的需要来确定发展伸展能力阶段和保持伸展能力阶段练习的重复次数。伸展练习的重复次数还取决于练习者的年龄和性别。少年练习者在一次课中练习的重复次数比成年练习者少，女性练习者练习的重复次数比男性练习者少。每个练习达到最大拉伸状态持续时间可保持大约 30 秒，动作时间也可稍长。采用静态拉伸练习，当关节拉伸到最大限度时，停留在相对固定位置的时间可控制在 60 秒以内。

3. 间歇时间

伸展运动间歇时间的基本原则是：保证练习者在基本恢复的情况下完成下一组练习。恢复与否可根据练习者的自我感觉来确定，当其感觉已恢复并准备好做下组练习时便可开始。此外，练习间歇时间还与练习的部位有关，做躯干弯曲动作后就应比做踝关节伸展动作后的休息时间要长。在间歇休息时间可安排一些肌肉放松练习，或进行一些按摩等。这样能为下次练习加大关节活动幅度创造有利条件，使训练达到更好的效果。

（三）伸展的原则

在进行伸展运动之前，请首先确认以下原则。

（1）要有意识地拉伸常使用的肌肉和关节。

（2）拉伸的姿势和方向要正确。

（3）在放松的状态下进行拉伸。

（4）在身体温暖的状态下进行拉伸。

（5）深呼吸的节奏要缓慢，呼吸速度控制在 1 分钟 8 次左右，每个动作保持 20～40 秒，再用力地吐气，做肌肉练习时尽量不要憋气。

（6）动作要缓慢地进行，一种动作做 10 次，每组（成套）动作可重复 2～3 次（这只是个标准的参考量，请大家根据自己的实际情况掌握次数与组数）。随着运动次数的增加，可逐渐加大动作幅度。

（7）控制在身体无痛感的范围内，慢慢加大幅度，舒适地进行拉伸。

（四）伸展的实际效果

伸展运动练习的效果和作用主要体现在它对我们日常生活和工作中的基本动作能力和身体功能的改善上，可以概括为以下几个方面。

（1）安全无负担，能够提高肌肉的柔韧度并强化肌肉。

（2）有效地改善体态和基本姿势。

（3）让关节能够顺利运动，缓解病痛，提高运动能力。

（4）提高身体的柔韧度，防止各种软组织拉伤和劳损，预防肌肉紧张和腰痛。

（5）激活自律性神经系统，缓解肌肉紧张，有效消除身体及精神的疲劳感，获得深度放松。

（6）构成其他健身运动热身和整理活动的必要部分。

（7）提高肺部的氧吸收率，锻炼呼吸肌，增加肺活量。

（8）让肌肉更加匀称，并矫正骨骼歪曲等症状。

（五）身体不同部位的拉伸方法

1. 拉伸颈部

作用：拉伸斜方肌、板状肌等肌肉，让头部和肩关节更舒适。

（1）屈。头部缓慢地向前、后、左、右四个方向做屈的动作，保持 2～3 秒还原。

（2）“回头望月”。头部向左或右屈，然后在左或右屈的姿态下前屈（低头），再在保持此头部姿态情况下向后看。（注意整个过程中躯干部位不要有任何姿势的改变）

（3）“抬头望月”。头部向左或右屈，然后在左或右屈的姿态下后屈（抬头），再在保持此头部姿态情况下向上看。（注意整个过程中躯干部位不要有任何姿势的改变）

2. 拉伸肩部

作用：拉伸肩部的深层肌肉，保持肩关节的稳定性，让肢体动作更流畅。

（1）拉伸肩部的侧面。右臂横放在胸前，左臂弯曲，压住右臂，将右臂向胸部拉伸。右臂也可以向斜上方或斜下方横放，再依次做拉伸动作。可以拉伸肩部的上部和下部。

（2）拉伸肩的上部。双手在背后握紧，臂伸直。胸部伸展，慢慢将手向上抬起，拉伸肩的前上部。

（3）拉伸肩部的同时拉伸冈下肌、小圆肌。左臂向下弯曲置于背后，右臂上举弯曲置于背后。双手互握或者抓住一条毛巾，向上拉。

3. 拉伸背部

作用：拉伸背阔肌、斜方肌、脊柱站立肌等肌肉，让肩胛骨、脊椎关节更灵活。

（1）双臂在前平举方向，伸直互握。一边弯曲背部，一边将两手向前伸展，拉伸背部。可进一步向左侧和右侧伸展手臂，让背部拉伸更加充分。

（2）仰卧，屈膝，双手抱膝，团身让头部碰到膝盖，拉伸背部。可进一步做背部的滚动。

4. 拉伸腰部

作用：拉伸腰方肌、腹斜肌、多裂肌等腰部周围的肌肉，让腰椎关节更流畅。

（1）站姿，身体慢慢向左或右后扭转，拉伸腰部。

（2）坐姿，左腿伸直，右腿屈并跨过左腿，右手从右膝外侧抓住左腿，身体向右后转，左手放在背后或向后向右伸展。再反方向做。

（3）仰卧，双臂分别向侧伸直并保持双肩不离开地面，双膝并拢弯曲，并向右侧倒至右腿贴在地面上。再反方向做。

（4）仰卧，双臂分别向侧伸直并保持双肩不离开地面，左腿伸直，右腿屈膝向左侧放至膝盖贴在地面上。再反方向做。

5. 拉伸大腿后侧

作用：拉伸股二头肌、半腱肌等，让膝关节的伸直动作及步行动作更流畅。

（1）坐姿，左腿屈外侧贴近地面，右腿伸直，躯干前屈。

（2）坐姿，双腿伸直并拢前伸，躯干前屈。

（3）站姿，一腿前抬高至凳子列木上，两脚尖向前，躯干前屈。

（4）仰卧，左腿屈膝，右腿伸直上抬，双手抱住右腿慢慢向身体靠近。

6. 拉伸内收肌群

作用：拉伸大腿内收肌群，使股关节的外展运动、横向移动更灵活。

（1）坐姿，双膝横向弯曲，脚心相对，躯干前屈。

（2）青蛙爬，双手撑地，双膝向后屈，脚心相对。

（3）分腿坐，直腿前伸，躯干前屈。

7. 拉伸小腿

作用：拉伸腓肠肌等小腿后侧肌肉，让足关节、膝关节在上下楼梯时运转更顺畅。

（1）弓步站姿，脚尖朝前，重心向前，使后面的脚跟被动离地，再慢慢让脚跟落地。

（2）坐姿，左腿屈，外侧贴近地面，右腿前伸，勾脚尖，躯干前屈，或者用手或毛巾向后拉伸右脚尖。

（3）直臂俯撑，双手逐渐向双脚靠近，升高髋部与地面成三角形，一脚撑地，另一脚逐渐下压脚跟至地面，拉伸小腿后侧，双腿可轮流做。

四、有氧运动

古希腊埃拉多斯山岩上刻着：“如果你想强壮，跑步吧！如果你想聪明，跑步吧！如果你想健美，跑步吧！”可见那时的人们就认识到跑步锻炼能使人身体健壮、脑子聪明、形体健美。

有氧运动的形式很多，如快走、健身跑、爬山、划船、骑单车等户外运动和各种有音乐伴奏的肌体有氧健身形式。简单地说，就是中低强度、长时间的运动都属于有氧运动。有氧运动即机体在有氧供能状态下的持续性运动。有氧运动中主要的器官是心脏、肺及肌肉，前二者决定氧的摄入、运输，后者决定氧的消耗。因此，有氧运动主要促进心肺功能和肌肉的工作能力，是一种低强度的持续性运动，又称“心肺功能锻炼”或“有氧耐力锻炼”。

在有氧运动中，氧的供应能满足机体对氧的需求时，运动所需的ATP（三磷酸腺苷）主要由糖和脂肪的有氧氧化来供能。有氧氧化能提供大量的能量，从而维持肌肉较长的工作时间。例如，由葡萄糖有氧氧化所产生的ATP为无氧糖酵解供能的19倍。简单地说，糖和脂肪是有氧耐力运动的主要供能物质。由于人体内糖的储备很少，并且容易耗尽，所以脂肪可以在有氧运动中给人体提供能量，这就是有氧运动可以有效地减脂的原因。

（一）有氧运动的益处

（1）锻炼心肺功能，增强体质。

（2）增强神经系统调节功能，尤其是增强植物神经系统调节功能。

（3）增强体力，提高机体免疫力。

（4）提高机体代谢率，促进细胞的活性化。

（5）消耗机体过剩的能量物质，预防肥胖、高血脂、高血压、心脑血管疾病及动脉硬化、糖尿病等。

（6）促进生长发育，延缓机体老化。

（二）有氧运动强度与频率的选择

1. 心率

心率是测定有氧运动效果和强度的最直接的指标。健身房里的很多器械有能量（热量）效果计数功能，但事实上这种计数一般都与实际消耗有很大的差异。脂肪的分解代谢是一系列复杂的生化反应，而心率反映的是交感神经的兴奋度，交感神经的兴奋促进了一系列脂解激素的分泌，从而活化脂解酶，使储存在脂肪细胞组织里的脂肪分解为游离脂肪酸和甘油，而游离脂肪酸在氧供给充足的条件下，可分解成二氧化碳和水并释放大量的能量。因此，用心率来测定人们的运动强度是相对简单而科学的。

那么运动时心率达到多少或者说运动强度多大才能符合有氧运动的要求呢？首先介绍两个参数：最大心率，220−年龄；静态心率，一般在清晨刚起床还未进行身体活动时测试。测量好数据，把数据代入公式，结果就是符合有氧运动的适宜心率。

公式1：适宜心率 =（220−年龄−静态心率）×35% +静态心率

公式 2：适宜心率 =（220−年龄）×60%～（220−年龄）×80%

2. 运动持续时间及频率

美国运动医学的研究表明，有氧运动的前 15 分钟，由肝糖原作为主要能源供应，脂肪供能在运动后 15～20 分钟占比才会逐渐增多。所以，一般都要求有氧运动最好持续 30 分钟以上或更长时间。每周建议参加运动 2～5 次，如果你没有运动习惯，就要从少次到多次、从短时间到长时间、从小强度到中大强度，循序渐进。

（三）运动的准备

1. 运动服

运动健身锻炼穿着的服装应该适合自己所选的运动方式。服装要舒适，有弹性，具备较好的吸汗与排汗功能。前些年比较流行的“减肥裤”是非常不科学的，由于它阻止了汗液的正常蒸发所带来的体温调节效果，容易对人体健康造成伤害。运动时应尽量穿纯棉、吸汗性和透气性好的袜子，既能避免脚部与鞋的摩擦而造成损伤，又能保证脚的舒适性。

2. 运动鞋

一般来说，目前生产的运动鞋大致分为跑步鞋、走步鞋、健身鞋、各种训练鞋（因运动项目特点不同而对鞋子有不同的要求）。它们的基本构造都是相同的，并且都具备如下性能。

（1）合脚。运动鞋的脚趾室需要足够大，以保障脚趾的运动幅度。不管什么类型的鞋，通常选用运动鞋的尺码都以比普通的鞋大半码为宜。在购买时应进行充分试穿。

（2）支持性能。运动鞋的脚跟室和脚跟稳定帮保证了脚的稳定性和人对脚部动作的控制，跟腱槽保护跟腱免于受伤。跑步鞋的鞋跟不能太窄，鞋跟的足够宽度具有更好的稳定性，可以有效地预防踝关节扭伤。

（3）缓冲性能。运动鞋的良好缓冲功能非常重要，尤其是脚跟和中底层部位，但缓冲也不能过大，过大的缓冲会使人在脚冲击地面时，无法利用自己的反射性快速动作进行自我保护。

当一双运动鞋已经丧失以上的基本功能时，要及时更换。

3. 特殊装备

有些运动形式需要专门的装备，如自行车运动需要保护头盔、手套等，轮滑运动爱好者的手套、关节护垫等器具可以保护运动者尽量减少运动伤害，参加健身走及健身跑的锻炼者对鞋子的质地提出了特殊的要求。

五、普拉提

（一）普拉提概述

普拉提是一种可舒缓全身肌肉及提高人体躯干控制能力的运动。它是由德国的约瑟夫・普拉提斯于 1926 年创立并推广的一种运动健身体系，是一种静力性的健身运动。

随着现代社会的发展，普拉提不断得到人性化的改善，融入了瑜伽、太极拳、芭蕾形体的一些理念以及个性化的内容。普拉提的训练方式遵循运用自身体重、多次数、小重量以及冥想的运动原则，训练时的呼吸方式为鼻吸口呼，是一种针对肌肉形态、关节等的训练，它的训练目的是通过改变人体肌肉功能而维持人体的脊柱、腰椎等的正常功能。

（二）普拉提的特点

真正接触过普拉提运动的人会发现，短短 5 分钟，身体就会有发热、冒汗的现象。普拉提通过对身体核心部位的锻炼，使身体变得柔软、有韧性。它使人的身体左右一起运动，能渐渐矫正一般人惯用左边或右边的坏习惯，让身体更为协调平衡。

普拉提最大的特点是简单易学，不仅动作平缓，而且可以有目的地针对手臂、胸部和肩部进行锻炼，同时又能增强身体的柔韧性。而且，这项运动不受活动地点的限制，无论是在专业健身房还是在起居室，都可以练习。

1. 普拉提糅合了东方和西方的运动概念

西方人一向着重于身体肌肉能力的训练，例如，腰、腹、背、胸等部位的训练；而东方人则侧重于呼吸和心灵集中的训练，冥想、瑜伽和太极就是很好的例子。普拉提把东方的柔韧和西方的刚毅二者之长合而为一，它的动作缓慢清楚，每个姿势都必须和呼吸相协调，所以普拉提适合任何年龄，特别是缺少运动、需要长时间接触计算机、朝九晚五的上班族。伸展、拉长也是普拉提中最重要的训练之一，其特殊之处就是肌肉不会经运动后变得粗壮，通过对身体核心部位（由腰腹、背部肌肉组成，包括腹横肌、腹内斜肌、腹外斜肌、腹直肌、竖脊肌）的锻炼，使脊柱变得柔软而有韧性。所以普拉提运动不但能够改善身体线条，而且对矫正颈部和脊柱有非常好的效果。

2. 普拉提具有安全性

普拉提的运动速度相对平和，是静力状态的运动，几乎不会产生对关节和肌肉的伤害。同时，动静结合的动作安排，使身体既有紧张也有放松，既有步伐的转换也有打坐的调吸，这就使锻炼的人更容易控制身体，减少因姿势错误造成的副作用。普拉提借助非常简单的器具可以对人们的身体进行全面的锻炼。只要有一个安静的空间，有一块柔软的地毯，你就可以进行练习，达到身体与意念的完美结合。

3. 普拉提强调静止中的控制过程

这使得训练者在增强肌肉力量的同时不加大肌肉体积。普拉提的轻器械练习就是遵循小重量、多次数的原则，令肌肉充满弹性而又不会使肌肉变得太突出。普拉提的运动强度不是特别大，但讲究控制、拉伸和呼吸，对腰、腹、臀等女性重点部位的塑造有非常好的效果。

（三）普拉提练习的要求

练习普拉提单靠动作是无法达到最好的练习效果的，还需配合良好的呼吸和心境，因此在练习时要注意动作姿势与呼吸的配合，并调整自己的心境。

微课　　普拉提的锻炼方法

1. 正确的姿势

正确的姿势可以保持腹部和背部集中适当的力量，让肌肉能够支持脊椎。有力的腹部肌肉形成支持脊椎的“力量区域”。当你正确地挺起腹部和背部并加强其他肌肉的用力时，整个身体就达到了自然和理想的状态。这样的姿态会帮助肌肉适当地运动。

身体姿势与控制的要求如下。

（1）运动的速度缓慢，延长肌肉控制的时间，较大程度地消耗身体各部位的能量，达到减脂、塑形的目的。

（2）把握好身体的姿态，以达到长时间体会训练带给身体的刺激的目的。

（3）腹部和躯干的固定是普拉提训练的核心。

2. 良好的呼吸

良好的呼吸方式应该是以头脑、身体、精神来进行的，这样可以使练习者的肉体和心灵压力一扫而空。呼吸的时机必须正确，与我们通常的呼吸不同，普拉提运动在呼吸时要求运用横向呼吸法，以促进正确的动作模式，同时让我们的肺部吸纳最大量的氧气。吸气时，胸腔骨的下部（肋骨部位）横向扩张，呼气时则下陷。这样的呼吸方式能协助我们在运动的同时保持腹部一直收缩内曲（见图 3-120）。

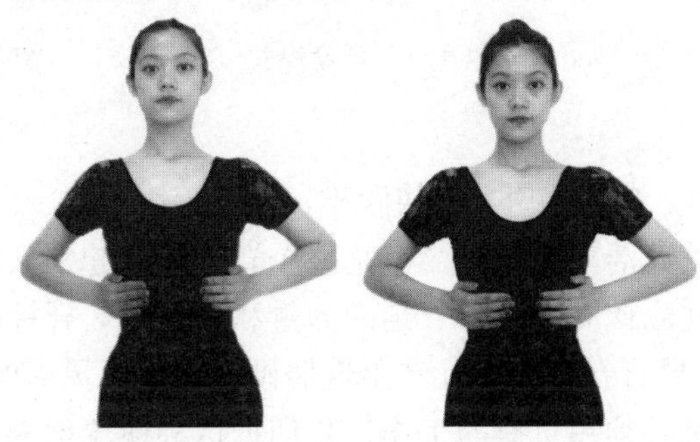

图 3-120　呼吸

呼吸的方法如下。

（1）用鼻子吸气，用嘴呼气，讲究呼气的深度，尽可能地运用腹式呼吸的方法。

（2）呼吸的速度不宜太快，与动作的速度基本一致，不要憋着气进行训练。

（3）运动时注意呼气，静止时注意吸气，这样可以缓解因肌肉用力而给身体内部带来的压力。

（4）通过控制呼吸，把注意力集中在呼吸上，减少人对肌肉酸痛的敏感度。

3. 轴心盒子

维持轴心盒子（见图 3-121）非常重要，这样我们才可以安全地运动，并保持身体的匀称。幻想四条直线，将两边肩膀和两边骨盆相连，这个“盒子”是身体调准和对称的提示。做每一个动作时，问问自己：“我的盒子方正吗？”很多人会习惯性地依赖一边身体，我们甚至可以留意到自己倾向或旋向一边。做各种日常活动时，我

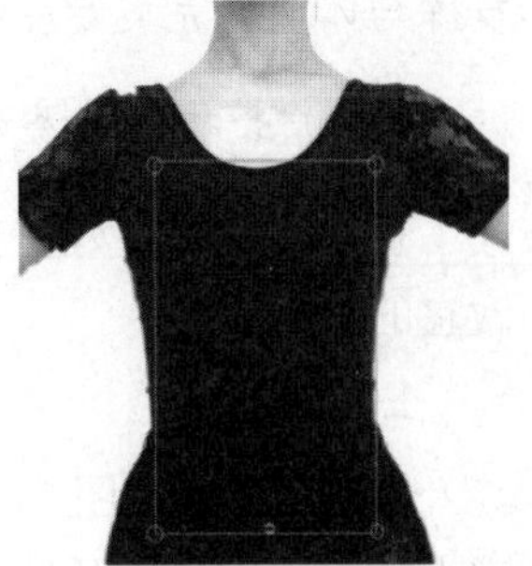

图 3-121　轴心盒子

们也会经常有身体一边较另一边容易操纵的感觉。普拉提会令我们意识到这些不平衡，并主动对其进行纠正。

4. 脊骨和盆骨的自然中轴位置

脊骨和盆骨的自然中轴位置是相辅相成的。当盆骨处于自然中轴，下背脊骨就会自然落入它的中轴位置了。要找到你的盆骨部的自然中轴位置，你可以将手心底部置于盆骨上，手指尖置于耻骨上，形成一个三角形，这个三角形成水平时，盆骨部和下背就是处于自然中轴（见图3-122）。尽量在做每一个动作时都保持这个自然中轴位置。

骨盆有三个常见的失调。一是骨盆提起倾进身体的方向（见图3-123）。当膝盖收进胸前，或抬起躯干，或过分收紧臀部肌肉时，就容易犯这个错误。二是把骨盆倾离躯干向下，增加下背脊骨的弯度和离地面的空间（见图3-124）。这表示你的轴心力量不足，因而需要用到下背部肌肉来稳定姿势。三是骨盆左右倾。当身体一边的负重增加，但这边的轴心肌肉却不够力量来维持骨盆平衡时，就会出现这种骨盆位置失调的情况。

图3-122　骨盆中轴位置

图3-123　骨盆提起

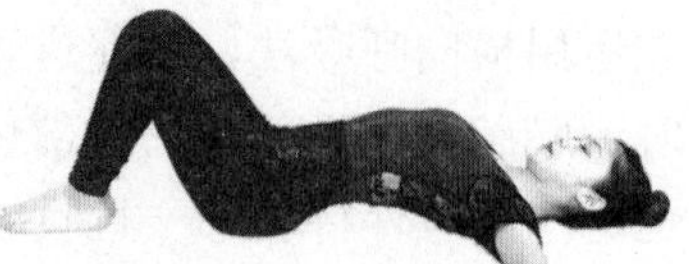

图3-124　骨盆倾离躯干

5. 脊柱的逐节运动

人体脊柱由7块颈椎、12块胸椎、5块腰椎，以及1块骶椎、1块尾椎构成，每一个椎体都能够独立活动，尽管其活动度有限，但是整个脊柱连接起来共同协作，活动范围是非常大的。一条健康的脊柱应该同时具备一定的力量和灵活性。脊柱的逐节运动，是要求每一个椎体都参与运动，如果有一节或者几节出现僵硬无力或不灵活的情况而没有参与活动，那与之上下相连的椎体就必须超负荷的工作，我们把这种现象称为"代偿性"运动，时间久了，就会出现脊柱周边肌肉力量、弹性、张力等不均衡的问题，疼痛也会随之而来。

6. 流畅和专注

流畅是指动作练习时具备一定的流动性与节律性，肌肉力量的传递稳定有控制，呼吸顺畅，动作柔和、优美而具有功能性。流畅的练习很大程度上也减少了关节的压力，能收到更好的锻炼效果，从而使我们的身体协调、平衡。专注其实就是把以上几个要求更好地发挥与体现。完美专注地重复5次，胜过随随便便重复20次。

（四）普拉提简易动作练习

普拉提练习最好在教练的指导下完成，这样才能达到良好的效果。不过在家里也可以做它的简易操。

1. 举翅百拍

举翅百拍（见图3-125）是约瑟夫·普拉提斯原创垫式课程的第一个动作，只需泵动双臂十数下，你就会开始觉得面红耳热、额角冒汗，是一项名副其实的"热身"动作。这个动作的重点在于呼吸，要完全并均匀地吸气和呼气。如果你看到自己的肚皮又起又落，就表明你忘记了“横向呼吸”。

图 3-125　举翅百拍

（1）背躺在地板上，双手置于身体两侧。双膝并拢，屈曲近胸前。大腿与脊骨成 90°，稍高过膝盖。

（2）凝聚身体轴心力量，向上提起头、颈，直至肩抬离地面，双臂抬起与地面成水平，保持腹部收缩内曲。

（3）开始像泵气筒的操作一样上下摆动双臂。每次压下手臂的动作都要配合呼吸：吸 5 下，呼 5 下，为一组。持续动作直至 50 下；熟练之后，慢慢增至 100 下。

（4）完成时顺序将肩、颈、头及双臂放回垫上。

难度升级：双脚朝天花板高举蹬直，保持大腿与脊骨成 90°。上肢与躯干动作与举翅百拍相同。

2. 单脚画圈

想知道自己的臀部是否柔弱无力，做单脚画圈（见图 3-126）就一目了然了。不动用深层腹横肌和臀部肌肉的话，脚在空中画圈时，你就会像一条虫似的在地面上扭来扭去。自己测试一下，放一个火柴盒在支撑腿的膝盖上，如果盒子不跌落的话，就表示你已掌握动作的窍门了。

图 3-126　单脚画圈

（1）仰卧，双手置于身体两侧。两腿与盆骨同宽，屈膝，脚掌平放于垫上。

（2）抬起右脚，朝天伸展。大腿与脊骨保持 90°，但同时要使盆骨保持自然状态。左脚要稳定地“钉”在垫上。

（3）将右腿稍微向外转出，吸气并开始把右脚向内带动身体的另一边。

（4）右脚在空中向下画圈至身体的中线。

（5）呼气时把脚继续旋至开始的位置。每个方向连续画大圆 5 次。交换脚重复上述动作。

难度调整：如果腿伸不直，可以微微屈曲，重点是盆骨不要倾斜，要保持水平。

3. 单脚屈伸

单脚屈伸（见图3-127）的训练重心是盆部，包括训练有稳定功能的盆部肌群，从髋关节和膝关节的摆动幅度，以及髋关节四周肌肉的柔韧度。双脚要和躯干排列成行，脚不要超出盆部的阔度。如果你做得像跳扭腰舞，就表示你的深层腹横肌偷懒了。

图3-127　单脚屈伸

（1）仰卧，双手置于身体两侧。双膝并拢，屈曲近胸前。大腿与脊骨成90°。

（2）凝聚身体轴心，向上提起头、颈，直至肩抬离地面。右脚朝天，以10°～20°倾向伸展。右手置于左膝内侧，左手放在脚踝旁。

（3）吸气，将左膝往胸前再拉近一些，交替手脚姿势。持续交替双腿，吸气做一组，再呼气做一组。目标是屈膝的一脚拉近胸前的同时，另一脚伸展离身。

（4）完成时将肩、颈、头和手放回垫上。交替手脚姿势做5～10组。

4. 攀脚朝天

腘绳肌的伸展度是攀脚朝天（见图3-128）的训练重点，配以仰升上体来交替双腿，挑战轴心肌肉的力量。攀脚朝天可练出比6块大腹肌更全面的结实腰身，使大腿肌肉更富韧性，可减少你做其他运动时受伤的可能。

图3-128　攀脚朝天

（1）仰卧，伸直举高双腿，提起头和颈。

（2）捉住右脚脚踝，以反弹两次的节奏，将右脚拉近胸前，稍稍放松再拉近一点，同时吸气。

（3）呼气，迅速以剪刀的形态交替双腿。呼气并将左脚以同样的节拍拉近胸部两次为1组，做5～10组。

难度调整：如有膝盖伤患，手改拉大腿，膝盖可微屈。

5. 辗转反侧

如果你说“这个很容易做”，那么你就错了。初学者把手臂带近膝盖，结果只是扭动肩膀。应该从腰腹处扭动，把腋下带近另一边的膝盖，你的腰侧就会开始“尖叫”！辗转反侧（见图 3-129）可以收紧腹部侧肌，挑战手脚协调和轴心的稳定。

图 3-129　辗转反侧

（1）仰卧，仰升上体，双手置脑后，屈膝团身。

（2）吸气，右脚以 45°伸出，上身随之扭向左方。应从肩以下的位置提起躯干，右手肘瞄准左膝盖。呼气并望向左手肘后方，以增加伸展。固定这个姿势，完全地呼气。

（3）吸气再呼气，转换位置，向另一个方向做同样的动作为 1 组，做 5～10 组。

6. 蜷身摇篮

蜷身摇篮（见图 3-130）需要轴心力量、平衡力和腘绳肌韧性，有伸展背部和按摩脊骨的作用，难度在于翻滚回 V 字平衡时，身体绝不能摇晃震动。

图 3-130　蜷身摇篮

（1）坐于垫上，双膝打开至肩宽，屈曲团身。握住脚踝，在尾龙骨尖的后方找到平衡点。

（2）伸直双脚于空中摆出 V 字，双脚脚掌相距同肩宽，手臂要直。保持挺胸和脊骨伸长。

（3）吸气，屈背，把尾龙骨卷前，下巴抵近胸前，开始向后翻滚。

（4）向后翻滚至肩触地的角度，呼气的同时，向前滚动回起始姿势的平衡点，持续重复 2～4 次。完成时，还原，为 1 组。做 5～8 组。

难度调整：由握住脚踝改为握住小腿，但仍然要蹬直双腿。

7. 仰卧压腿

仰卧压腿（见图 3-131）是反手把上身推起并固定，须肩关节稳定、胸部敞开、脊骨延伸、腰腹有力。加上踢腿动作，能拉展紧绷的腘绳肌，收紧臀部。经过练习，你可以拥有紧致、修长的双腿。

（1）坐直腰板，双腿伸直，手掌置于身后。双脚稍向外转出，夹紧内侧。

（2）从垫上抬起臀部，持续夹紧双腿，手臂伸直，夹紧臀部，从肩到脚成直线。

（3）吸气，将一腿尽量踢高，同时保持身体像一块平板状态，不要破坏身体的直线状态。

（4）上屈蹬后脚跟，缓缓降下腿时呼气，并持续推出脚跟。保持躯干的高度，不要沉下骨盆。当脚跟着地，吸气并再次将腿踢出，做 3 次，换另一腿做同样的动作为 1 组，做 2～4 组。

图 3-131　仰卧压腿

学习与思考

一、问答题

1. 形体训练的内容有哪些？

2. 伸展练习的注意事项有哪些？

3. 进行普拉提练习时应注意哪些问题？

二、论述题

结合所学形体美的标准及认识，找出 1～2 个自己最希望得到改善的形体问题，比如减脂、体态问题、步态问题等。

三、实践题

结合自己身体的基础条件与预期形体目标，给自己制订一个长期的形体训练计划。

第四章　仪态美及训练

名人名言

美必须干干净净，清清白白，在形象上如此，在内心中更是如此。

——孟德斯鸠

章前导读

一切美的事物都应该具有直观的、令人愉悦的欣赏价值。仪态美也不例外，一个人的仪态美，不仅可以提升个人的魅力，还能增加生活、学习中的自信，从而促进个人正确的价值观和人生观的树立，用一种阳光积极的心态去影响更多的人，让社会变得更加和谐，更加美好。

在日常生活中，我们要保持仪态美，那么仪态美的标准是什么呢？仪态美又是由哪些部分构成的呢？在实际生活中有哪些习以为常的形体仪态问题？当根据这些标准去衡量自己时，发现不足又该如何进行仪态纠错与训练呢？此外，不同的行业都要求仪态优雅美观，那么这些行业的要求是完全一致还是略有不同？他们又是怎样对本行业的工作人员进行形体仪态训练的呢？我们将在这一章为大家具体讲解。希望读者可以通过学习本章内容，对形体仪态美有所了解，对不同行业对仪态的具体要求和培训有常识性的认知，能够在平时的生活当中有意识地纠正自己的姿态，使自己的姿势动作更加优雅。

学习目标

知识目标：了解仪态美的标准和构成，掌握仪态美的基础训练方法。

能力目标：能够结合仪态美的理论知识，发现自身存在的形体仪态问题，并具备纠错能力。

素质目标：通过对仪态知识的学习，能够塑造自身良好的形体仪态，保持身心健康，增强自信，促进个人发展，促进社会文明。

第一节　仪态美的标准

对于很多美的事物来说，可能没有固定的美的标准，但之所以大家能够达成共识，认可某种事物的美，是因为日常生活中大家在这些方面有着共同的行为方式，从而形成了某种审美认知。

一、仪态文明

在日常的交往过程中，要想给人仪态美的整体印象，首先要做的就是保持自身的仪态文明（见插页图4-1），就是在公共场合或者与人交往时不说脏话、不做有失文明的行为，使自己时刻保持有涵养的状态，没有夸张的动作和形体行为。

我们在日常生活中常常见到不文明行为，如在公共场所坐姿不端正、随地吐痰、乱扔垃圾、践踏草坪等；在公共场合与人交流时频繁看表，晃动自己的腿，都会给人急不可耐的感觉，显得不尊重他人。当然，除此之外还有很多不文明行为，这就需要我们观察体会，并在内心排斥不文明行为，这样我们的社会文明建设才能真正地践行起来。

二、仪态自然

仪态自然是仪态美的又一个衡量指标。所谓仪态自然就是要求在与人交际时表现得自然、大方、不做作、不虚张声势，在交流过程中应该注意保持微笑与目光的互动。

（一）微笑

微笑不但可以给他人阳光般的舒适感，也可以给自己带来好运，这是仪态当中必不可少的。微笑是一种通用的肢体语言，它不像其他的肢体语言若使用不恰当容易产生歧义，微笑在世界上各个国家都意味着一个人所拥有的修养、魅力、朝气与热情的态度。因此，我们在与人相处时，不要吝啬自己的微笑。微笑时要注意不要低头，这样容易给人羞涩的印象，我们要敢于正视对方，从内心发出甜美亲切而真实的微笑（见插页图4-2）。这样才会显得自然，才能够有效地拉近与对方的距离。倘若微笑成了职业性机械的动作表情，那么这样的微笑不仅不能锦上添花，反而容易招人反感。

真诚的、发自内心的微笑会给他人尤其是陌生人阳光般的温暖，使双方的心理距离迅速拉近，美好亲切的感觉油然而生，营造融洽的谈话气氛。如若一个人不管在面对何人何事时，都能呈现自己真诚的微笑，那么他的人际关系一定很好。微笑无疑是一个人具有良好素养的体现，同时也需要强大的内心作为支撑。总而言之，微笑在实际生活中扮演着棉花糖的角色。未谈话先微笑其实已经胜利了一半，因为微笑者是在传递正能量，是在创造和谐的氛围，是在传递美好的心情，也是在化解尴尬的气氛。

（二）目光

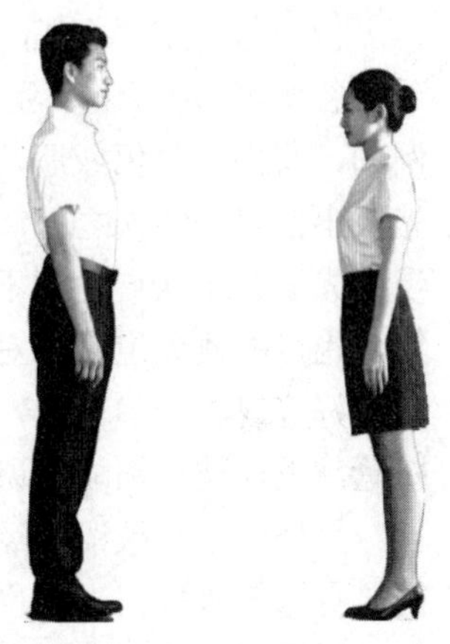
图 4-3　注视区域

唯一一个可以与微笑相媲美的就是目光，交流不仅仅是语言的交流，还是眼神的沟通互动，这就是交流过程中的神情共感。但是值得注意的是目光的交流应该是自然的，不可一直盯着对方打量，把瞳孔聚焦到对方的瞳孔上，这样不仅让对方感觉紧张、不舒服，还会引起对方的反感。正确的目光注视应该是看着对方的眉骨与鼻梁构成的三角区域（见图 4-3），呈现自然目光互相注视的状态。另外，谈话结束后进行道别时也要使目光正视对方的眼睛，有眼神交流，从眼神当中可以看出对方是何种反应，因为细微表情的流露是在眼神中表现的。

三、仪态美观

仪态美观是在前两个标准基础上更高层次的追求。仪态美观不仅仅要求人们的外观穿着要给人清新脱俗之感，还要求人们的动作姿势优雅美观（见插页图 4-4）。

仪态美观首先是要表达自信的肢体语言。在仪态美中，戒除所有不好的习惯动作是很重要的。很多人有不好的习惯动作，只是有些比较严重，有些比较轻微。例如，严重的到了大学还咬指甲，比较轻微的或许是不时地推眼镜，或许是喜欢转笔。如果有这些不好的习惯动作，就需要及时改正。

了解主流的美感价值，例如，现在流行的是什么样的身材。让自己稍微瘦点，除了瘦还要有力。在这一方面，西方跟东方存在一些差异，西方的女性除了瘦还要有肌肉，而东方的女性非常怕有肌肉。事实上，女性的荷尔蒙使她们的脂肪很厚，不容易形成肌肉的形状，所以女性根本不用担心肌肉，应多做健美运动。

很多人讲求仪态美的时候，总要显示出自己非常秀气，拿杯子的时候甚至还要摆出兰花指，似乎这样才有仪态。但实际上，仪态美和很多东西是相关的。例如，中国台湾的一名编辑有一次在聊天时讲到，他们前两周请了教仪态美知识的老师给他们培训，大家觉得学得很好，结果第三周他们全体出去旅游，照相时摆了一些姿势，回来后看照片觉得滑稽透顶，因为他们出去旅游时穿着牛仔裤、T 恤衫，但是摆的姿势很正式，结果自然是适得其反。

美的仪态基础包括：筋骨柔软，肌肉有力，协调性佳，勤练基本姿势并养成习惯，戒除不良的习惯动作，了解主流美感价值，整合服装造型与优雅行为。

四、仪态敬人

仪态敬人是指在与人相处时要谦虚恭敬，通过良好的语言与行为表达自己的恭敬之情。例如，“谢谢”就是一个敬词，如果我们能在与他人交往时，常怀感恩之心，对他人给予的有意无意、或大或小的帮助说一声“谢谢”，那么帮助我们的人就会觉得很温暖，他们就会为自己的行为得到了回应而高兴，即便他们觉得只是举手之劳，没有必要感谢时，也会觉得非常温暖。因此，常怀感恩之心不但可以提升自己的修养，而且可以给被帮助的人传递温暖。

“对不起”是表达自己内心愧疚之情的谦辞，当自己做得不好或者没有达到要求或者由于疏忽伤害到他人时，我们应该表达自己的歉意，这是缓解矛盾、调节尴尬关系的润滑剂。例如，我们与伴侣或朋友吵架、闹矛盾时，应该学会第一时间反思自己的行为是否过分，先找出自己的错误之处，向对方道歉，说声“对不起”。一般情况下两人闹矛盾错在双方，当你先道歉承认自己的不足时，对方也会表态自己做得不好，这样矛盾就会迎刃而解。当然，也可能碰到道歉时对方得理不饶人的情况，或者强词夺理，这时为了情谊的继续，我们最好等对方冷静下来，或者开玩笑时再说出对方的不足，这样既避免了双方互相辩解的尴尬，也让彼此都能认识到自己的错误。

另外一个在敬语中经常被提到的字是“请”，在人际交往中常常使用“请”字不但显得自身修养水平很高，也使自己的话语瞬间变得礼貌而又十分委婉。一个“请”字脱口而出，使发出请求或者命令的人立刻有了虚怀若谷的形象，让回应者感觉到自身的存在与价值，使交流双方感觉到地位的平等。试想如若一个老板在下命令时加上“请”字，气氛是不是会缓和许多，员工是不是就会觉得老板亲切，并诚心诚意办事？工作人员如果在工作中用了“请”字，是不是可以避免许多不必要的争吵？因此，“对不起”“谢谢”“请”虽然是简单的词，但并不是每个人都能够说出口的，自然大方地使用谦辞并不会贬低自身，反而会因为你尊重他人，获得他人对你的尊重。

在与人相处时，注重自身的仪态，同样能够体现出对他人的尊重之意。例如与人见面时真诚的微笑，适度的欠身、鞠躬，对视的目光，适时的握手等，都能够拉近与他人交往时的距离，表现出自身优雅的仪态和敬人之意。具体来说，与他人站立交谈的时候，目光不能游移不定，这样会显得心不在焉，有不愿意专心交谈之意，而要面含笑意与交谈对象目光相对，认真倾听；与人站立交谈时不要抱臂，这样会显得自己有些格格不入、盛气凌人，缺乏亲切感，可双手自然垂于体侧或者双手自然相握靠近腹部，这样的仪态就显得自然而谦恭；坐着交谈的时候，不要抖动腿部，也不要翘起二郎腿，以免脚尖对着他人，有随意、不尊重之意。在与人的交往中，特别是女士，更应该注意自身仪态，有站、坐、蹲等仪态出现的时候，都要切记不能分开双腿，以免出现走光等不雅情况。

总之，每个人都要力求避免失敬于人的仪态，要通过一定的自我约束和练习，使自己具备良好的仪态，在任何场合都能体现敬人之意（见插页图4-5）。

思政拓展　　　　和谐之美

五、优雅仪态的重要性

（一）有助于展现个人气质，保持身心健康

优雅得体的仪态不仅能给人留下良好深刻的影响，而且能使自己心情愉悦，在工作和学习过程中都能有干劲儿。清新的妆容、简单大方的衣着、优雅得体的举止，这样的仪态无论何时都会给人留下美好的印象。此时，得体的仪态不仅是个人生活习惯的体现，而且是个人气质的充分展现。当一个人得到别人赞许的话语和钦佩的目光时，他会因为这些赞

扬变得更加自信，变得更加勤奋向上，长此以往，他整个人的精神面貌自然会得到提升，生活里充满自信和阳光，也有利于身心健康。

相反，有的人在工作和学习中并不注意自己的仪态和对人对事的基本礼仪。例如，有的人在公共场合大声喧哗；有的人在庄重的场合着装随便；有的人在与人谈话时眼神游离、抓耳挠腮，一副不屑一顾的样子，对人极不尊重。殊不知，外表美只是暂时的，仪态美才能给人留下深刻的印象。现实中，有些人的行为不仅违反基本的仪态礼仪，而且满嘴脏话，举止行为粗鲁，这些行为不仅损害了自己的形象，而且有辱社会文明。

（二）有利于塑造企业形象，提升社会文明程度

在大数据时代，社会对人才的要求也在不断发生变化，从要求能力型人才逐渐向要求综合型人才转变。企业对人才的要求已经不仅局限于能力，人才的个人形象也越来越受到重视，尤其是在面试招聘中，个人形象所占比重越来越大，有时甚至能起到关键性作用。因为人才进入企业后，他们的形象不只代表自己，更多代表的是企业，企业员工形象的好坏直接影响公司的形象，可以说，员工形象就是企业的名片。

第二节　仪态美的构成

仪态美由仪表美和姿态美组成。除此之外，一个人的良好修养同样是仪态美的构成之一，它是人的内在美的一种体现。很多时候人的外在美是建立在内在美的基础上，是内在美的一种外在流露，只有外在美和内在美综合起来，才能表现出一个人优秀的仪态美。由此可知，美的容貌、美的姿态、美的举止加上美的修养，就构成了仪态美。

微课　　仪 态 美

一、仪表美

（一）面容整洁

面容是一个人的门面，一个人的容貌美丑是无法改变的事实，但是保持面部的整洁干净却是主观能动的。早上起来一定要洗漱，洗去晚上排出的异物异味；晚上就寝时也要洗漱，洗去一天的疲惫，让自己可以安稳地进入梦乡；有午睡习惯的朋友可以在午睡醒来做简单的清洗。但是一天清洗的次数也不宜过多，否则容易破坏皮肤的弹性。

另外，要注意定期洗头、洗澡、洗内衣、洗外套等。男性要每天剃须，保持面部干净。与人交谈时，双方要根据彼此的关系程度选择合适的距离，防止说话时唾沫四溅。在公共场合，如若感冒要备有纸巾，有鼻涕赶紧用纸巾擦干净，但是切忌当众擦鼻涕、挖鼻孔，应该背过身去擦拭，然后把纸巾扔进垃圾箱里。每个人都会分泌异物，常见的就是眼角的分泌物，要注意及时擦拭。戴眼镜的人士还要注意保持眼镜的清洁，经常擦拭，这样不但

视物比较清晰，而且不会给人留下邋遢的印象。

（二）妆容自然

女士得体的妆容也是取得他人好感的重要途径，但是有一点需要注意，就是不能不分场合、不分年龄地浓妆艳抹，否则不仅让人觉得俗艳，而且容易给别人留下不好的印象。例如，平时工作中适合化淡妆，这样不仅看起来气色好，显得人很精神，而且能遮盖脸上的瑕疵，让妆容看起来淡雅自然（见插页图4-6）。如若参加晚会或者演出，就可以根据自己的角色化略浓的妆容，因为灯光的照射会使妆容看起来变淡。

当然如若你化了淡妆去参加一场公共活动，在中途需要补妆，那么这时你一定要注意，千万不能当着众人之面现场补妆，可以选择去卫生间补妆。生活中最常见的一幕就是一些不懂礼仪的女性，随手从包里拿出镜子、口红、眉笔就涂唇描眉，这是一种很不礼貌的行为，也是一种很失形象的行为。

二、姿态美

姿态主要体现在站、坐、行、蹲等方面。优雅、庄重、灵活的姿态是一种美，相反，不雅、轻浮、呆滞的姿态是影响美的表现，我们必须消除。

（一）站如松

站如松是指一个人从头到脚的纵轴都在一条垂直线上。亭亭玉立的站姿会给一个人的姿态美增加砝码，东倒西歪的站姿会给人以轻浮、不成熟的印象，因此我们要有挺拔直立的站姿。正确站姿的标准是后脑勺、肩膀、臀部、小腿后部及脚后跟五个部分在一个平面上，像一棵松树一样挺拔直立。要想做出优美而又正确的站姿，切不可驼背歪头。

（二）坐如钟

坐如钟是指一个人挺胸、头正、目视前方的端正坐姿。它是我们在实际生活中最常用的姿态。优美的坐立姿势是上身笔直，保持身体水平不倾斜，挺胸抬头，使身体处于紧张与放松的交错之中，两腿不宜叉开，两手自然放于扶手之上，没有扶手的放于双膝上，这样的姿势显得人精神、稳重，谈话时稍稍侧身，以表示倾听。

（三）行如风

行如风是指步法灵活、轻盈、均匀的走姿。如果说站姿呈现出来的是一种静态美的话，那么行走时流露出来的美便是动态美，只有动静结合的美才是高素养的表现。因此我们在行走时要保持适度的节奏，走得太慢没有青春活力，步伐太快又显得不稳重，适宜的步伐节奏不仅显得矫健轻快，稳重大方，而且能够呈现出从容不迫的动态美。步伐节奏的快慢是由步度和迈出的步位共同决定的。步度指的是行走时前脚与后脚所叉开的距离，一般情况下认为标准的步度为一脚之长。步位指的是两脚行走过程中所应放置的位置。倘若一个人没有把握好步度与步位，那么这个人的步调就失去了节奏美和节奏美中所蕴含的步韵美。

除此之外，还要注意手势、待人接物的方式。在生活中，人们需要通过与自己年龄、身份、地位相符的言行举止来体现出个人的修养、气质、风度。女人要优雅得体，温柔大方，不扭捏招摇，男人则要阳刚、洒脱，不野蛮、骄横。这样才能更好地展现自身的仪态美。

三、优雅的仪态

所谓仪态就是指人们的言行举止所传达出来的一个人的内在修养与品质。不同国家、不同种族，以及不同社会背景、不同特殊群体的仪态，都有不同标准和要求。不管怎样要求，每个人的仪态都应当力求美化。优雅得体的仪态不仅是一个人自身修养的体现，同时也是一个人获得成功必不可少的因素。仪态的内容有许多，基本的举止仪态包括坐的姿态、站的姿态、走的姿态、手势和表情等。

俗话说得好："三分容颜，七分打扮。"优雅得体的仪态除了受环境潜移默化的影响，关键还在于通过后天训练习得。优雅得体的仪态犹如高楼大厦，形体是地基，行为姿势是结构，举止谈吐是砖瓦，衣着妆容是装潢，只有这一系列"材料"保质保量地组合在一起，才能给人们呈现出建筑的美丽，人们才有足够的勇气和信心走进这幢高楼大厦。用马克思主义唯物辩证法的观点来解释就是，只有部分以合理的结构形成整体时，整体的功能才会大于各部分功能之和。

优雅仪态的训练方法如下。

1. 进行形体和仪态综合训练

仪态与形体密不可分，没有健全的形体，仪态的得体性必然会受到影响，因此形体的训练就显得十分重要。随着人们生活水平的提高，人们的物质欲求满足后，精神消费就成为人们日常生活中不可忽视的重要内容，尤其是近年来"富贵病"和环境问题引发的疾病呈不断上升趋势，人们更加重视身体健康的重要性，在饮食、生活习惯、娱乐方式等方面越来越"生态化"。各种健身房、无公害产品如雨后春笋般悄然兴起，这种现象间接折射出人们对形体越来越重视。

现如今，健身房里的健身器材种类繁多，五花八门的形体舞蹈课让人难以选择，随着人们对形体要求的提高，私人教练也渐渐走进人们的生活。运动器材不仅能起到强身健体的作用，而且有助于练出人体的曲线美，也就是我们通常所说的"肌肉男"和"S美女"。但这些机械的训练并不能培养出举止动作的柔软性，而舞蹈可以，对于女性更是如此，像芭蕾舞、瑜伽、民族舞等对舞蹈动作要求高，动作标准就能达到良好的效果。

通过有针对性的训练，一个人的走姿、坐姿、站姿就会给人舒适的感觉，而且举止动作也会有别样的柔情。对于男性而言，虽然不能像女性一样经常练习舞蹈，但是也可以通过学习一些简单动作规范自己的仪态。如果经济条件允许，可以聘请私人教练，监督形体锻炼，长期坚持，一定会收到良好的效果。

除了通过健身器材和舞蹈进行训练，我们平时也可以做一些有氧运动或者利用科学的方法进行局部训练，例如可以利用墙体来锻炼自己的肩部和头部以及颈椎等。有了良好的形体，结合正确的仪态训练，我们一定会让自己拥有优雅的仪态。

2. 学习相关的理论课程

形体的重要性不言而喻，但是基本礼仪、着装、谈吐也不能忽略。这就需要我们在日常生活中自己学习，在学校里一般会有相关的选修课程，而且有一些专业需要必修有关仪态和礼仪方面的课程，如文秘、酒店管理等服务类专业的相关理论课程培训，我们不需要更专业的学习，可以在空余时间旁听，学习一些理论知识。可能有些人觉得理论知识都是虚无缥缈的，不实用，其实不然，没有理论指导的实践是盲目的，如果没有科学理论指导，自己盲目练习，最终会得不偿失。

另外，我们可以利用自媒体的优势，通过在微信上关注公众号，例如服装搭配、礼仪礼貌等，提高自己的品位，培养自己良好的习惯，久而久之，自然就会流露出优雅得体的仪态。

第三节　形体仪态综合训练

仪态训练是一个人呈现在人前的内涵美的必备训练。这一节我们将讲述如何进行形体美与仪态美的综合训练，从而做到形体美与仪态美的统一，呈现自然美与内涵美的完美自我。

一、形体仪态综合训练的内涵

形体仪态综合训练是指以一个人先天所具有的因素为基石，在此基础之上以人体发展规律和科学理论为指导，对其本来所具有的形体和仪态进行进一步的塑造，以求提高身体的柔韧度与灵活度，使仪容更加符合人类审美的需求，仪表姿态更加有韵味，力求做一个生活中的完美形象者。训练内容包括体形、姿态、表情、修饰品等各个方面，最终达到由内而外散发形象美与气质美的目的。

二、形体仪态综合训练的特点

（一）形体仪态综合训练的内容与方法具有针对性

形体仪态综合训练是针对人们的各个姿势动作以及身体的某个部位进行矫正，也就是对人类非语言礼仪的审美进行综合训练。众所周知，语言的魅力是强大的，运用的好坏影响着个人的魅力，同样，非语言符号也在人际交往中产生着不可忽视的影响，因此有必要有针对性地对肢体语言进行训练。形体仪态综合训练的内容包括姿态优雅训练、形体修塑训练以及素质训练。具体而言，姿态优雅训练是指通过一定的方法训练一个人的站姿、走姿及坐姿等。形体修塑训练是指通过一定的方法训练一个人的体形，可以通过训练和膳食相结合来实现，因为一个人所习惯的姿势具有相对的稳定性，也有极大的可塑性。素质训练是指以提高心理素质为主要目的，兼具体能和实践的综合素质教育，依托运动增强身体素质，同时通过培训提高自身心理、文化修养等方面的综合素质。

（二）形体仪态综合训练具有极强的艺术性

之所以说形体仪态综合训练具有艺术性，是因为在具体的训练过程中会涉及音乐、体操、舞蹈等具有强烈艺术气息的课程。通过这些课程对练习者进行训练，而不是盲目训练，训练的每一个姿势动作都有美学依据，根据美学的标准确定一个姿势是否唯美。

此外，在形体仪态综合训练的整个过程中都需要音乐伴奏，音乐在训练中扮演着灵魂的角色，因为没有音乐就找不到节奏，也无法控制受训练者动作的强度。正是音乐让受训练者可以跟着节奏走，通过音乐的频率、强弱调节受训练者的动作强度和快慢，而且音乐陶冶了受训练者的情操，缓解了受训练者的焦虑情绪，调动了受训练者氛围，从而使受训练者整个身心得到洗涤，在音乐美与姿态美的统一中享受艺术之美。

（三）形体仪态综合训练具有外在美与内在美的同步效应

形体仪态综合训练的目的不仅在于塑造一个人高雅的站姿、走姿、坐姿，而且在于塑造给人视觉冲击的曲线，还在于协调穿着与饰品之间的得体搭配，其更深层次的目的还在于通过外在美的塑造进而影响其审美观，引起受训练者对美的追求的重新审视与思考，进而树立正确的审美观念。

在如今的实际生活中，人们往往紧跟时尚潮流，热衷于追求人的外在美，把美的概念仅仅停留在为了外在美而美的层面，忽视了真正的美是由内而外的深刻内涵，没有内在美作为支撑，再华丽的外在美也只能停留在对高档奢侈品的追逐上。因此形体仪态综合训练的意义在于让个体在追求外在美的同时也注重内在修养的提高，使自身的美由内而外散发出来，获得外在美与内在美的同步发展。

三、形体仪态综合训练的内容

形体仪态综合训练包括身体姿态综合训练和情景模拟综合训练两项内容。

（一）形体仪态的身体姿态综合训练

1. 头部

刚刚起步的练习者可以选择靠墙自然站立，目视前方，保持头部不偏不倚站立 10 分钟，纠正头部在站立或坐下时东倒西歪的坏习惯。练习者在整个过程中应保持昂扬的态度，谨记一定要昂首挺胸，显示出饱满的精神状态。

2. 肩部

对于肩部的训练，练习者应该双脚并立而站，双臂自然下垂，尝试两臂呈水平方向向左右两侧提起，在此过程中肩部应处于紧张状态，保持姿势 10 秒，然后重复动作进行锻炼。

3. 背部

对于驼背的人尤其应该注意锻炼，练习者面对整体镜子站立，看着镜子矫正自己的姿势，双手交叉于身体背部，使背部肌肉处于紧张状态。

4. 胸部

男士应该多做俯卧撑，女士应该多做仰卧起坐与扩胸运动，锻炼胸部的形体线条。

5. 臂部

对于臂部的练习，男士可以通过举重、引体向上进行，女士可以通过面视镜子，水平伸展手臂进行。

6. 腿部

男士可通过跑步进行腿部锻炼，女士则可选择压腿运动。当然要想整体塑造优美的线条，女士可以选择舞蹈、瑜伽、健美操进行锻炼，这些运动不仅有助于塑造身体线条，还有助于提高个人自信与气质。

以上身体姿态综合训练可以根据不同情况，组织一定数量的受训练人员进行串联的配乐训练，通过不同的节奏和不同的姿态变化来训练动作的规范、协调、优雅、灵活。

（二）形体仪态的情景模拟综合训练

根据商务交际、日常社交等不同情景，设定一定的人数，扮演不同的角色，根据动作练习的需要设计场景模拟的内容，体现站、坐、行、蹲、表情、手势等不同的姿态动作。通过不同场合的情景模拟练习，锻炼个人在不同场合下的形体仪态的自然转换，体现出个人的修养与魅力所在。

四、形体仪态综合训练的意义

（一）有利于锻炼个人体魄

俗话说“身体是革命的本钱”，一个人通过形体仪态训练不仅可以塑造优美的形体，还可以锻炼个人身体素质，尤其对于青少年来说更是如此。对于形体仪态的综合训练，年龄越小效果越好，因为青少年处于身体发育的过渡时期，各个身体器官还没有完全定型，这是塑造良好姿态与形体的最佳时期。因此，我们要抓住这个难得的时期对自己进行有关方面的训练，提高身体的灵活性与柔韧性。

（二）有利于塑造优美的形体与优雅的姿态

科学、合理、适当的训练会使身体原有的形态向着理想的方向发展。无疑，一个人的形体是否符合标准，仪表是否得体大方，姿态是否优雅，对一个人的一生有着重要的影响，因此我们要积极地去训练，为自己的人生增加精彩的砝码。

（三）有利于培养审美意识

对一个人进行形体仪态综合训练就是要塑造其匀称的体形，并由此促进其审美意识的提升。总之，形体仪态综合训练就是以其独特的方式对受训练者产生潜移默化的影响，使其审美向着更高层次发展。我们不难想象，优雅的动作姿态、各色各样的服饰、节奏优美的音律，这些不仅能使受训练者在训练过程中心情舒畅，而且其精神状态也得到了放松，培养了更高品位的鉴赏能力。

（四）有利于培养顽强意志和进取精神

在形体仪态综合训练中，受训练者难免会为了完成既定的要求与任务鼓励自己“坚持坚持再坚持”，没有坚强的毅力是很难完成完美的动作与姿态的，敷衍地完成任务很难达到预期的效果。因此要想真正锻炼自我就必须严格遵守纪律，恪守每一步需达到的标准，自己监督自己，在此过程中坚持、忍耐、顽强的优秀品质就会慢慢形成，进而对个人其他方面产生影响，使其终身受益。

第四节　常见形体仪态问题分析与纠错

先天形体的影响和后天不良的生活习惯，会造成个人形体仪态上出现各种问题。对于先天性的形体上的问题，通过医学和后天的练习有些是可以矫正的；对于后天由于不良生活习惯而造成的形体仪态上的问题，通过正确的训练方法是可以矫正的。

形体仪态上的误区和存在的问题会让我们训练的出发点与最终所期望的结果南辕北辙，正视这些问题的存在，分析问题的本质并及时纠错对自身的发展非常重要。在各种场合，形体仪态都表达着一个人的修养和气质，不经意间表现出来的不良形体动作或许就会给别人造成困扰或者留下不好的印象，所以我们要对形体仪态形成正确的认知，即一个人的形体仪态需要长时间培养和熏陶，并养成好的行为习惯，尽可能地减少形体仪态展现的“不规范”。

微课　　常见形体仪态问题分析与纠错

一、不良形体

（一）脊柱侧弯

1. 脊柱侧弯的成因

先天性脊柱侧弯多发于婴儿时期，是胚胎时期脊柱发育不完全等因素造成的，导致新生儿脊柱畸形，并带有一系列并发症，影响后期的成长发育。后天性脊柱侧弯有些是由于病症导致脊柱两侧肌肉张力不平衡，引发脊柱侧弯。此外，骨质疏松、营养不良、坐姿站姿不正确等因素均会引起脊柱侧弯。

2. 脊柱侧弯的纠错方法

对于先天性的脊柱侧弯，我们建议早发现早治疗，以免错过最佳治疗时间而影响终身。对于后天轻微的脊柱侧弯，可按照我们在书中所讲的训练方法，坚持锻炼，养成良好的习惯，从而得到一定程度的缓解与矫正。

（二）“O”型腿

1. “O”型腿的成因

“O”型腿形成的基础原因是在发育期由于营养不良等导致缺少钙、磷等重要营养元素，阻碍骨骼发育，形成膝内翻，也就是俗称的“O”型腿。另外，先天遗传及佝偻病也会导致膝内翻的形成。而后天的一些不良的姿势习惯也是直接诱发“O”型腿的成因。

2. “O”型腿的纠错方法

运用双膝内扣压膝的方法可改善膝关节状况，加强大腿内侧肌肉群力量的锻炼，坚持运用正确的用腿方法。

（三）“X”型腿

1. “X”型腿的成因

膝外翻俗称“X 型腿”，其形成原因也有先天和后天之分，遗传及小儿佝偻病是导致“X”型腿的先天因素，后天发育障碍及受到外力伤害造成的后遗症也是导致膝外翻形成的原因。“X”型腿是一种骨关节的异常现象。

2. “X”型腿的纠错方法

运用外展膝、压膝的方法可改善膝关节的状况，坚持运用正确的用腿方法。

（四）内、外八字脚

1. 八字脚的成因

内、外八字脚与膝内、外翻有因果关系。幼儿时期学步过早，由于骨骼含钙低，骨质不定型，腿部及脚腕力量不足，加之身体压力，就会导致腿部骨骼畸变。学步时为保持平衡，脚尖便会随骨骼变化而向内或向外形成一定角度，久而久之，便会形成八字脚。另外，一些站、坐、行、蹲等不正确的姿势也会导致八字脚。

2. 八字脚的纠错方法

内八字脚者在行走时应注意大腿内收肌肉群的用力平衡，脚踝适当控制，能够始终保持膝盖向前，脚跟、脚尖平行，脚尖朝前的状态；外八字脚者在行走时应注意脚踝适当控制，能够始终保持膝盖向前，脚跟、脚尖平行，脚尖朝前，脚跟先着地，身体重心在脚掌，行走时还应注意脚跟向脚尖的移动过程，控制前面的脚迈向正前方。

二、不良仪态

（一）上交叉综合征

1. 上交叉综合征的成因

上交叉综合征常见于伏案久坐的办公人员、学生、健身人士。以错误的坐姿，如上身前倾、含胸低头工作、学习，久而久之肩膀负荷过大，后背越来越驼，越来越厚，形成上交叉综合征。健身时过分注重胸大肌的锻炼，却忽视上背肌群锻炼的人，强弱肌肉群交叉，也会形成上交叉综合征。

2. 上交叉综合征的纠错方法

加强腰背部力量的锻炼，平时特别是在长时间的工作中，能够始终保持颈椎、胸椎、腰椎、骶椎在一条直线上。还可以配合向后仰头、甩肩等动作进行矫正。

（二）高低肩

1. 高低肩的成因

高低肩的成因分为两部分：首先，我们之前讲的脊柱侧弯会引起两肩不等高；其次，长期背单肩包使单边肩膀发力受力，长时间处于紧张状态，也是导致高低肩的诱因之一。

2. 高低肩的纠错方法

高低肩的矫正可以做上斜肩的下压，能使对应的肌肉群放松；还可以做低肩上提的动作，能更好地锻炼肩膀上提肌肉群的力量，使双肩肌肉群均衡，加强双肩的柔韧性训练，调整平时不好的生活习惯，使双肩均衡发展。

（三）塌腰

1. 塌腰的成因

由于骨盆周围的肌肉收缩状态不当，腹肌、背肌力量弱导致腰椎前曲过大，锻炼姿势不正确、方法不得当，穿高跟鞋时间过久等，都会导致塌腰的不良体态。

2. 塌腰的纠错方法

使腰部肌肉紧张，坚持立腰训练，收腹、挺胸，头顶书本尽量使身体向上挺拔，在站、坐、行、蹲等不同状态下都要坚持这样的姿态，最终会获得很好的纠正效果。

三、不良心理

1. 傲慢

傲慢其实是骄傲和优越感极端化的产物，通常表现为狂妄自大，以自我为中心，对他人怠慢不敬。年幼时父母过分溺爱，加之环境影响都会导致傲慢心理的产生。傲慢的人会让人难以接近，说话和行为往往会带有攻击性。

2. 自卑

自卑是指对自己缺乏自信心，总认为自己各方面都不如别人，无论在生活中，还是在工作中，总觉得自己低人一等，抬不起头来。自卑心理源于对自己不正确的认识，会带来强烈的压抑感，这样会导致他们失去社交能力，加重自卑心理。

3. 内向

内向的人多表现出寡言少语，胆小懦弱，难以融入大环境等情况，甚至可能导致社交恐惧症。

4. 冷漠

冷漠是一种消极的心态，冷漠的人对身边的人或事表现出麻木、冷淡的态度，对一切都失去兴趣和热情，长此以往会加大焦虑症与抑郁症的患病概率。

以上是生活中常见的一些不良心理，有这样不良心理的人无法保持正常人具备的心理自我调节和平衡的能力，属于性格缺陷和情感缺陷。严重者需要心理医生的干预治疗，平时可以加强对自我性格的锻炼，从而改变观念，树立对生活的信心，培养交际中的技巧和自信。

常见的形体仪态问题分析，有助于我们对照自身所存在的问题时刻反省，有利于改进我们的形体仪态理念和形体表达方式，对日后的自我展示具有重要的价值。总之，针对具体问题具体分析是非常重要的解决方法，而就一般体态问题，从宏观上，还需要整体的训练才能达到形体仪态美的最终目的。

学习与思考

一、问答题

1. 简述仪态美的标准。

2. 简述不良形体有哪几种，成因是什么。

3. 仪态培养从何时开始比较合适？

二、论述题

1. 试论述如何在家庭、社会交往中培养个人的优雅仪态。

2. 试论述优雅仪态对于个人、集体、国家文明发展的积极作用。

三、实践题

根据自身情况，坚持形体仪态问题纠错训练，同时制订适合自己的形体仪态训练计划，坚持训练。

下　　篇

形象设计篇

第五章　形象与形象设计

名人名言

美丽的女性实际上是诗人，她能驯服野蛮的同伴，在她周围的人的心里播下温情、希望和雄辩的种子。

——爱默生

章前导读

个人形象的好坏，直接影响与他人的关系的性质、程度。个人形象能反映一个人的审美情趣和修养，如果一个人的服饰能与自己的气质、职业一致，与自己的形体、年龄协调，与当时的气氛和场合相符，那将使他显得更潇洒、精神，更能吸引别人的注意力。一个人能否为别人所接纳，是否具有人格魅力，关键在于他在别人心目中的形象如何。人格魅力是一个人心理素质和修养的外在表现，它能反映一个人的道德品格、思想情感、性格气质、学识教养、处世态度等。为了广泛建立良好的人际关系，展示自己的人格魅力，我们就要优化社会交往中的个人形象。根据人际吸引的原则，一个人风度翩翩、俊逸潇洒，能产生使人乐于交往的魅力。不修边幅、邋遢的人是不会吸引他人太多注意力的。

个人形象不仅展示了个人修养和审美品位，在职场上还关系到整个团队形象、企业形象，在对外交流中，还与我们的国家形象、民族形象密切相关。一滴水可以折射出太阳的光辉。在形象设计过程中，应当立意高远，在符合国家形象、民族形象的设计要求基础上，大胆创新，与时俱进，充分展现时代风采。

学习目标

知识目标：

1. 了解形象设计的概念。

2. 了解形象设计的意义、基本原则。

能力目标：

1. 结合自身情况，具备自我基本形象设计的能力。

2. 具备按照个人需求进行形象设计的基本能力。

素质目标：

1. 通过学习实践了解和掌握基本的形象设计要素和原则，以提升个人形象。

2. 在形象设计中能充分考虑到如何更好地展示集体形象，乃至国家形象。

第一节　形象设计的概念

随着时代的迅猛发展，“形象设计”日益成为时尚的代名词，如何在符合国家形象、民族形象、企业形象、团队形象的基础上，充分展示个性化形象、职业化形象，逐渐成为人们关注的焦点。如今，“形象设计”一词已逐渐深入人心，焕发出新的时代气息。

一、形象

对于“形象”一词，《现代汉语词典》（第7版）的解释为：能引起人的思想或感情活动的具体形状或姿态。通俗地讲，形象就是一个人的相貌、体态、服饰、行为、风度、礼仪、品质、心灵、情操等可感知的视觉化综合表现，能表现一个人的人生观、价值观、审美情趣，体现个人特有的风格，是对某个人或事物的记忆、印象、评价、态度的总和。形象即社会公众对个体的整体印象和评价，是人的外形表现和内在素质的综合反映，是形、神、质的完美结合。形象广义上是指人和物，包括自然的、社会的环境和景物；狭义上专指人的形体、相貌、气质、行为以及思想品德所构成的总和。

“形象”一词起源于1950年的美国，在当时美国社会各阶层中，对于本身的信誉十分看重，尤其是工商企业界及政界人士纷纷有计划地塑造良好的个人形象。而“形象设计”这一概念则源自舞台美术，后来被时装表演界人士使用，用于时装表演前为模特设计发型、化妆、服饰的整体组合，随即发展成为特定消费者所做的相似性质的服务。由于形象设计不但有消费者构成市场需求，而且化妆美容用品以及服饰厂商都可以借用它作为促销手段，因此，在国际上发展极快。在美国，形象设计已经成为与商业紧密结合的产业，其设计形态已达到生活设计阶段，即以人为本，以创造新的生活方式和适应人的个性为目的，并对人的思想和行为做深入的研究。

二、设计

设计（design）源于拉丁文designare，其本义是“徽章、记号”，即事物或人物得以被认识的依据或媒介。在中国，设计最初是分开使用的，“设”指预想、策划，“计”指特定的方法、策略等。《汉语大辞典》对“设计”的解释为：根据一定要求，对某项工作预先制定图样或方案。设计与纯美术不同，是一个从计划到蓝图，再根据蓝图经过工艺流程加工制作的完整过程。设计是集体完成的作品，创意是设计的灵魂，其目的是运用不同的手段来表现新的形象。

我们可以从广义和狭义两个方面来理解设计的内涵。从广义的角度来理解，设计最基本的意义是计划乃至设计，即心怀一定的目的，并以其实现为目标而建立的方案。这个界定几乎涵盖了人类有史以来的一切文明创造活动，其所蕴含的构思和创造性行为过程则是现代设计的内涵和灵魂。从狭义的角度来理解，设计特指在一般的计划和设计中，将艺术作品的各种构成要素，根据各部分之间或者部分与整体的结构关系，组织成为一件作品的创意过程。

三、形象设计

形象设计属于现代艺术设计的范畴，它是集现代设计的共性和自身特点于一体的艺术造型形式。它的构成形式即是运用各种设计手段，借助视觉冲击力和视觉优选，引起人们心理的美感判断，并着重于研究人的外观与造型的视觉传达设计。

“形象设计”作为近年来较为时尚的一词，我们早已耳熟能详。但无论是在专业书籍还是在报纸杂志中都较少对其概念进行确切的界定，这或许是因为形象设计尚处于发展完善阶段。所以，在我们明确了“形象”和“设计”的含义之后，再从广义和狭义两个角度来解释其概念就显得水到渠成。

广义上讲，形象设计是指人们在一定的社会意识形态支配下进行的一种既富有特殊象征寓意又别具艺术美感的艺术创作与实践活动。

狭义上讲，形象设计是以审美为核心，依据个人的职业、性格、年龄、体形、脸型、肤色、发质等综合因素来指导人们，使化妆、服装服饰及体态礼仪等要素达到完美结合的创造性思维和艺术实践活动。

随着社会的发展，人类文明的进步，特别是我国经济的迅猛发展，以及与国际社会交往的日益频繁，形象设计已经成为人们生活中不可缺少的组成部分，人们的形象对择业、工作、生活、社交等活动均会产生重要的影响。形象的包装已不再是明星的“专利”，普通职场人士对自己的形象也越来越重视，因为好的形象可以增加一个人的自信，对个人的求职、工作、晋升和社交都起着至关重要的作用。

第二节　形象设计的提出及基本原则

前面我们了解了形象设计的概念，在形象设计的实践过程中，我们应坚持统一性原则和针对性原则，以审美为核心，综合个人的职业、性格、气质、年龄、体形、脸型、肤色、发质等因素，通过化妆造型、服饰搭配、形体姿态以及礼仪规范的完美结合，不断地设计形象、优化形象。

一、形象设计的提出

随着人类文明的不断进步、社会经济的高速发展以及生活方式的日益多样化，关注与追求流行时尚已经蔚然成风。形象设计作为诸多时尚设计门类中与人们生活、工作息息相关的组成部分，其产生和发展的时代背景及不可或缺的必然性越发显而易见。尤其是信息时代的到来以及中国加入世界贸易组织（World Trade Organization，WTO）后所受到的国际化潮流影响日趋加剧的现实，也使人们的审美需求、生活方式更加国际化，这是一个追求新奇、追求变化、追求个性的时代。

事实上，形象设计作为人类的一种文化形态，其历史可谓源远流长。就中国文化史而论，关于形象设计的史料记载、典故，特别是历代绘画及文学作品的种种艺术形象，曾深深地影响了中华民族数千年，其中许多内容至今仍闪耀着璀璨的光辉。

从历史角度看，现代形象设计在国外的发展历史较长，并且较为普遍，而国内在此领域则尚处于起步和发展阶段。化妆界曾流行过这样一句话：20 世纪 60 年代讲化妆，70 年代讲香水，80 年代讲健美，90 年代讲美容，21 世纪讲形象。由此可见，对人对己进行全方位的形象设计，是社会发展的必然要求，也势必成为现代社会的一种时尚。

形象设计是以审美为核心，综合个人的职业、性格、气质、年龄、体形、脸型、肤色、发质等因素，通过化妆造型、服饰搭配、形体姿态以及礼仪规范的完美结合，来呈现一个人在社会群体体系中特定的地位、身份等，也就是其在社会环境中所充当的角色。形象可以被理解为一个人参与社会生活的“名片”。

例如，电视综艺节目主持人作为公众人物，是节目的品牌代言人，其个人形象代表着节目和创作团队的整体形象。成功的形象设计，需要通过主持人自身与外界的共同努力，创造主持人外在美与内在美的统一，进而赢得观众的认可，增加节目的收视率。优秀的电视节目主持人，要根据节目的类型、特点、内容、宗旨等，打造符合节目整体形象的个人形象，体现专业化的特点。综艺节目通常以舞台化或演播室场景的形式呈现在电视观众面前，灯光较强烈，画面色彩丰富。这样的客观条件要求综艺节目主持人的妆容与其他类型节目的妆容相比要更加鲜明、立体、色彩丰富。以春节联欢晚会为例，早些年的春晚，主持人的妆容呈现舞台化的趋势，粉底厚重、眼影色彩浓烈、强调腮红和嘴唇的色彩，流露出很重的化妆痕迹。如今，随着科学技术的发展、高清时代的到来，节目从拍摄到播出，再到观众通过高清电视收看，全部以高清技术标准实施。电视画面更加清晰，色彩还原度高，这对化妆提出了新的挑战，要求化妆师的化妆技法更加细腻、娴熟，结构转折流畅、色彩过渡衔接自然，不露化妆痕迹。关注近几年春节联欢晚会上女主持人的妆容发现，其妆面更加清新自然，粉底薄而透，充分体现皮肤的天然质感，眉毛清晰分明，眼妆更多地强调眼线和眼部结构，减弱腮红和唇色，整体妆容呈现“有妆若无妆”的最高境界。主持人的发型设计，也由过去综艺晚会隆重、夸张的发型向简洁、自然、大方、充满空气感和流动线条的发型转变，开始走国际化“减法式”的造型路线。

对于银行职员来说，应该淡妆上岗，以塑造银行职业的美好形象，展示银行从业人员的整体素质和美感。淡雅的妆容具有比较强的包容性，它能与服饰和办公环境巧妙地融为一体，自然而然，没有明显的痕迹。

恰当的形象设计在求职面试中是绝不可忽视的一个环节。现在，任何一个求职者要想得到一个理想的职位，除了要注意德、才、学识等内在要素，还必须在言谈、举止、服饰打扮等外在要素方面充分加以注意，这样才能在求职面试时充分展示自己的最佳形象。

奥斯特是迪金森大学的教授，他曾向 300 多家公司寄去同一假想的求职者的个人简历（区别在于所附照片有的是“求职者”修饰形象前拍的，有的是修饰形象后拍的），请公司确定其薪水。结果，修饰形象后与修饰形象前相比，公司愿意付的薪水要高 8%～20%。这个事实说明，一般来说，在应聘时，服装整洁、得体非常重要，尤其是在细节上，如皮鞋是否光亮、纽扣是否扣好等。头发也很重要，新修饰的发式会给人焕然一新之感，但不要选太夸张的发型，面妆以淡雅为佳。

二、形象设计的基本原则

形象设计是一门综合的学问，它是感性形式和理性内容的有机统一。在现实生活中，我们习惯以感性的个人情感作为标准，去认识或者评价一个人的形象是否完美，侧重于感性因素的表现形式，而忽略了理性的审美因素（艺术的规律、知识和技巧等）所起到的衡量作用，只有多方面、多层面、全方位的综合审视，才是正确的判断标准。

（一）统一性原则

从视觉艺术的角度来分析完整的人物造型，无非点、线、面、体等要素在经过合理的组合和配置后，所呈现出来的效果是否具有和谐的美感，是不是物质内容与精神内容的完美组合。在塑造形象的过程中，只有始终以整体造型风格为基准，将各个组成要素的规律量性与目的性统一，才能体现出形象设计本身的内在品质与价值。在整体风格统一的基础上要学会对局部造型的适当改变，而不是一味地堆砌，要取其精华，化繁为简，在主次分明的多样化中呈现和谐的统一。

形象设计是针对人的需要进行的一种实用与审美完美结合的行为，是材料、技术与艺术的融合体现。在形象设计中涉及化妆、发型、服饰等多方面的内容，在创作实践的过程中运用人物造型、色彩知识、服饰搭配等美学原理，这就要求设计师在创作的过程中要遵循整体性的审美原则，然后通过准确的形象定位，根据不同的要求，针对设计对象等各方面因素加以综合，创作出最佳形象。

作为艺术设计中的一个组成部分，人物形象设计具有独特的审美特质，它的创作目的不是单纯地追求艺术价值深层次的感官刺激，而是侧重审美价值与实用价值的有机结合。在创作过程中要注意局部与整体造型风格要相互关联，不能各自为政，否则会造成视觉效果的混乱。例如，在给一个戏剧型女性做形象设计时，错误地选择了古典型女性的发型风格，就会给人以视觉上难以协调的感觉，显现不出其本身内在的气质。

（二）针对性原则

无论是在日常生活中，还是在艺术表演中，体现形象都不是为了表现单纯的“美”，而是要与特定的环境相适应，不是为了改变人本来的面貌，去创造一个新的形象，而是要通过外在的手段把个人风格进行全方位的审美价值的展示。塑造一个完整的人物形象首先要确定他的设计风格和类型，然后再考虑具体的表达形式，针对不同的人群的特点以及对艺术美学规律的认识，不同职业、不同环境、不同区域、不同年龄层次的审美心理特征等，找到一个明确的定位，找到设计与需求的结合点，才能确定自己的服务对象所要表达的风格。

在形象设计中，针对性是一个特定的衡量标准，由于人物形象设计服务的是社会大众，设计师的设计出发点不是自我意愿的发挥与创作，而是要遵循客观存在的具有普遍性意义的美学标准，了解目标群体与观赏群体的消费观、审美观、价值观等，把握社会审美意识的主导性倾向。当然在遵循社会共同认可的形式美感的基础上，也应让个性与普遍性能够协调发展，而不是单纯地去适应社会的大众审美趣味，毕竟社会的发展离不开创新与发展。

第三节　形象设计的定位及基本要素

在充分掌握形象设计的概念和基本原则后，我们还应该学习好形象设计如何准确定位，如何在具体的形象设计中综合考虑各种要素进行有效设计，使设计的形象和谐统一、趋于完美。

一、形象设计的定位

形象设计的定位，就是根据对形象观察与了解的内容、原型分析与确定的结果，找出并确定形象主体在相关公众心目中，区别于其他形象主体的形象特色或个性，为今后形象设计提供可依据的方案。只有“万绿丛中一点红”的形象才是成功、丰满、有魅力的，假如“千人一面”，就没有什么特色或个性，也不会有吸引力。形象设计不是短期行为，而是长期、持续性的系统形象塑造。

准确的形象设计定位具有十分重要的现实意义，它是设计师在对个性、性格、价值观、兴趣、性别、职业、年龄等因素综合分析的基础上，从有利于设计对象的角度出发，确定形象设计的方向、目标，从而塑造出独具个性魅力的形象。

通过对设计对象的观察、了解及原型的分析，在外形上为设计对象选定一个最佳方案作为设计的定稿，将设计对象定位在某一类型上。当然，这一形象只是一个提示，并不一定是唯一的、永久的，是受一定条件限制的，不能生搬硬套，还要根据时间、地点、场合等的不同灵活运用。具体来讲，形象设计的定位主要有以下几个方面。

1. 特色定位

特色定位也称个性定位，即通过突出设计对象的特色，强调其独特之处，力图对相关公众形成强烈的感知冲击，从而达到吸引公众的目的。这种特色可以来自设计对象的各个方面，如性格、特长、外在形象特色等。形象设计的目的就是找到能代表个性的设计语言，从而让设计对象的个性特点更为突出。

2. 对比定位

对比定位也称职业定位，就是在为设计对象进行形象设计时，根据设计对象的具体职业、年龄段和单位性质等，有意识地对照处于同一职业、年龄、单位的人，或是从不同职业的特点中加以区别，从而让设计对象的形象类型更为明显和清晰。

3. TPO 定位

TPO 定位是根据 TPO 原则而进行的形象设计定位，即时间（time）、地点（place）、场合（occasion），甚至事由，TPO 原则既是有关服饰装扮的重要原则，也是形象设计的基本原则。不同的时间、地点、场合及事由，决定了形象设计的定位不同，只有根据设计对象的不同需求，才能设计出同环境等相和谐的形象。

4. 导向定位

导向定位是根据设计对象（重点是公众人物）自身的特点和条件，在调查和统计数据的基础上，比较准确地确定出设计对象的主要支持公众群，并由此提出专门针对该类公众群进行整体形象设计定位的方法。利用这种方法的主要目的是在稳定和扩大主要公众群的同时，进一步提升设计对象的知名度和影响力，从而也间接地增加对非主要公众群的吸引力。

二、形象设计的基本要素

形象是指能引起人的思想、情感或审美活动的个人形态或姿态，它是一个人内在素养的外在表现。从个人的外在形象来看，完美的形象设计必须要通过精心合理的设计，使一个人的外在形象获得从头到脚的和谐统一，有时一个饰品、一个造型或一种色彩的搭配，都会影响形象的整体效果。形象设计的要素包括：体形要素、发型要素、化妆要素、服装款式要素、饰品与配件要素、个性要素、心理要素、文化修养要素。

（一）体形要素

体形要素是形象设计诸要素中最重要的要素之一。良好的体形会给形象设计师施展才华留下广阔的空间。完美的体形固然要靠先天的遗传，但后天的塑造也是相当重要的。坚持健身训练、合理饮食、养成良好的生活习惯，将有利于长久地保持良好的体形。

（二）发型要素

发型是形象设计中重要的组成部分，是形象设计的重点，它的表现能使形象感更加统一化、完美化，是形象创作最能表达主题的要素。在发型设计中，形状、层次、线条、色调的处理必须符合形式美的法则，以脸型、头型、举止、气质为依托进行设计，这样才能符合形象的审美标准。从可爱的芭比风格到优雅、柔美的日韩风格发型，再从 20 世纪 80 年代的复古卷发到如今新新人类的蓬松、爆炸发型，无一不体现发型与形象的紧密联系。

（三）化妆要素

化妆是传统、简便的美容手段，化妆用品的不断更新，使过去简单的化妆扩展到当今的化妆保健，使化妆有了更多的内涵。“淡妆浓抹总相宜”，从古至今人们都偏爱化妆，特别是逢年过节、喜庆之日，更注重梳头和化妆，可见化妆对展示自我的重要性。淡妆高雅、随意，彩妆艳丽、浓重。与服饰、发式和谐统一的妆容能更好地展示自我、表现自我。化妆在形象设计中起着画龙点睛的作用。

（四）服装款式要素

服装款式在人物形象中占据着很大的视觉空间，因此也是形象设计中的重头戏。选择服装款式、颜色、材质，还要充分考虑视觉、触觉与人所产生的生理、心理反应。服装能体现年龄、职业、性格，时代、民族等特征，同时也能充分展示这些特征。一个形象设计师除了能熟练掌握美发美容工艺，还要了解服装的款式造型设计原理，以及服装的美学和人体工程学的相关知识。当今社会人们对服装的要求已不仅是干净整洁，而且增加了审美的因素。因人而异，服装在造型上有 A 字型、V 字型、直线型、曲线型；在搭配上有上紧下松型和下紧上松型；在类型上有传统的含蓄典雅型、现代的外露奔放型。这些如果在形象设计中运用得当、设计合理，那么服装必将会使人的体形扬长避短。

（五）饰品、配件要素

饰品、配件要素的种类很多，颈饰、头饰、手饰、胸饰、帽子、鞋子、包、袋等都是人们在穿着服装时最常搭配的。由于每一类饰品或配件所选择的材质和色泽的不同，设计出的造型也千姿百态，用于点缀服饰和人物的整体造型。它能使灰暗变得亮丽，给平淡增添韵味。如何选择佩戴的饰品、配件，能充分体现人的穿着品位和艺术修养。

（六）个性要素

在进行全方位包装设计时，要考虑一个重要的要素，即个性要素。回眸一瞥、开口一笑、站与坐、走与跑都会流露出人的个性特点。忽略人的气质、性情等个性条件，一味地追求穿着的时髦、佩戴的华贵，只会被人笑之为“臭美”。只有当“形”与“神”达到和谐时，才能创造一个自然得体的新形象。

（七）心理要素

人的个性有先天的遗传和后天的塑造之分，而心理要素完全取决于后天的培养和完善。高尚的品质、健康的心理、充分的自信，再配以服饰效果，是人们迈向事业成功的第一步。

（八）文化修养要素

人与社会、人与环境、人与人之间是相互联系的，在社交中，谈吐、举止与外在形象同等重要。良好的外在形象是建立在自身的文化修养基础之上的，而人的个性及心理素质则要靠丰富的文化修养来调节。只有具备了一定的文化修养，才能使自身的形象更加丰满、完善。在形象设计中，如果将体形要素、服饰要素比为硬件，那么文化修养及心理素质则是软件。硬件可以借助形象设计师来塑造和变化，而软件则需靠自身的不断学习和修炼。“硬件”和“软件”合二为一时，才能达到形象设计的最佳效果。

形象设计师首先必须具备一定的文化艺术修养和审美意识，有健康的人格和心理，掌握一定的美容美发技巧，熟悉服装设计制作的基本原理，了解服装色彩、配件与人搭配的美学原则，才能塑造出理想的形象。一个人就是一道流动的风景、一座活动的雕塑。形象设计师就是创造美的天使。我们相信在不久的将来，会有更多的、受过高等教育的形象设计师走进我们的生活，为我们的生活增光添彩。

第四节　形象设计的审美原则

个人形象设计属于“人”对“人”的设计。个人的形象千差万别，受个人生理性和社会性的差异以及环境的变化等条件制约，这就决定了形象设计要坚持生理性和社会性相结合，把握动态的多样性原则，既合乎一般美学原则，又有其自身特点。

一、个性化原则

个性主要是指个人先天所具有的以及后天磨炼和修养形成的独特的性格、气质、思维方式和行为规律。个性是个人形象魅力的核心所在，也可以说是个人形象的标识与符号。有了个性，就有了灵魂，便能将自己的形象激活，给人以强烈的视觉冲击力，形成与众不同的形象符号。

时装界最早的女性设计师之一 Coco Chanel 就曾以自己独特的穿着博取关注。她用水手装和水手裤替代女式长裙；她用质地薄软的内衣面料，创作出诺曼底渔夫式的套装；她把男装稍加修改，配以一个恰到好处的胸针，便成为新颖的女时装。Coco Chanel 的创造力是具有爆炸性的，她本人的衣着举止亦为世风之源。说起赵本山，人们首先会想起他的帽子、一张圆脸和一双小眼以及滑稽的表情。在这里，可以说明 Coco Chanel、赵本山在公众心目中的形象已经个性化、符号化。显然，视觉识别从符号开始，符号从形象开始，个人形象的个性化是视觉的最佳选择。

个人形象越是个性化，越容易引起人们的注目，越容易被人们的视觉所接受，也就越容易被人们所记忆。所以，最具个性化的形象，最容易成为人们注目的焦点，主体最有可能成为人们心中的偶像或明星。

在个人形象娱乐化的今天，超模和明星备受世人瞩目，他们俨然成了大众的时尚偶像。从某种意义上说，明星们正以比设计师更直接和迅速的方式影响着大众的穿着潮流。久而久之，在这个设计师也能成为大明星的时代，大明星反过来创建自己的品牌，直接贩卖个人风格，也是大势所趋。

因此，在设计个人形象时要注意突出与强化自己的个性，即善于发现并挖掘出属于自己的独特的形体特征、肢体语言、思维方式、生活方式、兴趣爱好以及具有人情味的性格等。为了凸显与张扬个性，甚至不回避个性中的某些缺点或不足，但是一定要注意把握好度，须知过犹不及。这样的独特个性更为可信，更容易有自己特定的标识符号。只有独特的、有个性的东西，才有存在的价值，才有生命力。相反，雷同的、千篇一律的东西没有存在的价值，缺乏生命力。所以，进行个人形象设计时，要注重形象识别的独特性，从理念精神到行为规范再到视觉识别，都要刻意表现出与众不同的让人易于识别的良好个人形象。

二、系统性与完整性原则

个人形象设计，必须在统一的目标、宗旨、精神、文化指导下，规范化、标准化地表现出一个系统整齐划一的形象，这是形象设计的生命力所在。优良的个人形象，绝不是简单的服装设计和美容美发所能代替的，它是由哲学、文化、政治、美学理念综合构成的结构符号体系。作为一个有机整体，它是外在的、可见的、可触摸的，包括发型、妆容、服饰搭配等。但是，它又是内在的、不可见的、变化的，也即外在形象所表现出来的个人气质、风格等内在形象。总之，只有按照个人形象设计的系统理论进行设计塑造，一个个活生生的个性形象才能凸显在我们面前，展示出无穷的魅力。

个人形象设计还要注意其整体性，个人形象识别系统的整体性，具体表现为两个方面。

一方面是个人形象识别系统是理念识别、行为识别、视觉传达识别的整体性。个人形象应以理念为灵魂、精髓、核心，向行为规范、视觉传达设计扩展，三者交相辉映，形成一个有密切内在联系的不可分割的整体。但是，有些人在设计形象过程中只注意外观设计，忽视理念的构筑和行为的规范，这种本末倒置的做法，必然会削弱个人形象的生命力。另一方面是个人的内心活动和对外活动的整体性。因为个人形象设计的过程是对个人形象进行调整和再创造的过程，必然引起个人理念的重新整合和定位；形象设计使个人素质客观化、感性化、视觉化，使个人理念外化为个人行为和视觉传达。这些都必须取得人际关系网络各层面的理解、支持和合作，并依靠他们积极向社会传播，最终获得社会公众的广泛理解、认可和支持，使个人形象以整体性耸立在公众的心目之中。总之，整体性是指以个人实力展示个人形象，而不是零敲碎打、支离破碎地传播个人形象的某些信息。因此，在进行个人形象设计中必须重视整体性设计。

三、对比性、调和性与协调性原则

“对比”是形式美学法则之一。在设计中，对比手法的运用无处不在，通过光线的明暗对比、色彩的冷暖对比、材料的质地对比、传统与现代的对比，可使设计风格产生更多层次、更多样式的变化，从而演绎出各种不同节奏的美。调和则是将对比双方进行缓冲与融合的一种有效手段。协调指整体各部分的协调、各子系统的协调，含有全局的观点与整体的观点，这是基于各子系统相互配合从而产生最佳效果的深刻内涵。个人形象设计应当强调搭配得当。一个人因为协调而美，五官的协调、服饰的协调、气质的协调、风度的协调，使人产生美感。对一个人的形象来说，协调包括三个层次。一是指外观方面的协调，如美容化妆、服饰搭配等的协调，按照每一个人的先天条件进行设计，如发型对脸型的修饰、服装对体形的修饰等，只有搭配得当、对比匀称才能使人赏心悦目，达到协调美的目的。二是指行为的协调，这是指行为与动作上的协调，如说的与做的一致，从而达到协调效果。三是指思想与行为的协调。思想指导行为，也就是要心口一致，想的与说的和做的一致，才能达到协调美的境界。一个人思想与行为脱节或分离就会成为思想的巨人、行动的矮子，就无所谓协调可言。还必须强调的是：个人不仅要注意协调本身的三个层次，而且要学会与人协调，与自然协调，才能在人际关系与自然环境中游刃有余、舒适地生活。个人形象设计不仅应当强调协调，还要达到和谐美的目的。要使设计的个人形象与自身相匹配、与个人所在的集体形象相一致，与自己的精神、气质相吻合，还要与本人的发展目标、所处人际网络、时代环境相协调。只有这样，才能使个人形象设计达到和谐美的目的。

四、弹性和发展原则

随着信息社会的推进，人际关系交流、沟通频率的提高，生活群体更新速度的加快，在不同的场合和环境，个人形象应富有弹性的风姿美，或含蓄，或挥洒，运用自如，适度得体，这种可扬可抑、可进可退的风姿调节能力，对个人形象的设计与塑造，显得十分重要。这就要求个人形象在设计之初，应具有弹性，留有余地，让个人形象能自我完美地向前发展，因为任何事物都是在动态中向前发展的。事实上，具有弹性的个人形象，更具魅力和扩张力，能更好地帮助个人向更广、更高、更深的领域发展，使个人形象更丰满，更有特色，更有魅力。

总而言之，个人形象设计是一项系统工程，在进行个人形象设计时，应当对个人形象的各个要素进行研究，探索塑造个人形象的规律和方法，并以此为指导，才能把个人形象塑造好，使之更具魅力。个人形象设计包含艺术门类中重要的形式美感，又以最生动、最直观、最具体化的特点呈现出来。因此，个人形象设计作为物质与精神追求的集结形态，向人们展现着其特有的审美特征。

 知识拓展　　生活美学：为生活立“美之心”

学习与思考

一、问答题

1. 什么是形象设计？

2. 形象设计有哪些基本要素？

二、论述题

形象设计的个性化原则是如何体现的？请结合现实生活中的具体案例进行分析。

三、实践题

结合本章形象设计的基本要素，进一步完善下面的形象设计方案。

魏小雨形象设计方案

客户信息：魏小雨，女，23岁，儿童摄影助理。身高157厘米，体重58千克，腰粗，肩部宽且壮。娃娃脸，脸显肉感，脸部有雀斑，鼻不挺。

形象设计目标：设计成乐观开朗、甜美俏丽、有现代感的职业女性。

形象设计方案如下。

（1）发型：采用6∶4比例偏分，使脸形显窄，头发长度到下巴或下巴以下最能衬托脸形，保持头顶部头发蓬松，可用吹风机和圆齿梳将头顶部头发吹高，两侧头发略打薄，披下来时头发略盖住脸庞，不要露出耳朵。

（2）化妆：五官端正，建议平时化妆重点放在眼睛部位，用亮的白色或粉蓝色眼影在眼部晕开，眼尾染棕红或紫红的眼影，黑色的睫毛膏不可少，唇部用粉色系唇彩简单晕色即可。

（3）服装：身材不高，属于H形体型，穿着风格最好是整洁、简明、直线条的设计。例如垂直线条到膝盖部位的长裙、直筒长裤、上下装为同色系或相近色或素色的衣服，合身的夹克、收腰的小外套都会显得大方自然。但注意一定要避免大印花和大格子布料、色彩太多的布料以及过于宽松的衣服，建议穿紧身衣和紧身裤，选择狭窄皮带，以达到瘦身效果。

（4）饰品：装饰品在服装搭配中起着非常重要的作用，如在秋冬季节准备两条围巾，一条色彩丰富在整体服装色彩比较单一时使用，一条为中性色的围巾搭配比较花哨的服装。包的颜色选择方式和围巾一样，选船形、方形包较合适，不要选圆形包。

第六章　化妆与形象设计

名人名言

如果我们沉默不语，我们的衣裳与体态也会泄露我们过去的经历。

——莎士比亚

章前导读

形象就像名片一样，在无言中向他人展示着自我。在人际交往的过程中，人们通常会通过外在形象来判断一个人的年龄、身份、地位等，并相应地决定对他的态度。有人说，一个人的成功很大程度在于展示自己良好的形象。

林肯出身于一个普通家庭，小时候说话口吃。他做过木工、摆渡工，但自从他立志要做律师之后，才深深地了解到口才的重要性。于是他每天到海边对着大海练习演讲，经过千万遍的练习，林肯不仅成为一位声名鹊起的律师，而且踏入政界，当上了议员，参加了总统竞选。直到今天，人们还记得他那脍炙人口的葛底斯堡演讲词，不过已经绝少有人记得他曾患有口吃。林肯总是愿意不断汲取任何可以提升自我素养的建议和意见。他在竞选总统过程中收到一个小姑娘的来信，信中说："你的相貌太平凡了，你的下巴光秃秃的，不够威严，不像男子汉。如果你蓄上一大撮胡子，那么我们全家都会投你一票。"林肯欣然采纳了小姑娘的意见，果然形象大改。因为林肯善于接纳别人的建议和意见，所以深得选民的喜爱，如愿当上了美国第 16 任总统，成为美国有史以来最让人怀念的一位总统。

形象设计的最终实现，必然需要化妆人员耐心且细致的具体操作，在这一过程中，不仅需要化妆师宁心静气，充分展示应有的职业技能水平，更要具备良好的职业操守，如爱岗敬业的职业精神、精益求精的职业追求。

学习目标

知识目标：

1. 了解基础化妆的基本原理和意义。
2. 了解各种化妆工具的用途和功能。

能力目标：

1. 具备使用基本的化妆工具进行化妆的能力。
2. 具备设计生活妆、职业妆、晚宴妆的基本操作能力。
3. 具备美容护肤、发型设计的基本能力。

素质目标：

1. 体会学会化妆与形象设计是构建和谐社会和美丽中国的需要。
2. 通过具体的化妆操作，进一步增强爱岗敬业的精神，体验精益求精的职业追求。

第一节　基础化妆

化妆的最高境界是“妆成有却无”——也就是自然。化妆后一旦失去自然效果，便会让人感觉虚假或夸张，会影响美的表达效果。自然的化妆要依赖正确的化妆技巧、合适的化妆品；要一丝不苟、井井有条；要讲究过渡、体现层次；要点面到位、浓淡相宜。总之，要使化妆效果自然无痕、生动逼真。如果化妆时不讲究艺术手法、手段，胡来一气，敷衍了事，片面追求速度， 那效果可能会适得其反。

一、化妆的概念

化妆是指通过使用化妆品、材料和技术来修饰和美化或者改变人的容貌，实现个人对美的追求以及适应特殊场合的一种手段。化妆的妆型包括生活美容化妆，电影、电视、舞台演出化妆等。

1. 生活美容化妆

生活美容化妆是指美化生活中个人的仪容，所以要求在真实、细致的基础上略加夸张，扬长避短，增添神采，并不要求大幅度改变自己原来的面貌。生活美容妆包括生活日妆、生活晚妆、少女妆、新娘妆、职业妆、中老年妆。

2. 电影、电视、舞台演出化妆

电影、电视、舞台演出化妆是指以剧本中的人物为依据，结合戏剧中的典型环境和历史环境，运用化妆手段来帮助演员表现人物在典型环境中的典型特征，这类化妆包含利用材料来改变演员本人的容貌。

二、化妆的基本原理

1. 突出优点

研究五官，突出个人优点。例如，有的人前额长得圆润丰满，那就不要用头发把它遮盖起来，而应当多露出些；眉毛生得好看，就不要用头发将其遮住；戴眼镜的人也不要忽略了让秀美的眉毛显露出来，当然从美学角度讲，还是使用隐形眼镜为好。鼻梁较高会给面部增加一定的立体感，化妆也比较容易。发型最好也有立体感，如烫发等。眼睛漂亮的人，眼妆不要过分显眼，应当恰到好处，可以反复试验何种色调搭配的眼妆更适合自己、更能突出眼睛的魅力。嘴唇丰满圆润，看上去颇性感，若唇形也好，就应选用鲜明醒目的口红颜色，也可以运用几种颜色组成的口红，使之更为突出，可以首先映入人们的眼帘。

2. 掩饰缺点

利用衬托产生视差，以淡化、削弱他人的注意力。如化妆者皮肤略显粗糙，还有一些瑕疵，可利用底妆遮瑕的方法掩饰缺点。具体做法是：使用润泽伏贴的粉底轻点于两颊、额头、鼻梁、下巴部位，然后向四周延展开来。在有斑点及其他瑕疵的部位再用少量粉底重复涂抹，起到重点遮瑕的效果。轻轻斜扫于颧骨的浅粉色系腮红，使淡淡的红润仿佛是从皮肤中透出来的，令整个底妆更加自然健康。如眼皮过于厚重，显得眼型扁塌，利用可以隐形的双眼皮胶贴和粗黑的眼线就能巧妙地修饰眼睛形状，使眼睛变得明亮圆润。如眼睛没有神采，可重点描画眼妆。只需淡淡地扫上浅粉色的眼影，眼睛就会显得十分干净透亮，还增加了青春甜美的感觉。再紧贴睫毛根部，用干净平滑的眼线填满睫毛空隙。眼线的尾端自然下垂即可，会显得更加柔和自然。纤浓适中的精致黑色眼线，会令眼睛变得更突出、更有神。

3. 整体协调

强调整体的效果，注重和谐一致。无论是基面化妆还是各部位的化妆都要力求妆面统一，相互配合、左右对称、衔接自然、色调协调、风格情调一致，同时还要考虑发型、服装与化妆的关系，从而获得整体、完美的效果。

4. 因人因时因地而异

化妆时要客观地分析每个人的五官，根据每个人的面部结构、肤色、肤质、年龄、气质等综合因素做相应的调整，还要根据不同的时间、场合、条件、地区气候以及时尚等而定。

三、化妆的意义

1. 社会交往的需要

由于女性生活方式和观念的改变，社会交际日益频繁，通过合适的妆容，恰当的服饰、发型，良好的个人修养，优雅的谈吐可以充分表现个人的魅力。

2. 职业活动的需要

在职业活动中，通过化妆把个人美丽的容貌、文雅的举止、干练的形象展现在公众面前，将为自己赢得更出色的工作业绩。

3. 展示自我个性的需要

美是每个人都向往和追求的，女性往往通过独特、个性的妆容来展示自我的魅力，增强愉悦感和对人生的自信感。

四、化妆工具的介绍及使用

工欲善其事，必先利其器。想完成一个比较出色的化妆造型，首先要充分了解自己手中的工具，并充分地加以利用。在整个化妆造型流程中，我们要运用到很多种类的工具和材料，包括化妆刷系列、底妆系列、眼妆系列、修容系列、唇妆系列等，而每个系列中又包含很多不同种类的单品，下面我们对其做一下具体的介绍。

（一）化妆刷系列

化妆刷是化妆中必备的一种工具。化妆刷的材质一般分为动物毛和纤维。动物毛质地的化妆刷亲肤感更好，更利于上色；纤维材质的化妆刷比较适合做大面积的色块晕染。

（1）粉底刷。粉底刷用来刷粉底液，在使用的时候要明白刷子的特性，注意粉底要刷涂得均匀，充分利用刷子刷涂的角度，不要留下死角。

（2）散粉刷。散粉刷用来定妆，具体的操作方法是用散粉刷蘸取散粉，轻柔均匀地对面部进行定妆，并扫去多余的散粉，鼻窝、眼角等不容易刷到的地方可以用蜜粉扑进行细致的定妆。

（3）眼影刷。眼影刷分为大小不等的多支，一般每一支刷子对应相应色系的色彩。大号的眼影刷用来刷涂大面积的色彩，小号的眼影刷用来做细致位置的处理。

（4）腮红刷。腮红刷的斜口设计更利于刷涂出腮红位置的结构感，一些圆头的大小适中的刷子也可以用来刷涂腮红或者暗影，关键是掌握刷涂的手法。

（5）唇刷。唇刷一般毛质较硬，刷头较小，这样能更好地控制唇的轮廓感，从而描画得更加细致。

（6）浮粉刷。浮粉刷又称扇形刷，作用是清除面部残留的浮粉及在化妆的过程中脱落的有色粉末，以免弄脏妆面。

（7）眉粉刷。眉粉刷采用斜口设计，用来蘸取眉粉描画眉形。

（8）眉梳。眉梳采用双面设计，梳子面用来梳理眉形便于修眉，梳毛面用来清除眉毛内部的残余毛发和杂质。

（9）修改笔刷。修改笔刷的刷头很小，主要用来蘸取粉底进行遮瑕，以及对妆容处理不当的位置进行修饰。

（10）水溶眼线刷。水溶眼线刷的刷毛细长，用来描画眼线，也可以用0号美工画笔替代水溶眼线刷。

（二）底妆系列

（1）粉膏。粉膏的优点是遮瑕效果比较好，缺点是处理不好就会显得比较厚重。不同品牌粉膏的品质存在很大差别，粉膏的细腻程度对妆面的质感影响很大。

（2）粉底液。与粉膏相比，粉底液更加细腻、轻薄，可以更好地贴合皮肤，表现出清透的皮肤质感。

（3）BB霜。很多人用BB霜代替粉底液。很多品牌的BB霜打在脸上会发灰，所以需要仔细挑选。BB霜的质感介于粉膏与粉底液之间。

（4）蜜粉。蜜粉也就是俗称的定妆粉，蜜粉的色号很多，如粉嫩色、透明色、深肤色、象牙白、小麦色等，我们应根据肤色的需求选择适合的蜜粉。

（5）粉饼。粉饼同样具有定妆的作用，与蜜粉相比，粉饼定妆一般会看上去比较厚重。粉饼是对局部进行补妆的一个选择。

（三）眼妆系列

眼妆在一个妆面中占有很重要的位置，用来处理眼妆的产品也相对比较多。干湿两用眼影具有珠光眼影的光泽感，但比珠光眼影更有质感，湿用的时候色彩感更亮泽，并且能和皮肤很好地契合。

（1）眼影膏。眼影膏比较适合表现有质感的眼影效果，亲肤感强，只是不便于修改。

（2）眼线笔、眼线液、眼线粉、眼线刷、眼线膏。眼线笔是画眼线的常用工具，描画得眼线上色自然均匀。眼线液易上色，只是有个别产品反光感强，并且容易片状脱落，不够自然。水溶眼线粉与眼线刷配合使用，用水调和，适合描画比较夸张的眼线。眼线膏适合表现自然的眼线效果，例如烟熏妆中自然晕染开的眼线效果。

（3）睫毛膏、假睫毛、睫毛胶水。睫毛膏的类型比较多样，有浓密型、纤长型、自然型之分，根据妆容的需求来选择适合的睫毛膏。比较常用的色彩是黑色和深棕色，也有彩色的睫毛膏，适合比较有创意感的妆容。假睫毛主要用来使眼妆的效果更立体，使眼睛更漂亮，一般分为浓密的、自然的、妩媚的、创意的。假睫毛的材料一般有毛发材质、纤维材质，也有用羽毛等材料制作的特别材质的假睫毛。睫毛胶水用来粘贴假睫毛，也可以用来粘贴水钻等装饰物。

（4）美目贴。美目贴用来粘贴双眼皮的褶皱线，一般剪成月牙形，也可以剪成小段式用于局部粘贴。

（5）眉粉、眉笔。眉粉一般有灰色、深棕、浅棕等色彩，用眉粉刷描画于眉毛上，主要用来处理眉毛的深浅和宽窄。眉笔一般有深棕、浅棕、灰色、黑色等色彩，表现眉毛的线条感用眉笔会更适合一些。

（四）修容系列

（1）双修粉。双修粉是暗影粉和提亮粉的组合，暗影粉主要用来修饰面颊、颧骨、鼻根等位置，提亮粉用来提亮鼻梁、眉骨、下眼睑、下巴等位置，通过明暗的结合使五官更立体。

（2）腮红粉、腮红膏、腮红液。腮红粉是最常用的晕染腮红的材料，一般分为嫩粉色、橘色、玫红色、棕红色等色彩，也有一些特别的腮红粉，主要用来处理一些创意感的妆容。腮红膏一般在蜜粉定妆之前使用，腮红膏会使腮红更自然、更粉嫩，有一种由内而外散发的自然红润感。腮红液与腮红膏相似，其液状的感觉可以与皮肤更好地融合在一起。

（五）唇妆系列

（1）亚光唇膏。亚光唇膏主要用来塑造立体感强、轮廓清晰的唇形，其特点是比较有厚重感，比较适合表现以唇为重点的妆容。

（2）光泽感唇膏。相对于亚光唇膏而言，光泽感唇膏更莹润亮泽，不像亚光唇膏那么厚重。

（3）唇彩。唇彩主要用来滋润唇色，调和唇和整体妆容的协调性，质感亮泽轻薄。

（4）唇蜜。与唇彩相比，唇蜜比较黏腻，密度较高，使用后可以使唇看上去更立体滋润。表现可爱感的妆容可以用色彩淡雅的唇蜜，表现靓丽的妆容可以使用颜色艳丽的唇蜜。

第二节　美容护肤

在日常生活中，我们要想保持良好的形象，就要掌握一些美容护肤的基本操作技能，从而提高颜值，展示良好的精神风貌。

一、清洁皮肤

清洁皮肤是使皮肤健康的前提，简而言之也就是洗脸。每个人每天都要洗脸，但是正确的洗脸方法却不是人人都知道的。洗脸的过程有以下几步。

（1）使用温水清洗脸部。理想的水温是与面部皮肤温度相等的，干性皮肤可稍低，油性皮肤可稍高。温水与冷水可交替使用，温水可以将皮肤上的油垢有效地清洗掉，加速血液循环，而冷水可刺激皮肤紧致，增强抵抗力。清洁皮肤时，用双手捧水轻拍在脸上，脸部尽量朝下，由下向上，由里向外，轻轻拍洗。

（2）揉搓洗面乳至起泡。取适量适合自己皮肤的洗面乳置于手掌中，量不宜过多。加入两三滴水进行稀释，揉搓洗面乳直至起泡，泡沫越细越不会刺激皮肤，让泡沫在皮肤上移动吸取污垢，不要用手用力去揉搓。

（3）按摩。把泡沫涂在脸上后，由皮脂分泌较多的 T 字区开始清洗。用中指及无名指指腹，轻轻地顺肌肉走向，由下向上，由里向外按摩 1～2 分钟。仔细按摩面部的所有部位，特别注意鼻子下方和下巴，这些是容易长痘的地方。

（4）清洗洗面乳。清洗时最好选用流动水冲洗，反复多次，将洗面乳彻底去除。特别注意发际处要冲洗干净，若洗面乳残留在上面，不但无法去除污垢，还会使皮肤发炎或长疮。建议在洗面时将面部全部显露出来，有利于面部皮肤的充分清洁。

（5）擦干。洗脸后，用毛巾轻贴在脸颊上，让毛巾自然吸干水分，也可以让皮肤上的水分自然风干。注意不可用力揉搓，以免伤害皮肤。

二、保养皮肤

皮肤在保持清洁的条件下，还要注意保养，这样不仅有利于保持皮肤的健康，还可以使人显得年轻，有活力。护肤的过程有以下几步。

（1）先让皮肤冰镇一下。皮肤的温度低，毛孔的油脂就不会分泌太旺盛。在容易出油的夏季，可以用毛巾裹冰块冰敷全脸或 T 字部位，也可以用冰过的化妆水沾湿化妆棉，贴在脸上，肌肤会呈现冰凉舒畅的感觉。

（2）涂抹化妆水。清洁皮肤后，皮肤会散失部分水分，用化妆水及时调理皮肤，不但可使皮肤滋润，还可以收缩毛孔，并平衡皮肤的酸碱度。每个人可根据皮肤类型选择适当的化妆水来滋润皮肤。涂化妆水时用手指指腹由上而下轻轻弹拍面部，至皮肤将化妆水安全吸收。

（3）涂抹润肤霜或乳液。润肤霜或乳液可以滋润、营养皮肤。偏油性皮肤的人宜选用不含油脂成分或低油脂成分的润肤霜或乳液；偏干性皮肤的人可选用油脂成分较高的润肤霜或乳液。另外，季节的不同也会影响肌肤的状态，所以护肤品也要适时地进行调整。涂抹护肤品时，顺序由额头、T 字区到双颊，慢慢地按摩，按摩时要自下而上，不要将肌肤往下拉扯。

（4）涂抹隔离防晒霜。紫外线容易刺激皮肤的油脂分泌，对皮肤也有一定的伤害。隔离防晒霜能有效地隔离紫外线，减轻日晒引起的皮肤损伤。因此，各个季节都不能忽视防晒的重要性。可视自身外出情况和肤质状态，选择防晒系数与质感都合适的隔离防晒霜。一般而言，长时间在室内工作的人，可选用 SPF①15 左右的防晒产品。从事室外工作或活动的人，可选用 SPF30 以上的防晒产品，而且都应具有 PA++②的效果，这样才能同时隔离 UVA③和 UVB④。防晒霜应涂抹于暴露在外的皮肤上。当皮肤因外界温度高而排泄油脂和汗液时，可清洗皮肤后重新涂抹，大约每隔两小时涂抹一次。

第三节　发型设计

以色列前总理贝京访美前夕，曾请美国著名的形体专家莎尔若夫为其进行个人包装。两人一见面，莎尔若夫首先注意到贝京深蓝色西装的肩膀上落满了头皮屑。莎尔若夫说："贝京先生，有一件事除了我谁也不会对你讲，请不要觉得这是有意冒犯。不知道你是否意识到你的肩膀上像下了雪一样。"莎尔若夫建议贝京："早上离开家之前，或者当你要走进会议室时，对自己浑身上下扫一眼，敏捷地扫扫自己的两肩，确保身上没有什么会转移别人注意力的东西。"贝京对莎尔若夫的建议十分感激。

发型设计是形象设计的一个重要组成部分，一般是指人们对头发进行护理和修饰，是在修饰中取长补短、增强美感、展现个性和气质的重要表现手段。如何拥有一头健康、秀丽的头发呢？这就要求我们在日常生活中把握好美发的三个要素。

一、清洗头发

洗发是保护头皮与美化头发的基本手段，洗发不仅可以避免头屑、污垢堵塞头皮的皮脂分泌，保持头发的清洁卫生，而且能促进头皮的血液循环，有助于头发的正常生长并延长其寿命。

人的头发按头皮分泌油脂的不同可分为油性、中性和干性三种。油性头发，因油脂分泌较多，需要勤清洗，最好 1～2 天清洗一次，否则头发会因出油而粘在一起，不仅味道不好闻，而且给人不清爽的感觉；中性、干性头发可根据情况，2～3 天清洗一次。随着季节的变化，洗发的次数也应有所不同。头发不要洗得太频繁，否则会使大量皮脂被清除掉，从而削弱它对头皮、头发的保护功能，损害发质。

1. 洗头发前的准备

洗发前把头发从里向外、从上向下梳理通顺，有利于除去头发上的灰尘和头皮上坏死的细胞。

---

① SPF 是防晒系数，表明防晒用品所能发挥的防晒效能的高低。

② PA++指防御紫外线的强度，"+"越多，防晒效果越好。

③ UVA 又称为长波黑斑效应紫外线，具有很强的穿透力，能够直达肌肤的真皮层，不仅会促进黑色素生成，还会加速皮肤老化。

④ UVB 又称为中波红斑效应紫外线，它的能量很强，会使皮肤在短时间内晒伤、晒红，引起皮肤肿痛。

2. 水的选择

水质的选择以软水为最佳，矿泉水中一般含碱或含酸过多，不宜用于洗发。水温以感觉舒适为宜，水温太热会去除头发所需的油分，使头发变得干枯、易断，水温太凉则不能很好地去掉污物和油腻。

3. 洗发剂的选择

洗发剂的选择，除根据个人发质进行选择外，还应选择具有去污性强、刺激性小、易漂洗等特点的洗发剂。一般来说，油性发质宜选用酸性洗发剂；干性发质宜选用含有蛋白质的营养型洗发剂；中性发质选用一般的洗发剂即可。切勿选择洗衣皂、洗衣粉和碱粉洗发，这些洗涤用品会除去头皮的大量油脂，使头发黄枯、干燥，容易折断，并产生大量头屑。

4. 洗头发的方法

头发用温水浸透后，取适量洗发剂倒在手掌中，加少量水稀释，搓出泡沫，再均匀涂在头发上，用手指指腹轻柔地顺着头发的方向，从发根至发梢反复揉搓。注意不应用手指甲抓挠头发，这样容易破坏头发的表皮，最好用边按摩边清洗的方式洗头发。洗发剂在头发上保持 3～5 分钟后即可用清水冲洗。然后将护发素，用手指指腹从前向后涂于头发上，不可涂到头皮上，一分钟后用温水将头发彻底洗净。用干燥的毛巾将头发上的水分轻轻拍干，不要用力搓头发，用宽齿梳将头发梳理通顺。最好让其自然干燥，千万不要湿着头发去睡觉，否则醒后头发会蓬乱，而且不利于身体健康。

二、选择合适的发型

有一个班的学生，无论男女都追逐时尚。他们衣着亮丽、光鲜，发型不一，长的、短的、直的、卷的都有。某天，一个女孩顶着当时流行的发型“烟花烫”来上课，大家觉得她好像一夜之间从“丑小鸭”变成了“白天鹅”。第二天，老师吃惊地发现班上居然有一半以上的女生顶着“烟花烫”了，可谓争奇斗艳。当老师询问她们对自己的发型是否满意时，有的表示肯定，有的却表示异常后悔，并问能否改回以前的发型，结果当然是可以，但是得数月之后，等头发蓄长了方可。

选择合适的发型，除了受到个人品位和流行时尚的影响，还应对自身的年龄、脸型、体形等因素加以综合考虑。

（一）发型与脸型协调

根据脸型正确地选择与之相配的发型，不仅可以扬长避短，而且能增强发型与脸型的整体美感。

（1）圆脸型。圆脸型的人应把圆的部分盖住，使脸显得清瘦一些，不适合留太短的头发，要尽量用长发盖住脸下端的部分，宜选择长度到脸颊和颈部之间的中等直发。额前不可以留浓密的刘海儿，可以采用侧分。顶部头发要蓬松、高耸，以产生加长和改变头型的感觉。两侧头发必须收紧，避免隆起。切忌头发紧贴头皮、中间分缝或往后梳的发型。避免后掠式，或齐耳内卷式，否则会使脸显得又大又圆。

（2）方脸型。方脸型的人应采用以柔克刚的方法，发型要营造出圆润的感觉。方脸型的人前额较宽、两腮突出，显得脸型短阔，应让头发从脸颊到颈部自然下垂。额前采用不对称的刘海儿遮盖，顶发适当丰隆。让两腮的发式紧贴，使其看起来成圆弧形，让人的视觉有线条的圆润感，以冲淡脸部方正直线条的印象。避免顶部头发太平、两边头发垂到腮部以及太短的发型，否则会使脸显得更方。

（3）长脸型。长脸型的人应避免把脸全部露出来，应用刘海儿遮住前额，给人视觉上脸部纵向长度变短之感。两侧的头发适当蓬松些。以发型的宽度来缩短脸的视觉长度，若将头发做成自然成型的柔曲状，也很理想。避免中间分缝的长发，以及堆在头顶的短发或往后梳的发型，否则会使长脸暴露无遗。

（4）三角脸型。这类脸型的人的发型设计原则是加宽前额部，收紧下轮廓，中长发型较好。用刘海儿遮住发际的尖端，让头顶及其两边的头发蓬松，从视觉上减弱腮部的宽阔感。避免头发中分、紧贴头皮或两颊的头发往两边翘起，否则会使腮部更显宽。

（5）倒三角脸型。这类脸型的人的发型设计原则是收紧上轮廓，两侧头发放松，应用刘海遮盖较宽的前额，从两颊骨下方开始，增加头发的蓬松感。避免中分头发。

（6）菱形脸型。这类脸型的人的发型设计原则是放宽两头收紧中间，用刘海儿遮住前额，使额角显得宽些，应使太阳穴以上的头发厚一些，蓬松一些，头发要遮住颧骨以隐藏脸颊的棱角，增加脸型的柔和感。避免头发中分或露出脑门。

（7）椭圆脸型。椭圆脸型俗称瓜子脸、鹅蛋脸，被人认为是东方女性的最理想脸型，可以梳理任何发型。

（二）发型与体形协调

发型的选择得当与否，会对体形的整体美产生极大的影响，不同体型的人在选择发型时，往往会有许多不同的考虑。

（1）高大、强壮型。这种体形的人应选择显示大方、洒脱的发型，以避免给人笨重、迟钝、呆板、生硬的印象。高大、强壮的女士一般以短直发为好，也可使用大波浪的卷发，显得大方、自然。切忌花样复杂。

（2）高瘦型。这种体形的人适合留长发、直发和大波浪的卷发，可适当增加些发型的装饰物。不宜留很短的发型或盘高发髻，以免给人更加瘦长的感觉。

（3）矮小型。这种体形的人适合留短发或将头发盘得高于头顶，以便利用他人的视觉偏差给自己增加高度，并可根据自己的喜好，将发型做得精巧、别致，追求秀丽之美。不宜留长发或粗犷、蓬松的发型，否则会使自己显得更加矮小。

（4）矮胖型。这种体形的人应选择轻便的运动式发型或将头发高高盘起露出脖子，以从视觉上增加高度。不宜留披肩发，也不可将头发烫得过于蓬松，否则会使自己显得更胖。若脖颈粗短，则适宜选择中长发或短发，以分散颈粗的感觉。若脖颈细长，宜选择齐颈搭肩、舒展外翘的发型，不适宜选择短发，以免使脖颈显得更长。

（三）发型与服饰协调

发型与服饰有着密切的关系。为体现服饰美，发型应根据服饰的变化而变化。穿礼服或制服时，女士可选择短发、盘发，以显得大方、端庄；穿轻便服饰时，可选择适合自己脸型的发型，以显得自然、清爽。

（四）发型与职业协调

根据职业、工作环境的不同，发型也应有所区别。在学校、医院、金融机构或政府机构等比较正式的场合，工作人员的发型应显得庄重、大方；在社交活动中，发型应显得新颖、亮丽；从事艺术工作的人，发型应显得时尚、新潮。

（五）发型与年龄协调

发型反映着一个人的精神状态，为自己选择发型时，要与自己的年龄相符合，切勿使自己的发型与年龄相差甚远。一般来说，年轻人的发型要给人留下活泼、清新的印象，突出自然风韵之美；年长者的发型要给人留下精神、温婉可亲的印象，突出端庄、亲切之美。

三、保养头发

（一）梳头美发

梳头是美发、护发的一个重要方法。梳头前要选择干净、齿缝疏密适宜的梳子，尽量选用木梳，塑料梳子梳头易有静电反应。梳子齿缝过稀则不便理顺头发，头皮屑也易漏掉；过密则梳头费力，易扯断头发。直发用密齿梳梳理，烫发用稀齿梳梳理。

梳头方法：先将头发分成若干区域，每一部分2～3厘米的距离，仔细由头皮梳向发梢，不可用力过猛，也不要性急乱扯乱拉。长头发的梳理方法：压住头发中间部分，先梳发梢，再梳上部发根处，一部分一部分地慢慢往下梳。每天早晚各一次，每次梳30下，对头发及健康均有好处。梳头应当避开外人，不宜当众进行。不应用手代替梳子，断发、头皮屑不宜随手乱扔。

（二）养发、护发

头发含有充足的水分，才能保持光泽秀丽。头发本身具有吸湿性，但保持水分的能力相当弱。在养发、护发的过程中，要注意防止水分流失。护发不需要每次洗头发后都做，只需在头发干燥和受损时保养。简单的日常头发护养，是在洗完头发后，随即涂抹护发霜，以热毛巾包裹20～30分钟之后，用清水冲洗即可。

（三）饮食美发

从中医理论上讲，肾气盛则发乌黑有光泽，肾气虚则发稀而枯黄，因此美发应从补肾开始。一般来讲，要多吃富含维生素、微量元素、蛋白质的食物，如蔬菜、水果、鸡、鱼等；多食谷类食品，如江米、小麦。多喝水也有助于美发。食用辛辣刺激食物过量会有损头发，富含咖啡因、盐、糖等的食品要尽量少吃。头发严重脱落，应多补充蛋白质以及钙、铁等多种微量元素；头发枯黄或过早变白，应多吃动物的肝脏、黄豆，尤其是要多吃核桃一类的坚果或黑芝麻一类的“黑色食品”；头皮屑过多，应少吃油性大的食品，可多吃含碘丰富的食品，如紫菜、海带、海鱼等。

第四节 化妆技巧

小玲是一位非常爱美的女孩子，在同龄人中显得较为早熟，无论是在着装还是在发型和化妆方面，一向较为时尚。烟熏妆盛行之时，小玲也抓紧时间，在自己的眼睛周围化上了一层浓厚的“熊猫眼”妆，看起来又凶又老气，可她还沾沾自喜，认为自己的妆容非常时尚和美丽。殊不知，她的这种妆容，不但没有美化自己，反而使自己怪异化、丑化了。

每个人都希望通过化妆使自己变得更加美丽，有些人认为把各种色彩涂抹在脸上就是美了，其实不然，要达到美化的效果，首先要了解脸部特点，清楚怎样化妆才能扬长避短，使容貌更加迷人。在化妆时，妆容要符合常规的审美标准，做到自然、庄重、大方，不要自行其是，任意发挥，有意脱离自己的角色定位或有意让自己的妆容出格，令人产生咋舌的效果，这样的妆容有损自己的形象，不宜提倡。

“爱美之心，人皆有之”，生活本身就是在追求美。无论何种美，都同样令人赏心悦目，难以忘怀。化妆正是人们在日常生活中追求美的具体表现，男女都可以通过化妆来展现自己的形象和魅力。

化妆是利用美容用品对自身形象的修饰和美化。换言之，化妆是有意识、有步骤地来为自己美容。

当你化妆时，是从左脸还是从右脸开始呢？不可思议的是，我们的脸并非左右对称的，总是会相差那么一点点。你必须比较自己的脸，到底哪一边更加漂亮、更具有魅力，这种对脸部的分析，从化妆上来说，是一个重要的环节。

开始化妆前，首先要确认五官中不理想的部位。例如，眼尾稍高，就在眼睛的下眼睑处画上眼线，并且稍画些上眼影；眉毛上翘时，就将翘起的部分拔掉，使它平衡，尽量使上翘的眉毛与理想的另一边相配合。有了正确的判断后，就可以开始正式化妆了。化妆也是讲究次序的，不可想起哪个地方就画哪个地方。

一、化妆的基本步骤与方法

在化妆的过程中，需要掌握一些基本步骤和恰当的方法，才能达到预期效果。

（一）涂粉底

涂粉底的目的是掩盖粗大的毛孔和瑕疵，调整皮肤的颜色，使肤色均匀、细腻。涂抹粉底时，由脸部面积较大的部位擦起，如额头、脸颊、下巴等部位，然后是鼻翼、眼角、唇周等细小处的修正，最后千万不要忘记脖子、耳朵后方等部位，这样才不会使自己的面部与颈部“泾渭分明”。

（二）扑蜜粉

上完粉底后一定要扑上蜜粉，才能达到定妆的效果。选用与粉底颜色相近的蜜粉，用蜜粉刷或粉扑蘸取少量蜜粉，轻刷或轻拍于面部，最后用干净的刷子刷去多余的浮粉。

（三）画眉

眉毛是眼睛最好的陪衬，它表达了一个人的性格与情绪。利用眉毛的描画可对脸型的矫正有一定的帮助。基本眉形的画法是：首先，将眉毛梳顺，观察眉毛，确定眉形，用眉夹或眉刀修剪过长的眉毛，把梳理好的眉毛剪齐或把凸显的眉毛修掉；其次，找出眉头、眉峰、眉尾的位置，从眉峰开始描画（见插页图 6-1），眉尾拉细，轻带至眉头，再将颜色刷匀。画眉的原则为：眉头要淡，眉峰要显，眉尾要细。

（四）描画眼妆

眼妆画得好，可以让双眼看起来更深邃有神。眼妆的描画可分三步进行。

第一步，画眼线。用眼线笔从睫毛根部描画，将眼线颜色补齐。内眼角处眼线要画得细，颜色也应浅一些。外眼角处线条要画得粗且色彩重些。眼尾可微向上翘，使人显得精神。下眼线从外眼角画至内眼角，一般到眼睛长度的三分之一处逐渐消失。描画眼线时，可根据不同眼型来确定眼线的画法。注意：在正式场合，描画眼线不宜过重、过浓，以自然、清淡为宜（见插页图 6-2）。

第二步，涂眼影。眼影分暗色和亮色。亮色可涂在希望突出扩张的地方，暗色可涂在希望凹下去或收敛的地方。眼影是根据眼睛的位置与形状进行涂抹的，选择眼影色时要根据自己的妆色和服饰的颜色来搭配，也可根据自己的喜好而选择（见插页图 6-3）。

第三步，刷睫毛膏。想要拥有长又浓密的睫毛，大部分的人需要借助睫毛膏，才能让眼睛看起来更加动人。上睫毛膏之前，用睫毛夹夹住睫毛使睫毛有卷翘的弧度后（见插页图 6-4），从睫毛根部刷起，然后以 Z 字形的手法慢慢将睫毛往上拉，下睫毛左右刷几次（睫毛膏刷头直立较为好刷）。最后注意睫毛不能粘成一撮，可用睫毛梳梳理。

（五）涂腮红

涂抹腮红可以使面部看起来红润、健康，也可以起到修饰脸型的效果。腮红选用的色系应浅淡、自然一些，同时要注意与眼影、口红和服装的搭配。在涂抹腮红时，不要过于浓厚，建议涂好腮红之后，在明亮的光线下，审视腮红的浓淡是否合宜，然后做出调整。涂腮红的方法：用腮红刷蘸取腮红，在颧骨的位置（微笑时面颊能隆起的部位）晕染均匀（见插页图 6-5）。

（六）抹口红

口红可使唇部轮廓清晰，呈现出健康、鲜嫩的色泽。选择口红的颜色时应该考虑眼影、服装、指甲油等方面的整体视觉效果。涂口红前，可先用无色润唇膏滋润唇部，用唇线笔先描画出唇峰，然后将整个唇线勾画出来。确定好理想的唇形之后，用唇刷均匀地将口红涂上，唇线与口红色应衔接过渡自然，最后在唇中部涂上淡淡的唇彩，往唇两侧晕开，使唇部饱和有光泽（见插页图 6-6）。

（七）化妆检查

化妆完成后，要仔细、全面地检查妆面的整体效果。例如，妆面是否完整、均匀，有无缺漏的地方；妆面各部分的晕染界限是否明显；眉毛、眼线、唇线及鼻影的描画是否对称，色调是否统一；眼影色的过渡是否自然，搭配是否协调；唇膏的涂抹是否规整，腮红的外形和深浅是否一致；等等。若带妆时间较长，可在全面检查之后，再用蜜粉重新固定，以保证妆面的持久。

二、生活妆的化妆技巧

用指腹蘸取粉底液，在脸上薄薄地、轻柔地抹开。如果对粗大的毛孔格外在意，可以在这个部位打上薄薄的固体状粉底。

使用两种色调的粉饼调制出适合自己肤色的粉色，然后用粉扑在脸上均匀、柔和地扑几下，会使脸色更白皙。

用眉刷顺着眉毛刷出眉形，若需补充强调，可选择灰褐色、棕色的眉笔或眉粉，这样会比黑色自然许多，眉黑者不必画。

用睫毛夹夹住眼睫毛使其上翘，并均匀涂上睫毛膏，可增加眼睛的神采。在脸颊上刷上若隐若现的腮红，能给人以健康、红润之感。

根据自己的肤色，配合妆色与服装，使用两种以上的口红打造出“自我色系”的唇色，还可使用唇彩来调和口红的色调，营造出红唇欲滴的效果。

三、晚宴妆的化妆技巧

晚宴妆用于夜晚、较强的灯光下和气氛热烈的场合，要显得华丽而鲜明。晚宴妆的妆色要浓而艳丽，五官描画可适当夸张，重点突出深邃明亮的迷人眼部和饱满性感的经典红唇。此类妆容适用于气氛较隆重的晚会、宴会等高雅的社交场合。在妆型上可依据服装的不同颜色和款式进行设计，显示女性的高雅、妩媚与个性魅力。色彩对比应强烈，搭配应丰富。由于环境、灯光的关系，晚宴妆妆面色彩应比一般日妆、生活妆浓一些。

（一）晚宴妆的基本化妆步骤及技巧

1. 底妆

强调面部立体结构，要选择遮盖力强、与肤色相近或者略深于肤色的粉底，这样在柔和的灯光下，会使皮肤产生细腻的质感。阴影色和高光色的对比较强，可突出面部凹凸结构，可对面部结构做大幅度的修饰，但不能因过于追求矫正而失真。粉底不宜过厚，宴会中人与人接触距离较近，太厚会给人假面的感觉；边缘衔接要自然融合，起到调整脸型的作用；身体裸露部分要进行修饰，取得整体效果。

运用骨骼立体打底的手法及明暗的对比关系打造出脸部结构。底色用接近肤色的粉底统一，然后用比底色亮 2～3 度的高光色提亮内轮廓，用比底色暗 1～2 度的阴影色使外轮廓产生视觉收缩的效果，并与底色自然衔接，从而突出五官的立体感。

2. 妆型

眉毛、眼型、唇型可做适当矫正，主要依据脸型及服装、造型风格而定，风格较为多样化，但不能过分夸张，否则既无个性又无美感。眉形采用自然的弧度，用棕色眉粉加深眉色。在眉骨处用高光色提亮，使眼窝产生深陷的视觉效果。而外眼角至眼窝处用深棕色眼影突出眼睛的轮廓，用高光色在整个眼部的其余位置大面积涂抹，但要有过渡的效果，再用棕黑色眼影在睫毛根部加深轮廓。然后，在鼻梁根部扫出鼻影，强调出鼻部的坚挺。用杏色腮红以三角形的运行轨迹从耳中部扫向颧骨。唇角及唇轮廓用唇线笔勾画，然后用橙红色唇膏涂抹嘴唇，最后在整个唇部用唇彩制造光泽的效果，唇膏色应与化妆风格一致。

3. 妆色

要根据服装及人物特点，利用色彩的对比效果塑造不同风格的形象，可以加入珠光粉以起到闪亮的装饰作用。在眼影上用同一色调的多种颜色层层晕染，先浅后深，颜色越深越靠近眼睑。例如时尚感浓厚的灰色烟熏妆，无疑是近几年的主流，另外带点儿金属光泽的质感，能让眼睛更有神。适合东方人眼型的画法是将眼影和眼线尽可能靠近双眼皮的眼褶，再用棉花棒适度晕开，就能创造媚惑且晕染的迷人妆效。对于晚宴妆常用的烟熏妆画法，以往我们总认为，自然就是应该选用亚光、深沉的色彩。但是2011年迪奥和欧珀莱都推出了有珠光感的烟熏眼妆，选择多种优雅色彩叠加的方式，让整个眼部非常有质感。这款烟熏眼妆，适合那些喜欢在闪烁的镁光灯下登台，又拥有明星气质的女子。这里建议，她们在购买产品时，可选择带有细颗粒珠光感的大地色系、蓝紫色系的眼影。

4. 发型

发型要根据服装、妆型风格以及个人气质而定，并结合现今流行趋势打造。

5. 服装

晚宴妆一般选择搭配以华丽的红色、金色、银色、紫色等颜色为主的晚礼服，款式依据个人体形及气质而定，可选择闪亮的面料以增强华丽的感觉。

6. 饰品

饰品以金属饰品、珍珠饰品为主。

（二）晚宴妆的注意事项

（1）灰与黑是时尚舞台上永不褪色的经典颜色，因为简单，反而让人更专注在技巧的变化上。很多冬妆，也利用了灰色和黑色来强化色彩。流行的灰与黑，都带点暧昧的态度，以灰色来说，掺有红光的咖啡灰，在视觉上让人感到温暖，也更适合东方人的肤色；另外，带有光泽感的黑（如钛黑、玛瑙黑等），则具有高贵的奢华感，能让烟熏妆更迷人。

（2）晚宴妆的重点在于层次。色彩的重度和厚度要同时兼具：不仅颜色要够重（蓝色、紫色先避免），范围也要明显（上、下眼线眼尾连接处拉深），才不会产生“人造黑眼圈”这种美丽的误会。若你是重妆的夜店女王，不妨选择时下最流行的咖啡灰做晕染，咖啡灰中的灰素重，会被留在眼窝上，而咖啡色因为色素较轻、延展性强，能随着涂抹的动作晕染到眼窝外围，制造层次，这也解释了为什么两种颜色能自然交融而又不会让妆感变脏。

（3）配合醉眼妆，底妆必须干净。过去容易让人感到厚重的粉感底妆已不能满足需求，近几年秋冬的底妆讲究粉嫩、立体、明亮的妆效，强调“柔焦光”及“数字化肌肤”的产品能制造出“摄影灯下的好肤质”，也是迷蒙眼妆的最佳拍档。

四、工作妆的化妆技巧

（一）工作妆的基本步骤及技巧

1. 工作妆第一步：清洁护肤

化妆前要进行妆前准备。首先，使用适合自己的洁面产品对面部进行清洁。其次，选择适合自己肤质的化妆水，平衡皮肤酸碱度，补充水分和营养。最后，使用润肤产品，彻底滋润面部皮肤。

2. 工作妆第二步：隔离、防晒

涂抹妆前乳或隔离乳霜，对皮肤起到保护的作用，使皮肤保持良好状态，妆感更理想。有效的防晒则可以延缓皮肤衰老，有效阻碍紫外线的伤害，使皮肤白皙干净。

3. 工作妆第三步：打底、定妆

按照“隔离 + 防晒 + 粉底或 BB 霜 + 蜜粉”的上妆顺序完成底妆。粉底或 BB 霜选用比肤色略白的颜色较好，面部与颈部的连接处、发际线处更要注意做好粉底或 BB 霜的晕染衔接。底妆的描画方法是顺着皮肤纹理运用点、按压的手法晕染，时间充裕可进行修容，即以深色粉底修饰较宽的面部轮廓、以浅色粉底提亮面部凹陷区域。成功的底妆还要经得住时间的考验，避免出现因为带妆时间较长，皮肤慢慢泛油导致肤色变暗、出现毛孔、匆匆补妆又易出现结块卡粉等尴尬情况。因此，上妆的最后一步就是在整张脸上均匀地扫上一层定妆粉，这样既能有效控制皮肤泛油，又可以进一步遮盖毛孔，保持底妆的持久性。

4. 工作妆第四步：眼妆

都说眼睛是心灵的窗户，因此可以说眼妆是整体妆容中最重要的一步。眼妆打造三部曲：眼影、眼线和睫毛

眼影：一般选择中性色或偏冷色系，颜色不宜过于浓烈，讲究色彩柔和、简洁，搭配简单，自然真实；一般使用平涂法。

眼线：上眼线要描画得细致、自然，下眼线可以不画，也可以用眼影代替；建议使用防水眼线液或眼线膏，可以保持长时间不晕妆。

睫毛：用睫毛膏轻刷一下即可，尽量不贴假睫毛。

5. 工作妆第五步：眉妆

所谓“眉目清秀”“眉眼分明”，修饰眉毛可以让人看起来更精神。应依据脸形及自然眉毛状态修剪眉形，如果头发颜色较黑，可选择黑色或灰色眉笔或眉粉，如果头发染为棕色或红色，可以选择咖啡色或棕色眉笔或眉粉。眉尾最长处应在鼻翼至眼角的延长线上，描画的顺序是：由眉头向眉尾顺着眉毛生长的方向根根描画，呈现眉头浅、眉尾深，眉头粗、眉尾细的妆效。

6. 工作妆第六步：腮红

腮红应浅淡而柔和，通常使用纯度较低、明度较高的颜色且要与口红颜色协调一致，如浅粉色、浅橘红色、浅褐色，起到调整气色、修饰脸型的作用。

7. 工作妆第七步：唇妆

唇妆以自然为宜，可适当修饰以调整唇形、凸显唇部的健康色泽，同时要和整体妆面相协调。

8. 工作妆第八步：修妆补妆

修补底妆：抑制皮肤出油、调整粉底脱落，着重于鼻翼、眼角等细节处的补妆。

修补眼妆：将脱落的眼影重新涂匀、去除脱落的睫毛膏、用遮瑕膏遮盖眼袋等。

修补眉妆：重新描绘眉妆脱落部分，以眉影粉强调其圆润感。

修补唇妆：唇妆脱落或不匀时，先将唇部及周围擦干净，再用粉底补匀唇周脱落的底妆，特别要注意消除唇角阴影。

修补腮红：吸去面颊油脂后，用粉刷蘸取腮红轻刷面颊。

 微课　　工作妆的化妆技巧 

（二）工作妆的注意事项

1. 底色无痕

因为长期待在空调房里，照明多为冷调光源，因此底妆可选择有保湿效果的粉底，应尽量选用接近自身肤色的自然色，即使肤色偏黑，也不要挑选颜色低于 2 号的粉底，以免显得不自然。若肤色偏白或偏黄，则可在粉底外再扑上些粉红色、粉紫色的蜜粉，营造白里透红的效果。

2. 眉目分明

简洁利落的眼线可以突出眼神，眼影颜色以搭配服装为选择依据，以最容易展现出色泽感的珠光银色为重点，打造整体端庄的造型，重在体现个人的气质与个性。

睫毛膏能使睫毛显得浓密纤长，可以睫毛液强调眼睛中央处的睫毛，塑造聪明、机灵、知性的感觉或强调眼尾处的睫毛，塑造深邃、有质感的眼神。

职场中最好选择较粗、眉峰稍显硬朗的眉形，显得人能干且精明。

3. 气色健康

工作妆整体色调应以暖色为主，如粉红色、橙红色。腮红不可深过唇色，晕染的位置一般在颧骨下方，外轮廓用修容进行修饰。

唇妆适宜选用有透明感的唇膏，颜色接近或比自身唇色略深即可，要轻而薄地涂于唇上，唇线不要太明显，否则会显得刻意。

4. 仪态大方

除了保持妆容的洁净、素雅，职业女性也要注意与化妆相关的礼仪，如避免过量使用浓香型化妆品、不要在公共场合化妆或补妆等。

知识拓展　　公务员发型与妆容要求 

五、矫正化妆的化妆技巧

矫正化妆存在于一切化妆造型中。矫正化妆有广义和狭义之分。广义的矫正化妆是指通过发型、服装颜色及款式、服饰及化妆等手段对人物进行总体的调整，赋予人物生命力，起到美化形象的作用，这是矫正化妆的最高境界。狭义的矫正化妆是指在了解人物特点及五官比例的基础上，利用线条及色彩明暗层次的变化，在面部不同的部位制造视觉错觉，使面部优势得以展现，使缺陷和不足得以改善。

在矫正化妆中，关键是要在掌握标准五官比例的基础上找“平衡”。所谓的“平衡”有两方面含义。一方面是指面部五官要左右对称。当我们仔细观察每个人的面部时，会发现人们的面部五官都存在微小的差异，如左右眉毛高低不一致、眼睛一大一小等，因此化妆师要运用化妆技巧进行矫正。另一方面是指在具体刻画某一局部时，化妆师在掌握五官标准比例的基础上，上下找平衡，如上斜眼的特点是外眼角高于眼睛的水平线，化妆时就要重点强调上眼睑内侧和下眼睑外侧，通过矫正使内外眼角在一条水平线上。

（一）眉型

1. 向心眉

特征：两眉之间的距离小于一眼距离，并向鼻根靠拢，五官紧凑，不舒展。

修正：将眉头多余的眉毛修掉，加大两眉距离，画眉时眉峰位置向后移，眉笔适当加长。

2. 离心眉

特征：两眉之间的距离大于一眼距离，这会显得五官分散，给人不太聪明的印象。

修正：应在眉头前面加出一个人工眉头，眉峰略向前移，否则会有生硬做作的感觉。

3. 吊眉

特征：眉头低，眉梢上扬，使人显得精神，但吊眉容易使人显得不够和蔼。

修正：将眉头下、眉梢上的多余眉毛除去，描画时补画，加宽，使眉头、眉尾成一水平线，或眉尾高于眉头。

4. 垂眉

特征：眉尾低于眉头，给人愁苦、悲观的印象。

修正：去除眉头上端和眉梢下面的眉毛，适量加粗。

5. 短粗眉

特征：短而粗，显得不够生动、男性化。

修正：将多余的眉毛剪掉，补上缺少的部分，眉头上、眉峰下修去多余的眉毛，描画时眉尾拉上。

6. 眉型散乱

特征：缺少轮廓及立体外型，不清晰，不干净，显得人过于随便。

修正：先按标准眉型将多余的眉毛剪掉，然后用眉笔描画，加重眉色。

7. 眉型残缺

特征：由于疤痕或本身不完整，某一段残缺。

修正：先在残缺处淡淡描画，再对整条眉进行描画。

（二）眼型

1. 两眼距离较近

特征：两眼间距小于一只眼的长度。

修正：靠近内眼角的眼影色要浅淡，突出外眼角眼影的描画，并将眼影向外拉长。上眼线的眼尾部分要加粗加长，靠近内眼角部分的眼线要细浅，下眼线的内眼角部分不描画，靠近外眼角处应加粗加长。

2. 两眼距离较远

特征：两眼距离大于一只眼的长度。

修正：突出内眼角的眼影，外眼角的眼影要浅淡，不能向外延伸。上下眼线在内眼角外部略粗一些，外眼角处相对细浅一些，不宜向外加长。

3. 吊眼

特征：外眼角明显高于内眼角，眼型呈上升感。

修正：内眼角上侧和外眼角下侧眼影的描画应突出一些。内眼角略粗，外眼角略细，下眼线的内眼角处要细浅，外眼角处要粗重。

4. 下垂眼

特征：外眼角明显低于内眼角，眼型呈下垂状。

修正：内眼角的眼影颜色要暗，面积要小，位置要低，外眼角的眼影色彩要突出，向上晕染。内眼角处眼线要细浅，外眼角处眼线要宽。

5. 细长眼

特征：眼睛细长，会有眯眼的感觉。

修正：上眼睑的眼影要向上晕染，下眼睑的眼影从睫毛根下侧向下晕染略宽些，不宜加长眼影。上下眼线的中间部分略宽，两侧眼角画细些，不宜向外延长。

6. 圆眼睛

特征：内眼角与外眼角的间距小。

修正：上眼睑的内外眼角的色彩要突出，并向外晕染。上眼线的内外眼角处略粗，中部平而细。

7. 小眼睛

特征：眼裂较窄。

修正：用单色眼影进行修饰，由睫毛根部向上方晕染。外眼角处上下眼线略粗并呈水平状向外延伸。

8. 肿眼睛

特征：上眼皮的脂肪层较厚。

修正：眼影从睫毛根部向上晕染，适合暗色的眼影。上眼线的内外眼角处略宽，眼尾略上扬，眼睛中部的眼线细而直，下眼线的眼尾略粗，内眼角略细。

9. 眼袋较重

特征：下眼睑下垂，脂肪堆积。

修正：眼影色宜柔和浅淡。上眼线的内眼角处略细，眼尾略宽（或下眼线不画）。

（三）鼻型

1. 塌鼻梁

特征：鼻梁低平，面部凹凸层次失调，缺乏立体感。

修正：鼻侧影上端与眉毛衔接，在眼窝处颜色较深，向下逐渐淡化。在鼻梁上较凹陷的部位及鼻尖涂亮色，但面积不宜过大。

2. 鼻子较短

特征：鼻子的长度小于面部长度的1/3。

修正：鼻侧影的上端与眉毛衔接，下端直到鼻尖，鼻侧影的面积应略宽，亮色从鼻根处一直涂抹到鼻尖外，要细而长。

3. 鼻子较长

特征：中庭过长。

修正：鼻侧影从内眼角旁的鼻梁两侧开始，到鼻翼的上方结束。鼻尖涂影色，鼻梁上亮色要宽一些，但不要在整个鼻梁上涂抹，只需涂抹鼻中部。

4. 鹰钩鼻

特征：鼻梁上端窄而凸起，鼻头较尖并弯曲呈钩状。

修正：鼻侧影从内眼角旁的鼻梁两侧开始到鼻中部结束，鼻尖部涂影色，鼻根部及鼻尖上侧涂亮色，鼻中部凸起处不涂亮色。

5. 宽鼻

特征：鼻翼的宽度超过面宽的1/5。

修正：鼻侧影涂抹的位置与短鼻相同，鼻尖部涂亮色。

6. 鼻梁不正

特征：鼻梁向侧倾斜，使面部五官的比例失调。

修正：注意鼻梁歪斜的方向，歪向哪一侧，哪一侧的鼻侧影就要略浅于另一侧，亮色涂在脸部的中心线上。

（四）唇型

1. 嘴唇过厚

特征：嘴唇过厚，分上唇较厚、下唇较厚及上下唇均厚三种。

修正：用唇线笔沿原轮廓内侧画唇线，唇膏色宜选用深色或冷色以增强收敛效果，避免使用鲜红色、粉色等亮色。

2. 嘴唇过薄

特征：上唇或下唇较薄，或上唇和下唇都比较薄。

修正：在唇周涂浅色粉底，增加唇部轮廓的饱满感，再用唇线沿原轮廓向外扩展。

3. 嘴角下垂

特征：唇角下垂，使人显得愁苦、苍老。

修正：用粉底遮盖唇线和嘴角，将上唇线向上方提起，嘴角提高。上唇唇峰及唇谷基本不变，下唇线略向内移，下唇色要深于上唇色。

4. 嘴唇凸起

特征：上下唇凸出，会产生外翻的感觉。

修正：沿原唇型的嘴角外侧画轮廓，上下唇线应平直一些，以缩减唇的突出感，唇膏宜选择暗色。

5. 唇型平直

特征：唇峰、唇谷等曲线不明显，唇型的轮廓感不强，使人缺少生气。

修正：按标准唇型的要求描画。

（五）脸型

1. 圆脸型

特征：面型圆润丰满，额角及下颌偏圆。

修正方法如下。

涂粉底：用影色涂于两腮，亮色涂于额中部并一直延伸到鼻梁上，在下睑外侧至外眼角外侧向上斜涂亮色。

画眉：宜画挑眉，这样的眉型可使脸显长。

涂眼影：靠近内眼角的眼影色应重点强调，不宜向外延伸。

鼻的修饰：突出鼻侧影的修饰，使鼻子挺阔，以减小圆脸的视觉宽度。

抹腮红：斜向上方涂抹。

2. 方脸型

特征：宽阔的前额和方形的颚骨，脸的长度和宽度相近。

修正方法如下。

涂粉底：将影色涂于两腮和额头两侧，在眼睛的外侧下方涂亮色。

抹腮红：在颧骨处做三角形晕染，腮红的位置略靠上。

画眉：适宜画带弧形的眉毛。

涂眼影：靠近内眼角的眼影色应重点强调，向上描画，不宜向外延伸。

3. 长脸型

特征：三庭过长。

修正方法如下。
涂粉底：在前额发际线处和下颌部涂影色，削弱脸型的长度感。
画眉：适合平直的眉。
涂眼影：眼影要涂得横长，在外眼角用色并向外延伸。
鼻的修饰：鼻侧影要浅淡或不画。
抹腮红：在颧骨略向下的位置做横向晕染。

4. 正三角脸型

特征：脸型上窄下宽。
修正方法如下。
涂粉底：用影色涂两腮，亮色涂额中部和鼻梁上半部及外眼角上下部位。
画眉：适合画平直的眉形，眉应长些。
涂眼影：靠近内眼角的眼影色应重点强调，外眼角的眼影向上描画，不宜向外延伸。
抹腮红：在颧骨外侧做纵向晕染。

5. 倒三角脸型

特征：较阔的前额和稍尖的下颌，即常说的“瓜子脸”。
修正方法如下。
涂粉底：在前额两侧和下颌涂影色，在下颌骨部位涂浅亮色。
画眉：适合弯眉，眉头略重。
涂眼影：眼影的描画重点在内眼角。
抹腮红：在外眼角水平线和鼻底线之间做横向晕染。

6. 菱形脸型

特征：上额角过窄，颧骨突出，下颌过尖。
修正方法如下。
涂粉底：在颧骨旁和下颌处涂影色，在上额角和两腮涂亮色。
画眉：适合平直的眉形。
涂眼影：眼影色向外眼角外侧延伸，色调柔和。
抹腮红：脸颊两侧的影色略高，并与影色部分重合。

知识拓展　　生命化妆

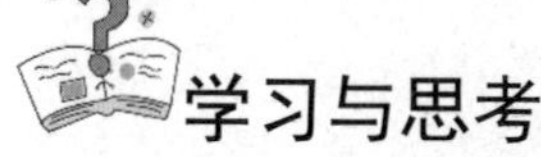

学习与思考

一、问答题

1. 美容护肤的基本技巧有哪些？
2. 如何正确选择合适的发型？

3. 晚宴妆要注意哪些问题？

二、论述题

结合时代特点和学校要求，分析在校大学生的形象特点。

三、实践题

协助老师完成学校某场晚会的化妆任务，为相关演员设计合适的妆容。

第七章　服装与形象设计

名人名言

千万不要华丽而低俗，因为从衣服往往可以看出一个人。

——莎士比亚

见人不可以不饰。不饰无貌，无貌不敬，不敬无礼，无礼不立。

——孔子

章前导读

中国素有“礼仪之邦”和“衣冠王国”之称，中华民族一贯强调“温文尔雅”“彬彬有礼”。

“量体裁衣”“修短合度”的理念促使中华民族形成了高度的服饰文明。在社会交往中，一个人的衣着，反映着这个人的气质、性格、教养、审美趣味和价值取向。它犹如一块无字的告示牌，向他人展示着一个完善的自我。因此，重视服装的自我“设计”，对促进人际交往的良性互动是至关重要的。

学习目标

知识目标：了解服装的内涵，掌握男女着装的基本礼仪。

能力目标：能够根据男女着装礼仪的基本原则，把握不同时间、地点、场合、角色的服饰搭配。

素质目标：了解中国传统服饰的悠久和璀璨的历史，增强文化自信。

第一节　服装的意义

服装，是人类的一种重要文化形态。可以说，自有人类，就有服装，实用性和审美性的双重功能使服装成为人类生活中须臾不可缺少的物品。然而，作为物体语言的服装，同时又在传递着一定的信息。正如美国人类学家莫里斯所认为的那样：“穿衣服不传递社会信号是不可能的。”心理学研究发现，与一个人初次会面，45 秒钟内就能产生第一印象。有学者认为，印象在第一秒钟就产生了。第一印象又被称为“首因效应”，是指最先的印象对他人的社会知觉产生较强的影响。在生活节奏越来越快的现代社会，很少有人会愿意花更多的时间去了解、证实一个给他留下不好第一印象的人。尽管有时第一印象并不完全准确，但第一印象总会在决策时，在人的情感因素中起着主导作用。

某大型企业的老总陈先生，为投产新的生产线而积极寻找投资方，经人介绍与一家国外投资银行的中华区负责人李先生见面商谈项目合作事宜。陈先生为了在投资商的面前展现个人的品位与企业的形象，花了不少时间和费用置办服装。会谈的当天，陈先生认为自己的外表形象是无可挑剔的。他穿着高质量的意大利阿曼尼西服，脚踏闪亮的意大利老人头皮鞋，发型梳理整齐，穿着醒目的红白条纹衬衣，佩戴一条印有高尔夫俱乐部标志的金黄色的领带，上面还夹着一个金色的金利来领带夹。他认为这样的着装既有品位又有朝气和个性，一定能给所有人留下深刻印象。果然，在会谈中，陈先生发现对方的目光时常在他身上扫视，但对项目商谈却显得心不在焉。二十多分钟后会谈草草结束，投资方态度冷淡，也没有确定进一步的合作计划。陈先生对该次会面的结果十分不解，因为项目资料是经过精心准备（公司技术层研究了一个多月）的，服饰也是费尽心思。事后，投资方李先生表示：一看见陈先生那金灿灿的、令人眼花缭乱的俱乐部图案领带就觉得突兀、毫无品位；夸张的衬衣搭配仿佛在宣告——我缺乏自信，需要你们的注目；还有那过时、土气的领带夹是 20 世纪 80 年代的事物，我无法相信一个思想停留在 20 世纪的经营者所进行的项目有多少成功机会。自然，陈先生要继续寻找其他机会推广他的项目。

可见，第一印象就是效率，是经济效益。只有留给别人良好的第一印象，你才能开始第二步。在商场如战场的信息社会，如何透过成功的形象规划，给他人留下美好的第一印象，迅速创造更多成功契机，已经成为商务人士所关注的焦点。其实，成功的形象规划也包含了成功的人生设计，它不仅是应用时尚、色彩、礼仪的知识，更多的是容纳了成功学理论、社会心理学、哲学、人际沟通等知识。

服装服饰既是一种视觉艺术，又是一种综合性艺术，它的特性在于“是借助物质手段直接美化人自身的艺术”。服装服饰具有以下几个作用。

1. 显示地位、职业

在中国传统服装文化中，服装是政治的一部分。例如，仅服装颜色就有两大功能。一是区别着装者的身份、地位。古代政府对全天下的人，都有规定的服色，从天子、诸侯至百官，从祭服、朝服、公服至常服，都有详细规定。他们几乎每天都穿着制服，因穿制服的人多属上层阶级，因此制服服色强烈地影响一般的流行服色。二是表示所处的场合。古代的服装依穿着场合，主要可分为礼服、朝服、常服三大类，而每类又可细分成几种。其原则是地位越高的人，可以穿的种类就越多，可以用的颜色也越多。

在现代生活中，由于从事职业的不同，以及社会稳定的需要，人们往往以服装来标识类别，表示所属职业、身份或地位，达到规范行为、整齐划一的目的。

即使是同一款式、色彩的服装，为了显示职位的不同，也有细微的差异。例如我国军官和警官的服装，其职位便是通过服装上的肩章来分辨的。少尉的肩章是一横道加一星，中尉则是一横道加二星，上尉则是一横道加三星。而校官是通过二横道分别加上一、二、三、四颗星来区别少校、中校、上校和大校的。

这类服装表现出类型化、统一化的性质，并用来约束个人行为，便于往来、执行公务或维持秩序，方便行动，从而协调人际关系，有利于工作和生活。

知识拓展　　汉服文化

2. 表现性格特征

服装因其款式、色调、面料不同，往往体现出相异的格调。

（1）从款式讲：中山装显得朴素、庄重；西装显得潇洒、流畅；猎装突出年轻、英武；夹克暗含活泼、精干；旗袍平添娴静、典雅（见插页图 7-1）；连衣裙显示飘逸、俊美；牛仔衣裤可表现出穿着者不拘小节、随意轻松的特点；而穿戴整整齐齐者，则可体现出其规规矩矩、认真的特征。

（2）以色调论：红、黄等色与蓝、灰等色呈现温暖与寒冷的强烈反差，构成分明的暖、冷两大色调。选择色彩艳丽者，又或多或少地映衬出其活泼热情、蓬勃向上的个性。相比之下，那些喜爱暗淡色彩服装的人则可表明其文静大方、成熟庄重的性格。

（3）从面料说：布料质朴大方，丝绸富丽华美，呢绒俊逸高雅，裘皮雍容华贵。

各种因素错综作用于每件服装，使它表现出鲜明的性格，因而受到不同气质、教养和审美情趣的人的喜爱，继而体现穿着者的性格特征。

思政拓展　　中山装

3. 展示心理状态

不同时代的人因其社会背景、文化氛围、生活条件以及情绪变化等的不同，在服装上表现出各种各样的心理状态。

“文革”时期，人们受当时政治思想的影响，不敢在穿着方面过分追求，以色彩单调、款式统一的服装为美，展现了那个时代人们特有的一种压抑、局促的心理状态。而在改革开放的今天，人们的物质生活大大改善，心情开朗，生活气氛宽松，表现在穿着上则体现为追求个性自由，形成了前所未有的服装多样化的风格。受这种心理状态支配，穿衣就出现了顺向选择，即顺应社会潮流的着装心态。而也有些人为了突出个人风采，往往采取逆向选择，追求着装的“三不主义”，即不分性别、不分年龄、不分季节。

4. 体现审美情趣

服装不仅是人们日常生活的必需品，而且体现穿着者对人生的领悟和对理想人格的追求。因此，一个人的穿着，每每与其文化因素，特别是审美情趣乃至人生观都有直接的关系。一般来说，文化素养较深，审美情趣较高，生活态度健康、明朗、乐观的人，都喜爱格调庄重、朴素、大方的服装，并注重服装的合理搭配。

人要根据自己的体形、性格，选择适合自己的服装，以显示出较高的审美情趣。而现实生活中有些人则盲目追逐时尚，追求新奇，一哄而上，其另类服装让人不敢恭维。

5. 彰显伦理习俗

人们生活在这个社会中，扮演着不同的角色，并以不同的身份参与各种各样的活动，与他人进行着场合各异、内容有别的交际。那么，其穿衣戴帽、服饰仪表必然要符合社会的、伦理的、民族的、风俗的、习惯的要求，以期达到仪态端正、服饰得体、社交和睦、礼貌周全的目的。

第二节　着装的原则

从传播的角度看，服装仅依靠其自身的美，如款式的新颖、色彩的冷暖、面料的变化还不能完成交际的使命。要想真正体现服装的交际价值，展示服装的力度和美，进而在交际场合最大限度地发挥服装的交际作用，必须掌握着装的原则。

一、“TPOR”审美原则

根据时间、地点和场合的变化选择服装，以使服装具有一种“现场感”，容易被周围的人所接受。关于这一点，我们可以采用世界服装界所公认的“TPO”审美原则。TPO 原则的概念原是日本男用时装协会于 1963 年提出来的。TPO 即英语“Time”（时间）、“Place”（地点）、“Occasion”（场合）的首字母缩写。日本男用时装协会提出这个概念时，恰是东京举办奥林匹克运动会的前一年，初衷是为了借助奥运会期间的国际服装来推进日本男装的时装化。TPO 原则一经提出，便迅速传播，渐次普及，传遍世界。目前，TPO 原则已经脱离了最初推行男装时装化的原意，进而包括男装、女装等在内的一切服饰文化，成为服装交际的原则之一。随着时代的发展，“Role”（角色）原则日益凸显并逐渐被世人重视，TPO 原则遂发展为 TPOR 原则。

（一）时间

时间是线型概念，泛指早晚、季节、时代等。穿衣要考虑这些因素，注重时间变化。例如，冬、夏季节不同，既不能“为了俏，冻得跳”，也不能像个“捂汗包”，而应根据季节变化特点，增减各类服装，才显得着装变化有序、顺应自然。

（二）地点

地点是面型概念，指因地制宜。不同国家、不同民族因其不同的文化背景、地理环境、历史条件、风俗人情，在服装上也显示出不同的格调与特色。

（三）场合

场合是线面兼容的概念，体现了服装艺术最后效果的综合体。人们在交际中，所处的场合是千变万化的。相应地，着装也应根据场合的变化而变化。

在正式场合和外事活动中，男性可穿西装，女性可穿西装套裙，以显得高雅、蕴藉（见插页图 7-2）；郊游的服装，最适宜简洁、轻便，男性可穿猎装，女性可穿运动衣。总之，选择服装应当与社交场合的气氛和谐、统一，以便被人们所承认并接受；应当力求充分显示自己的力度、美点和魅力。戏曲界有一个说法叫作“宁穿破，不穿错”，正是这个道理。

（四）角色

角色在这里指生活中某种类型的人物。着装的角色原则是指人们在交际中应选择适合自己身份的服装服饰。例如民航客舱乘务员在工作时一律着制服，其服饰有明确的要求。又如，政府官员一般在正式而隆重的场合下选择西装等正装，但在走访基层时宜选择夹克衫、单件衬衣等与基层群众整体形象相接近的服装。

微课　　着装的“TROP”审美原则

二、服装色彩搭配原则

服装色彩作为物体语言的一部分，有它一定的生理基础与文化基础。马克思说：“色彩的感觉是一般美感中最大众化的形式。”色彩感是人类最主要的感觉。因此，服装设计大师们十分重视色彩的审美价值和特征。法国时装设计大师皮尔·卡丹说过：“我创作时，最重视色彩，因为色彩老远就可以看到。”同时，人类文化的长期积淀，又使特定的色彩负载着特定的感情信息。人类生存环境与心理构造的同一性，使之对色彩的感受形成了共同点。

居住在沙漠地带的民族，对黄色司空见惯，那里的人们渴望见到水，渴望见到绿洲，因而对绿色情有独钟，故阿拉伯各国的国旗、人们的服饰，无不以他们酷爱的绿色作为主色。

色彩的情感是由于穿着者和欣赏者生理和心理的主观作用所引起的。正是这个原因，中国现代文学史上著名的诗人闻一多先生才用色彩的不同，来比喻生命与感情的意义：“生命是张没有价值的白纸，自从绿给了我发展，红给了我热情，黄教我以忠义，蓝教我以高洁，粉红赐我以希望，灰白赠我以悲哀，再完成这帧彩图，黑还要加我以死。从此以后，我便溺爱于我的生命，因为我爱他的色彩。”

（一）中式服装色彩

传统的中式服装并不是所有颜色都适合人们的日常穿着，中国自周代以来建立服饰制度，色彩便是汉人服饰礼仪中最为重要的组成部分。

在中国的传统服饰和礼仪礼法中，按照人物身份的高低贵贱严格规定了服饰的色彩。不同的服装颜色代表着不同的身份，而且在生活中还忌穿“贱色”和“凶色”。所谓“贱色”，就是从事某种低贱职业者的服装颜色，这些颜色往往被视为不洁之色，民间把它们称为禁忌的颜色。例如，因为民间认为绿色和青碧色多为娼妓优伶等身份的人穿用，因此绿色头巾就是一种“贱人”服饰。又如，传统民间有“依五色、五行与四神方位”的说法，“春德为木，据于东方，其色为青；夏德为火，据于南方，其色为红；秋德为金，据于西方，其色为白；冬德为水，据于北方，其色为黑”。由此可见，通常看似普通的颜色在中国的历史文化上却蕴含着深层的含义。

中国传统服饰色彩与现代的服饰配色的高艳度、强对比形成了中式服装典型的配色方法。民间的服饰作为一种特定的审美范畴有着自己的文化内涵、表现形式和艺术特征。传统服装色彩受到阴阳五行影响，有青、红、黑、白、黄五色的说法，被视为正色，其余颜色则为间色。正色在大多数朝代为上等社会所专用，代表着高贵和地位，也成为民间人们所喜欢和追求的色彩。从配色方法看，强对比和高纯度是中国传统的配色方法。强烈的对比色往往在黑白、金银等中性色的配合下使服装显得更加辉煌艳丽且不失浑朴大方的气质。中国传统民间对蓝色有特别的喜爱，蓝色与黄肤色相配能够产生柔和的对比效果。

知识拓展　　皇帝常服专用色彩

（二）协调色服饰搭配

服装配色艺术，现代人多采用以下三种方法。

1. 同类色配合

同类色配合是指使用同一种色素或接近色素，根据其深浅、明暗不同来搭配，造成一种和谐的美感来协调颜色氛围。其特点是清淡柔美，文雅协调。例如海关人员穿蓝色制服给人以严肃统一的感觉。

暖色系＋冷色系：红＋蓝、黄＋紫，此配法，是相对配色。

浅色系＋深色系：浅蓝＋深蓝、粉红＋铁灰，此配法，是深浅配色。

暖色系＋暖色系：黄＋红、黄＋绿，此配法，是同系配色。

冷色系＋冷色系：灰＋黑、紫＋黑，此配法，是同系配色。

明色系＋暗色系：白＋黑，此配法，是明暗配色。

深浅配色与明暗配色，营造出的视觉效果不同。

2. 对比色配合

对比色配合是指两种对比较为强烈的颜色的配合。如红与白、红与黑等。它们给人的感觉是鲜丽明快，简洁大方。例如上穿白衬衣，下着黑裤或深色的裙子，色彩反差较大，引人注目（见插页图 7-3）。

3. 三色配装

三色配装通常由色环上等距离的三种颜色组合而成，往往产生对比冲突感，比较醒目。当代色彩文化中最为醒目的现象就是流行色的出现，它是形式主义美学的“陌生化原则”的具体体现，人们对任何颜色接触多了都会产生心理疲劳，生出要变换以寻求刺激的内在需求。每季，流行色协会都会预测和发布流行色信息，对服装的配色加以引导。好的服装配色会让人体会到感观上的愉悦，让人看得舒服。

穿花色衬衣，下可着单色裙子，以收到“闹中取静”的效果。不管采用对比色还是同类色进行搭配，服装的颜色一般应控制在三种颜色之内，以突出简洁的艺术效果。因为美在简洁、美在比例、美在适度。用一句古诗概括，就是“动人春色不须多”。

（三）服饰色彩适合人群

浅色调和亮色调的色彩给人以前进感和扩张感，深色调和灰暗的色彩给人以后退感和收缩感，恰到好处地运用色彩的两种观感，不但可以修正、掩饰身材的不足，而且能突出个人的身材优点。据统计，带有印花图案的服装是大部分人在休闲时比较喜欢的款式，它给人一种轻松、休闲、不拘小节的感觉，同时容易取得他人的好感，若参加派对，尝试印花图案的衣服或许能让你更容易结交朋友。

暖色如红、黄、橙色，给人热情、自信、友爱的感觉，有助于结交朋友、增强自信，从而扩大社交圈子，适合需要经常接触人和特别讲求人际关系的工作，如公关、推销员、社工等。

冷色和深色的衣服，如黑色、深咖啡色、深蓝色等，能营造严肃气氛，给人冷淡、神秘的感觉，这类颜色的衣服适合出席重要会议时穿，尤其是参加由上司召开的会议时穿，或发布政策时穿着，可以增强气势。此类颜色的服装对从事管理、金融、律师行业的人士皆宜。

咖啡色、米色、浅灰色的衣服，可缓和紧张气氛，达到平衡效果，适合一些经常需要应付投诉的人员穿，如客服人员等最适合选择这类颜色。

低纯度色彩适合职业女性，可以使其工作专心致志，平心静气地处理问题。低纯度色彩会增加人与人之间的距离，减少拥挤感。并且，低纯度色彩的服饰比较好穿搭，简洁大方，给人以谦逊、宽容、和谐感，容易得到信赖。

三、符合黄金分割率

服装仅仅合适还远远不够，更重要的是服装要产生对人体的修饰作用。比例是部分与部分或部分与整体之间的数量关系。它是精确详密的比率概念。人们在长期的生产实践和生活活动中一直运用着比例关系，并以人体自身的尺度为中心，根据自身活动的方便总结出各种尺度标准，体现于衣食住行的器用和工具的制造中。例如早在古希腊就已被发现的至今为止全世界公认的黄金分割比 1∶1.618，正是人眼的高、宽视域之比。恰当的比例有一种协调的美感，成为形式美法则的重要内容。美的比例是一切视觉单位的大小，以及各单位间编排组合的重要因素。

穿着得体的服装一定离不开着装者对服饰的选择与搭配（款式、颜色、面料等），使自己穿上服装时比实际的体形更完美，更接近人的体形的黄金分割率。

（1）下身与上身的标准比例为 62∶38。

如穿筒裤，要穿与裤子颜色一致的鞋子、袜子等，裤子的长度尽量到脚面，使下踝与脚成为腿的一部分；穿高腰的衣服与裙子、高跟鞋等，使下半身显长。

（2）头与颈的标准比例为 62∶38。

头相对大而脖子较短的人要尽量穿大、深开领的服装，使上胸部成为颈部的一部分。

（3）臀围与腰围的标准比例为 62∶38。

腰臀曲线不明显的人可以通过穿臀部带褶的裙子使臀部加大，或穿带垫肩的衣服使腰看上去显得细些。

（4）肩宽与头的标准比例为62∶38。

头大的女性要想办法使自己的肩加宽，如肩部的皱褶、垫肩、披肩、围巾内挂在肩上等，使头相对显小。

四、良好的姿态是美化形体的前提

服装都是在标准姿势的身体尺寸上裁剪出来的。因此，一个良好的姿势，能使我们的形体看上去更为标准化。一个正确的姿势往往会使我们在原来的基础上看上去高出2～3厘米，使许多衣服看起来更好看。

良好的姿态就是自信的姿态。有了自信的姿态，再配上自己喜欢的服装，以自己独特的方式搭配起来，无论什么款式的服装都会因穿衣人的风度而变得高贵与优雅起来。

第三节　男士着装礼仪

美国行为学专家迈克·阿盖尔曾经做过这样一个实验：他本人以不同的衣着打扮出现在某市的同一地点，当他手执文明棍，头戴礼帽，西装革履，风度翩翩地出现时，很多人向他点头致意、打招呼，而且大多是穿着讲究的绅士阶层；但是，当他破衣烂衫、蓬头垢面再度出现在同一地点时，接近他的多是流浪汉和无业游民。这个实验表明，同一个人穿着不同的服装会产生不同的社会效果和礼仪效果。

一、男士不同场合下的着装

 知识拓展　　中国男装的演变

（一）社交场合着装

1. 晚礼服——燕尾服

燕尾服适合出席晚间正式、隆重、盛大的场合时穿，如国家级庆典、婚礼、古典交谊舞比赛、大型音乐会等。由于燕尾服的特殊性，它的形式相对固定，颜色多为黑色或深蓝色。燕尾服穿着时不系扣，只在前身设双排六粒扣装饰。与燕尾服搭配的是：三粒扣或四粒扣的方领或青果领的白色礼服背心；与礼服同料的不翻脚长裤，两侧饰有缎面条形装饰；白色双翼领礼服衬衣，胸前有“U”胸衬；白色领结；手套和胸前装饰巾都应为白色；黑色袜子及漆皮皮鞋。

目前，除了国家级的典礼、婚礼、大型乐队指挥、古典交谊舞比赛、豪华宾馆指定的公关先生（且一般为晚上），很少有需要穿着燕尾服的场合。

大礼服（晨服）是白天穿着的正式礼服，与燕尾服级别相同。这种服装比较少见，而且

容易与燕尾服弄混，最简单的辨认法就是，前身腰部只有一颗扣搭门，颜色除了黑色还有银灰色。与其搭配的有：双排六粒扣夹领礼服背心，或一般形式的背心；白色双翼式或普通礼服衬衣；黑灰条或银灰色领带，新郎也可以系素色围巾式的阿斯克（ascot）领巾；手套为白色或灰色；胸袋装饰巾为白色；袜子和鞋为黑色。近几年，大礼服已渐渐被黑色西服替代。

2. 准礼服

准礼服适合正式宴会、舞会、戏剧、颁奖仪式、鸡尾酒会等场合穿，介于正装与晚礼服之间。比起豪华气派的晚礼服，准礼服更注重场合、气氛，相对简化一些。

3. 简略礼服

简略礼服类似于普通西装，适合日间各种正式场合，以及较正式且没有对穿着有明确要求的场合。

（二）职业场合着装

1. 严肃型场合上班装

严肃型场合上班装适合正式会议、正式谈判、演讲会，以及要求以正式服装出席的会议等场合穿。上班装是律师、政府官员等从事严谨职业的人适合的职业装（见插页图 7-4）。

1）选购西装的注意事项

（1）款式。男士西装的款式可以通过整件衣服的肥瘦、长短以及领驳头、纽扣、开衩和口袋等部位的变化来体现。选购时应多试几件，以穿着舒适、不影响一般活动、能体现男子的健壮体魄为好。下部要不要开衩、西装驳领的宽窄，以个人爱好而定。西装纽扣种类繁多，但最普遍的是单排两粒扣。单排两粒扣西装适合各种场合穿着，身体瘦高者选双排扣更好些。

（2）颜色。一般来说，黑色、藏蓝色西装显得庄重。身材较胖的人宜穿竖条的深冷色调西装；身高体瘦者宜选浅色格子西装。也可结合肤色来选择，但颜色选择切忌太艳或太单一，以雅致、柔和的棕色、驼色、米色、灰色等中间色为宜。

（3）质地。西装面料以毛涤面料为好，其料挺括、结实、保型性强，价钱也便宜。高级男式西装的衣服里面都有一层黏合衬，选购时，可用手攥一下衣服再松开。如感到衣服挺而不硬、不僵，弹性大，不留褶，手摸上去毛感强，说明衣料质量较好。再检查衣前襟，没有“两张皮”现象则说明黏合衬质量较好。低劣的黏合衬虽能使衣服挺括，但手攥上去发硬、发僵。

（4）做工。首先要看西装左右两边，尤其是驳领口袋，是否完全对称平整；其次看口袋、纽扣位置是否准确端正，领、袖、前襟及整体熨烫是否平整伏贴；最后看针脚是否匀称，纽扣、缝线与面料色泽是否一致或协调，有无线头等。

（5）装潢。高档男西装装潢较讲究。例如带衣架、有塑料袋整装，有时还带有备用扎，商标精致并缝制于内衣口袋等。

2）西装礼仪原则

（1）西装套装上下装颜色应一致。在搭配上，西装、衬衣、领带中，应有两样为素色。

（2）穿西装套装必须穿皮鞋，便鞋、布鞋和旅游鞋都不合适。

（3）配西装的衬衣颜色应与西服颜色协调，不能是同一色，首选白色衬衣。正式场合男士不宜穿色彩鲜艳的格子或花色衬衣。衬衣袖口应长出西服袖口 1～2 厘米。在正式、庄重场合穿西服必须打领带，其他场合不一定都要打领带。打领带时衬衣领口扣子必须系好，不打领带时衬衣领口扣子应解开。

（4）西装纽扣有单排、双排之分，双排扣西装应把扣子都扣好。单排扣西装：一粒扣的，系上端庄，敞开潇洒；两粒扣的，只系上面一粒显得洋气、正统，只系下面一粒显牛气、流气，全扣上显土气，都不系敞开显得潇洒、帅气，全扣和只扣第二粒不合规范；三粒扣的，系上面两粒或只系中间一粒都合规范要求。

（5）西装的上衣口袋和裤子口袋里不宜放太多的东西。穿西装时内衣不要穿太多，春秋季节只配一件衬衣最好，冬季衬衣里面也不要穿棉毛衫，可在衬衣外面穿一件羊毛衫。穿得过分臃肿会破坏西装的整体线条美。

（6）领带的色彩与图案，应根据西服色彩而定。配色前首先考虑总的色彩感觉，根据面积大的颜色来确定和它相配的其他颜色，使总体印象达到和谐统一，体现“美无定式和为上”的美学思想。如西装为深蓝色，衬衫为浅蓝色，即一深一浅，这是目前使用最普遍的配色法，即调和色的搭配法。还有一种对比配色法，即要求在衬衫和领带中，必须有一种特别鲜艳醒目，与西装的颜色形成强烈的对比的色彩。如西装为浅灰色，衬衫为白色，打一条鲜红色的领带，或红灰相间的领带。这样，对比之中有协调，协调之中有对比，变化有致，相得益彰。

系领带时，领带的长度以触及皮带扣为宜，领带夹置于衬衣第四、第五粒纽扣之间。西装袖口的商标牌应摘掉。

注意西装的保养。保养存放的方式，对西装的造型和穿用寿命影响很大。高档西装要吊挂在通风处并经常晾晒，注意防虫与防潮。西装有皱褶时可挂在浴后的浴室里，利用蒸汽使皱褶展开，然后挂在通风处。

2. 非严肃型场合上班装

严肃场合一般指开会、演讲、致辞等正式场合，其他场合为非严肃场合。非严肃型场合上班装适合在办公场所或在休闲场所进行商务活动时穿着，也适合作为一些时尚行业人的职业装。

知识拓展　　西装袖口一般钉三粒扣子

（三）休闲场合着装

1. 时尚休闲装

时尚休闲装适合非正式场合的小型聚会、亲朋好友聚会、购物等休闲场所。

2. 运动休闲装

运动休闲装适合参加各类运动、周末郊游、外出旅游等户外活动时穿。

3. 家居休闲服

家庭生活中着休闲装、便装更有益于与家人沟通感情，营造轻松、愉悦、温馨的氛围。

但不能穿睡衣、拖鞋到大街上去购物或散步，那是不雅和失礼的。

二、男士着装的搭配方法

男士出席正式场合穿西装、制服，要坚持三色原则，即身上的颜色不能超过三种或三种色系（皮鞋、皮带、皮包应为一个颜色或色系）。尽管男士西服的长短及样式在过去几十年间的变化很小，衬衣的样式及颜色变化也是屈指可数，但加上各种颜色、图案领带的搭配，却可以产生千变万化的不同效果。

（1）有品位的搭配：米色西装 + 蓝色衬衣 + 柔和米色或柔和棕色格子图案领带。

同属高亮度的米色与蓝色作对比搭配，有整洁、醒目、轻松、愉快的视觉效果，使人仿佛置身于热带海岛的沙滩，面对蓝色的大海，心旷神怡。柔和米色或柔和棕色的加入构成活力、富有动感的跳跃色彩。而格子图案则更能展示着装者高贵、典雅的品位。

（2）彰显男人味的搭配：灰蓝色加暗条纹西装 + 白色衬衣 + 鲜红色领带。

灰蓝色给人坚毅、庄重的感觉，暗条纹可加强上述效果。白色衬衣在所有正式、重要的场合与西服搭配都是最佳选择，令人产生信任、稳重、强有力的感觉。鲜红色领带则极富性感。以上组合是女人眼中活力充沛、朝气蓬勃、充满男性魅力的形象。

（3）显权威感的搭配：深蓝色西服 + 白色衬衣 + 酱红色领带。

这是被公认为最有权威感和最可信的搭配。

（4）显职业感的搭配：蓝黑色西服 + 浅灰色衬衣 + 斜纹领带。

严谨、沉稳的蓝黑色，与富有时代感、科技感的浅灰色搭配，勾画出一个精明、干练、睿智的商界精英形象。斜纹图案的领带毫无疑问地告诉人们，它的主人具有果敢、刚毅的魄力。

（5）易产生好感的搭配：灰色西服 + 浅蓝色衬衣 + 栗色领带。

灰色与浅蓝色是无彩色与有彩色的搭配，浅蓝色在灰色的模糊色调衬托中显得生动、雅致、柔和、耐人寻味。用属于暖色的栗色领带做小面积的点缀，更能给人心头带来融融暖意。

第四节　女士着装礼仪

孔子曰：“见人不可以不饰。不饰无貌，无貌不敬，不敬无礼，无礼不立。”现代女性着装亦应如此。

一、上班场合

工作时间着装应遵循端庄、整洁、稳重、美观、和谐的原则，给人以愉悦感和庄重感。从一个单位职工的着装和精神面貌，便能看出这个单位的工作作风和发展前景。现在越来越多的组织、企业、机关、学校开始重视统一着装，是很有积极意义的举措，这不仅给了着装者一份自信，同时又使他们多了一份自觉和约束，成为一个组织、一个单位的标志和象征。

在所有适合职业女士在正式场合穿着的裙式服装中，套裙是首选。它是西装套裙的简称，由女式西装、半身裙组成（见插页图 7-5）。也有三件套的套裙，即女式西装上衣、半身裙外加背心。

套裙可以分为两种基本类型。一种是用女式西装上衣和随便的一条裙子进行自由搭配组合成的“随意型”；另一种是女式西装上衣和裙子成套设计、制作而成的“成套型”或“标准型”。

（一）如何选择套裙

正式场合穿着的套裙，一般由高档面料缝制，上衣和裙子要采用同一质地、同一色彩的素色面料，在造型上讲究为着装者扬长避短，所以提倡量体裁衣、做工讲究。

上衣注重平整、挺括、贴身，较少使用饰物和花边进行点缀。裙子要以窄裙为主，并且裙长要到膝或者过膝。

色彩方面以冷色调为主，应当清新、雅气而凝重，以体现着装者的典雅、端庄和稳重。藏青、炭黑、茶褐、土黄、紫红等稍冷一些的色彩都可以。

最好不选鲜亮抢眼的色彩的套裙。有时两件套套裙的上衣和裙子可以是一种颜色，也可以是上浅下深或上深下浅两种不同的色彩，这样形成鲜明的对比，可以强化留给别人的印象。

另外，还可以采用不同色彩的面料来制作套裙的衣领、兜盖、前襟、下摆，这样也可以使套裙的色彩看起来比较活跃。为避免显得杂乱无章，一套套裙的全部色彩不应超过两种。正式场合穿的套裙，可以不带任何图案，要讲究朴素而简洁。以方格为主体图案的套裙，可以使人静中有动，充满活力。

套裙的上衣和裙子的长短没有明确规定。一般认为裙短不雅，裙长无神。最理想的裙长，是裙子的下摆恰好抵达小腿肚最丰满的地方。

（二）套裙的搭配原则

整体形象上回避过分性感的服饰。套裙的搭配主要考虑衬衫、内衣、衬裙、鞋袜的选择是否得当。

1. 衬衫

衬衫面料可采用真丝、麻纱、府绸、罗布、涤棉等。衬衫的色彩要求雅致而端庄，不能过于鲜艳，常见的是白色。另外，最好选用无任何图案的衬衫，款式上不必过于精美。

2. 内衣

内衣是女士“贴身的关怀”。一套内衣由胸罩、内裤、吊带、连体衣等组成。内衣应当柔软贴身，起到支撑和烘托女性线条的作用。选择内衣时，最关键的是使之大小适当。内衣所用的面料，以纯棉、真丝等为佳。内衣色彩常见的是白色、肉色，也可以是粉色、红色、紫色、棕色、蓝色、黑色等。

3. 衬裙

女士衬裙的面料以透气、吸湿、单薄、柔软者为佳。衬裙的色彩宜为单色，如白色、肉色等，并与外面的套裙色彩相协调。衬裙的款式也要与套裙相配，不能过于肥大。

4. 鞋袜

鞋袜是女士的“腿部景致”。在正式社交场合，女士所穿的鞋子，宜为高跟、半高跟的船式皮鞋或盖式黑色皮鞋，且以牛皮鞋为上品。同时所穿的袜子可以是尼龙丝袜、羊毛高筒袜或连裤袜，以肉色为宜，多色袜、彩色袜、白色袜等都是不适宜的。

另外，穿着同色的套裙，可以采用不同色的衬衫、领花、丝巾、胸针、围巾等衣饰来加以点缀，显得生动、活跃。

二、休闲场合

休闲场合的着装原则：舒适、自然、健康、洁净；色彩明亮、愉悦；款式尽量系列化；参加晚会或出席喜庆场合，服饰则可明亮、艳丽些；节假日休闲时着装应随意、轻便些，穿套裙则显得拘谨而不适宜。

三、社交场合

日礼服——套装。日礼服指白天参加较为正式的活动时穿着的服装，面料以羊毛、丝绸、化纤以及混纺为主，款式应注意避免透明、暴露、紧绷等，大多具有高雅、沉着、稳重的风格特征。

晚礼服——晚装。晚礼服产生于西方社交活动中，是在晚间正式聚会、仪式、典礼上穿着的礼仪用服装。裙长长及脚背，面料追求飘逸、垂感好，颜色以黑色最为隆重。晚礼服风格各异，西式长礼服袒胸露背，呈现女性风韵。中式晚礼服高贵典雅，塑造特有的东方风韵，还有中西合璧的时尚新款。与晚礼服搭配的服饰适宜选择典雅华贵、夸张的造型，凸显女性特点。

四、其他场合

特定场合应穿约会装。一般场合着装应介于上班装和时尚休闲装之间。私密约会可选择展现女性魅力的服装。

第五节 着装搭配艺术

着装的各个部分要相互呼应，精心搭配，特别是要适合自身形体、年龄、职业的特点，扬长避短，并在此基础上创造和保持自己独有的风格，恪守服装本身及与鞋帽之间约定俗成的搭配，展现着装的整体之美。

一、根据身材的不同选择服装

我们在服装选择上，要懂得通过着装掩饰缺点，突出优点，使自己的风度更趋高雅、大方，从而在社交场合显示出一种超凡脱俗、应对有余的风采，创造高尚的格调，扬长避短，别具特色。

人的身材可分为梨型、凹凸型、倒三角型和直线型四种。

（1）梨型身材的特点是上小下大，犹如一个梨。此种身材最好使用垫肩，使上下比例保持平衡。为了避免扩大下半身，最好不要选用紧身上衣、宽皮带、大圆裙、阔腿裤等类的服装。比较适合的款式是上长下短，这是近几年最流行的款式搭配法则，上面的衣服能盖过臀部，以人体的黄金比例为准，上衣下摆就位于全身黄金比例上下浮动。也可以选择不加皮带的外套或连衣裙、梯形线条的瘦长直筒裙等。

（2）凹凸型身材的特点是隆胸蜂腰，适合穿合身套装和束皮带的衫裙，而不宜穿宽松的罩衫，以避免遮盖纤细的腰部，从而失去曲线美感。

（3）倒三角型身材的特点是宽肩窄臀，适合穿各类服装，但不要使用垫肩，以免上身过大。

（4）直线型身材通常显得瘦高，应避免穿裸露颈部较多的领口大的衣服，适合的款式是轻飘有动感的服装。另外，对于上身略长、下身略短的人来说，应多穿流线型服装。所谓流线型服装，即上下一体，流畅自然的服装，如连衣裙、套裙、旗袍裙、长风衣、长大衣等，避免上下两件套、平分秋色的服装，以遮盖不足，展示美点。如果必须穿上下两件套的服装时，应保持裤子与鞋子的颜色相近或一致，以此造成视觉差，增加腿的长度。

靴子是拉长腿型的最好鞋款之一，但是春季穿长靴就显得太做作了，换一双中靴，再配上合适的袜子，不失为一种明智的选择。

二、根据体形的不同选择服装

对于体形不够匀称者，只要讲究穿着搭配，就可以在一定程度上使缺点得到掩盖。

（1）体形短胖者，宜穿竖条纹或深颜色的服装。这样可使人产生延伸美感和收拢的效果，看上去体形有所改变，增加高度和健美。另外，穿单一颜色的衣裤也可使身材显得高些。

（2）体形瘦高者，宜穿横条纹或浅颜色的服装，以给人造成体形丰满、膨胀的艺术效果。同时，穿杂色的衣裤也可使身高者看上去略显低些。

（3）体形矮瘦者，穿衣时要注意不可将衬衣下部束在裤子里，以免给人以身段分为两截的感觉。可将裤子尽量做得长些，盖住皮鞋脚面，给人以高大的印象。

（4）脖子粗短者，应穿无领、敞领、翻领、低领口或 V 字领上衣。女性可再戴上一条细长项链，以突出肌肤之美，借以分散人们对短脖子的注意力。

（5）臀部肥大者，可选用深色的西装裤或西装裙，避免浅色并带有光泽的裤或裙，以免突出臀部，暴露弱点。反之，臀部过小者，可穿浅色、光亮、打褶的裤子，以掩盖臀部较小的缺点。

（6）胸部狭小者，宜穿水平条纹的上衣，开细长缝的领口，并在衣服门襟处多装饰些波浪边或荷叶边，以掩盖胸部扁平的缺陷，造成丰满的效果。上短下长是前几年流行的款式，现在穿上叫复古。短小的上装能够突出胸部，特别是对自己胸部不满意的女性，可以尝试着选择短小的上装来突出胸部，上装最好最长不要超过肚脐。

微课　　根据体形的不同选择服装

三、根据肤色的不同选择服装

人的肤色会随着所穿衣服的色彩发生微妙或明显的变化。

（1）黑种人爱穿白色或亮色调的服饰，是因为黑色的肤色能使白色或明亮的色彩更亮，更显光泽，因而具有对比强烈而明朗的色彩效果。

（2）白种人喜欢穿带有红、黄、绿、蓝等高纯度色彩的服饰，是因为白皙的肤色与高纯度的色彩对比产生了亮丽、活泼、和谐的色彩效果。无论男女，皮肤较白的人配衣浓淡总相宜。这类人根据自身气质、环境特点及工作性质，适当选择款式即可。

（3）皮肤较黑者可选择色彩明朗、图案较小而柔和、面料悬垂感较好的服装，如穿浅紫色、豆绿色、淡黄色等服装，能使黝黑的脸庞显得含蓄、深沉，若再加上明眸皓齿，能给人以神秘感。应避免穿褐色、黑色、深紫色等暗色服装。

（4）皮肤发黄、发青黄者，可选择素雅的碎花、格、纹的上衣，但要避免穿柠檬黄、绿或蓝色服装，以免使皮肤显得更黄、更青。

（5）皮肤略显粉红的人可选择白色或浅色服装，忌穿蓝色、绿色系列服装，因为粉红色与蓝色、绿色是强烈的对比色，会使人的脸红得发紫。面色苍白者，则不宜穿粉红、浅绿、嫩黄等娇艳色彩的服装，以免呈病态色。

四、脸型、发型与服装的合理搭配

脸部在人体的最高位置，是人们视觉首先达到的地方。所以，美化脸部、讲究发型、突出优点、遮掩缺点，也是服装交际中不可忽视的一个重要方面。古人对人的脸型曾概括为一句话，即“人面分八格”。这八种类型可以用八个字来说明。

“田”字形——方形；“由”字形——扁方形，上部略呈尖状；“国”字形——长方形；“用”字形——长方形，下巴稍尖；“目”字形——窄长形；“甲”字形——上宽下尖形；“风”字形——下巴呈宽方形；“申”字形——中间大两端小的枣核形。

现代人则将人的脸型简化为长形、圆形、方形、菱形四种。不论属于哪种脸型，穿衣时都应学会运用视错觉原理来平衡脸型、弥补缺陷。因为长与长、圆与圆、方与方处于同一体中，会产生一种线条的重合，更加强调原脸型的线条。具体来说，“田”字形、“由”字形脸的人适合穿角领、V字领；“用”字形、“目”字形脸的人适合穿圆领、扁领，尽量减少颈项外露面积；“风”字形脸的人适合穿尖领、V 字领、袒胸服装，可造成脸型拉长的错觉；“申”字形、“甲”字形脸的人，除了不宜采用同脸型相似的尖领、V字领，其他领型均适合，特别以配大翻领最美。

如果以长、圆、方脸型论，则可采用下面的方法来改变脸型。

1. 长脸型

长脸型的人适宜穿圆领口的衣服，也可穿高领口、马球衫或带有帽子的上衣，不宜穿与脸型相同的领口的衣服，更不宜穿 V 型领口和领口开得低的衣服。在发型上可尽量让头发向两旁分散，以增加量感，女性可将前发剪成刘海儿，使脸蛋显得丰满，发分线采用侧分法。

2. 圆脸型

圆脸型的人适宜穿 V 型领或者翻领衣服，不宜穿圆领口的衣服，也不宜穿高领口的马球衫或带有帽子的衣服。发型设计可将头顶部的头发梳高，使脸部显得长一些，避免遮住额头。同时利用头发遮住面颊，可使脸颊宽度减少。发分线最好是中分。

3. 方脸型

方脸型的人适合穿 V 字形或勺形领的衣服，不宜穿方形领口的衣服。女性可选择低发髻，具有优雅感。还可以让头发披在两颊，减少脸的宽度，发线侧分，并使分线向头顶斜伸。

五、配饰搭配

（一）服饰配件的特性

服饰在一个人的个人形象里居于重要地位，而第一印象在交往中可能直接决定交往能否顺利展开。在为服饰搭配配件时，应重视造型方面的美感，遵循点、线、面的构成原则，实现协调的美感。服饰配件应根据不同的场合进行不同的搭配，这样有利于提高自身的内涵、修养。服饰配件与服装应保持和谐统一，既要与自己的身份、气质、个性、年龄、职业相符，又要与所处的场合相符，这种合适的造型设计，有利于体现自身的风格特征，也能给人带来与众不同的感觉。

（二）服饰配件的分类

1. 首饰类

（1）装饰部位：人体的各个部位。

（2）常见的材料：金属、玉石、珠饰、皮革、塑料等。

（3）装饰效果：兼具装饰以及实用的性能，恰到好处的首饰点缀有时候可以起到画龙点睛的作用，使原本平淡无奇的服饰显得熠熠生辉。

2. 帽饰类

（1）装饰部位：头部。

（2）常见的材料：纺织品、皮革、绳草、各类饰品。

（3）装饰效果：兼具遮阳、防寒护体的实用目的及美观的装饰作用。由于处在人体最醒目的位置——头部，在服饰搭配艺术中，帽饰类的搭配对服装的整体效果起到了极为重要的作用。

3. 鞋袜、手套类

（1）装饰部位：手、足部位。

（2）常见的材料：纺织品、皮革等。

（3）装饰效果：兼具防寒保暖之护体功能以及装饰作用。随着人体的活动，鞋袜、手套类处于一个不断变化的视觉位置，是人们不可忽视的重要饰品与配件。

4. 包袋类

（1）装饰部位：因使用手法不同而不同。

（2）常见的材料：纺织品、皮革、绳草等。

（3）装饰效果：兼具放置物品的实用性能以及美观的装饰性，是服饰搭配艺术中重要的饰品之一，因材料的不同、制作方法的不同呈现出不同的风格面貌。在服饰搭配时，其装饰功能应符合服装的总体风格特征。

5. 腰饰类

（1）装饰部位：腰部。

（2）常见的材料：纺织品、皮革、绳草、金属、珠饰等。

（3）装饰效果：兼具绑束衣服的实用功能及装饰的美学功能。

6. 领带、领结、围巾类

（1）装饰部位：颈部。

（2）常见的材料：纺织品、皮革等。

（3）装饰效果：兼具固定衬衫或防寒保暖之实用目的以及装饰的重要作用。

7. 其他类

（1）装饰部位：人体的各个部位。

（2）常见的材料：各种材料。

（3）装饰效果：例如伞、扇子、眼镜、打火机等，有的为实用品，有的则逐渐过渡为实用与装饰相结合。

六、加强服装的整体美

美的形式多种多样。对称是一种整齐的形式美，在服装上主要是指左、右两部分对等。人体本身就是对称的，因而服装大多也讲究对称。例如传统的中山装，即是典型的对称形式。对称可以产生一种秩序感，给人以稳定的形式美。但严格的对称也容易造成呆板。改善的方法是利用局部破坏对称，来达到新的平衡，如中国传统的旗袍。而均衡和对称不同，均衡是在不对称中求得稳定，追求的是一种动态美。对服装来说，它意味着感觉上的重量、质感、面积、色彩等在一定条件下的相互作用。

藏族男子的服装是一个典型的例子。他们常偏袒右臂，而将右袖垂于腰右侧，这样就在不对称中求得相对的稳定感，形成了一种平衡。

除了左右平衡，服装的上下平衡也是非常重要的。任何服装的轮廓形状都具有容量感。上下平衡就是指上下装的容量感要平衡。着装时应注意利用面料的质感、图纹的状态、色彩的搭配来平衡人体的造型，起到稳定的作用。错视也是一种美的形式。人的视觉，由于生理的原因，常常发生错视。如人在看同样大小的白色块和黑色块时，总感到白色块比黑色块的面积大，这叫“眩视”。究其原因，就是错视在发生作用。错视可以帮助我们改善人体的缺陷，这是服饰美学的一条特殊规律。

当然，还有韵律、对比、反复、统一等许多美的形式。总之，不论从事什么职业的人，服装设计都应追求和谐统一，注重整体美。

学习与思考

一、问答题

1. 着装的“TPOR”原则是什么？

2. 基于黄金分割率理论谈谈不同体形的服装搭配。

3. 男士着西装有哪些要求？

二、论述题

试论述中山装“四个明口袋”寓意的当代价值。

三、实践题

自我整体形象分析及设计。

第八章　职业形象设计

名人名言

一个不注意小事情的人，永远不会成就大事业。

——卡耐基

章前导读

无论是一般人上班工作、迎宾拜客，还是学者讲学、演员登场、播音员上屏幕等，形象都是当事人必然考虑的因素。一线员工是企业的基础，没有员工的努力，所有的管理都是无意义的存在。在各行各业中，一线员工的表现对他人感受服务质量有着决定性的影响，也会直接影响到顾客的满意度。例如文秘人员、空乘人员、酒店服务员、主持人等，基本上就是一个单位的形象代言人，是单位的形象窗口，员工职业形象决定着单位的形象。

学习目标

知识目标：了解部分行业员工岗位与职业形象设计的意义与要求。

能力目标：能够根据常见行业员工岗位与职业形象设计要求，结合自身形象特点，进行自我职业形象设计。

素质目标：建立塑造自我职业形象的意识，自觉维护组织形象，推动物质文明和精神文明协调发展。

第一节　银行职员形象设计

职业形象是指一个人在职场中在公众面前树立的印象，具体包括外在形象、品德修养、专业技能和知识结构这四大方面。它通过衣着打扮、言谈举止反映出一个人的专业态度、技术和技能等。它需要严格恪守一些原则性尺度。其中最为关键的就是职业形象要尊重区域文化的要求，不同文化背景的公司肯定对个人形象有不同的要求，绝对不能我行我素破坏文化的制约，否则受损的永远是制约人自己。不同的行业、企业，因为集体倾向性的存在，只有当你的职业形象符合主流趋势时，才能促进自己职业的升值。

由于不同行业或企业具有不同的企业文化与行业氛围，同时在服务对象、工作目标等方面，各个领域都有自身特殊的标准和方向。银行职员的个人形象，反映的不仅是个人的外表和内在品质，也反映了个人的内在修养，还代表着银行的形象，直接影响着银行的工作效益，所以现在各个银行都很重视员工的职业形象。

一、银行职员的内在修养

（一）遵守社会公德

社会公德，是指作为社会的每个公民在社会交往和公共生活中，为了维护整个社会生活的正常秩序而约定俗成的行为准则。银行职员应该在社会公共生活中能与人和谐相处，举止文明，以礼相待，能够自觉杜绝说脏话、随便猜疑、欺骗他人等不良习惯；要爱护国家及公共财产，讲究公共卫生，保护环境等，时刻注重个人在社会生活中的美好形象。

（二）遵时守信

遵时，就是要遵守规定或约定的时间；守信就是要讲信用，不可言而无信，这是人际交往中建立和维护良好关系的基本前提。银行职员无论在生活中还是在工作中，都不能有违时、失约、不守信用等行为，这些都是失礼的行为，在生活中会影响个人的人际交往，在工作中则会影响个人形象、个人业绩，甚至影响整个银行的形象。

（三）热情适度

热情，是指对人要有热烈的感情，使人感到温暖。适度，是指事物保持其质和量的限度，是质和量的统一。银行职员在工作中的热情适度是指对人热情的表现要有一定的分寸，恰到好处，使人感到亲切自然。例如在给客户介绍一些理财产品的时候，就要特别把握好这一点，有一定的热情，表示银行职员对客户的重视和尊重，但这种热情一定是发自内心真诚情感的表达，让客户感到一种信任，这样才能放下内心的戒备，更容易接受产品，才能提高工作效率，达到双赢效果。

（四）真诚谦虚

真诚即真心诚恳；谦虚也是虚心之意，指不夸大自己的能力或价值，没有虚夸或自负，不鲁莽或不一意孤行。真诚谦虚是打开成功之门的金钥匙。对于银行职员来说，人际交往中需要诚心待人，心口如一，谦恭虚心，不能自以为是；在工作中不浮夸，能够虚心向他人请教，取他人之长，补自己之短。要谦虚地学习、谦虚地接受、谦虚地成长，这样才会更上一层楼。

（五）理解宽容

在人际交往中，理解和宽容是十分重要的。所谓理解，就是懂得别人的思想感情，理解别人的立场、观点和态度；宽容就是大度，宽宏大量，能容人，在非原则问题上，能够原谅别人的过失。银行工作中接触各种各样的人，会遇到各种各样的突发情况，如果在遇到问题的时候，能够理解宽容别人，必须有一颗善良仁爱的心灵、宽广坦荡的性格、非凡不俗的气度。理解宽容闪烁着人性智慧的光芒。

二、银行职员的形象设计

银行职员的形象不仅体现其本人内在的修养、气质，而且体现着银行的精神风貌。作为银行职员，上班时的妆容、穿着、言行举止就应该庄重、文雅，发型、打扮要适合职业特点，修饰、化妆适当，保持精神焕发，整洁大方。

（一）仪容

（1）面部、眼角、鼻孔保持清洁。如戴眼镜应保持镜片的清洁；男士禁留胡须。

（2）淡妆上岗，以淡雅、清新、自然为宜，不浓妆艳抹。

（3）头发干净，梳理整齐。

（4）女士统一发型，短发前不盖眉，侧不过耳，后不及肩；长发使用银行统一发放的盘发饰品盘发，刘海儿不得过眉，碎发选择黑色发卡固定。男士发型前不掩额、侧不盖耳、后不触衣领。

（5）不染怪异夸张的发色，不佩戴夸张发饰，不戴帽子。

（6）保持牙齿清洁美观，口腔清新无异味。

（7）耳部保持干净；耳郭、耳跟后及耳孔边应每日用毛巾或棉签清洗；不可留有皮屑及污垢。

（8）保持手部的清洁。

（9）养成勤洗手、勤剪指甲的良好习惯，指甲不得长于 2 毫米；

（10）女士可适当涂一些无色指甲油。

（11）可喷适量淡香水，不使用香味过浓的香水。

（二）服饰

（1）西服：着银行统一制服，服装干净，穿着整洁；定时换洗、熨烫，无破损，无污迹，无异味；扣子完好无缺，女士西装扣需全部扣上，男士可根据实际情况扣第一颗，或者中间一颗；男士西裤裤脚长度以穿鞋后距地面 1 厘米为宜，不挽袖管、裤管。

（2）衬衫：女士衬衫扣全部扣上，且衬衫领置于西装领下方；衬衫下摆须掖在裤、裙内，内衣不得外露。

（3）丝巾、领带：女士佩戴银行统一丝巾，保持干净整洁，一般情况下银行会规定统一丝巾系法。男士领带长度以在皮带扣上下缘之间为宜，不得过长或过短。

（4）工牌：银行职员工作中，特别是在营业厅内须统一佩戴工号牌。

（5）鞋子：着船式黑色 3～5 厘米中跟皮鞋，保持光亮无尘，鞋子上不得有装饰物。

（6）袜子：女士着裙装时，一般要求统一着肉色连裤丝袜；不穿挑丝、有洞或补过的袜子，忌光脚穿鞋。男士袜子以深色高筒棉袜为宜，颜色可以是黑色、深蓝色、深灰色，袜筒不宜过短。

（7）饰品：首饰、项链等不建议佩戴，若实在无法取下，要以不外露于工作服为标准；

最多可戴一枚戒指，可佩戴不夸张款式的耳钉一对。

（三）仪态

（1）站姿：头部摆正，眼睛平视前方，下颌稍微内收，颈部挺直，肩部端平略向后并放松，收腹挺胸，内紧外松不僵硬；双手可在腹前自然搭放，一般情况下女士右手在上，左手在下，男士则相反；双膝加紧并拢，双脚并拢或呈八字脚位。银行职员在工作期间应保持良好站姿，不叉腰，不抱胸，不倚不靠；如果站立时间较长，在没有接待客户时，可以在基本保持上身直立的状态下，自己调整身体重心，两条腿交替休息，如果有客户，要保持标准的站姿。

（2）坐姿：头部挺直，眼睛平视前方，下颌稍微内收；身体端正，两肩放松，挺胸收腹，上身稍微前倾，坐在椅面的2/3左右的位置；如果在与客户面对面进行交谈时就座，女士可以双手自然交叉，放于腿部，男士双手自然放于双膝上，也可将腕肘部的2/3处轻放在柜台上，双手交叉；双脚平放，略窄于肩。银行职员在工作中坐姿不能出现前仰后靠，左右摇晃，腿部不停颤动，或者趴在工作台上的情形。

（3）行姿：保持站姿时要求的上身状态，整个身体动作协调，挺胸抬头，眼睛平视前方；双臂以身体为轴，前后分别以15°和35°的幅度自然摆动；步幅大小以女士两脚间距一脚，男士两脚间距一脚半为宜，步态从容，步速稳健，女士两脚内侧落地呈一条直线，男士两脚内侧落地呈平行线。

（4）鞠躬。

① 主要用以问候；双目平视对方，面带微笑。

② 标准站姿，女士前搭手位，男士两侧垂放手位。

③ 上身头、颈、肩在一个平面，以腰为轴，向前倾斜15°、30°、45°，并配合服务用语。

④ 鞠躬时间为2～3秒。

⑤ 日常工作中选择30°～45°鞠躬礼即可。30°鞠躬时双目注视自己前方距离脚尖1.2米的地方，面带微笑；标准站姿，女士前搭手位，男士两侧垂放手位；上身头、颈、肩在一个平面，以腰为轴，向前倾斜30°，可配合服务用语。45°鞠躬时双目注视自己前方距离脚尖1米的地方，面带微笑；标准站姿，女士前搭手位，男士两侧垂放手位；上身头、颈、肩在一个平面，以腰为轴，向前倾斜45°，可配合服务用语。

银行职员在工作中也会用到点头、微笑、举手、欠身等多种致意方式，根据不同服务对象、场合等选择恰当的方式。致意礼通常情况下都不是单一运用的。当目光与对方接触时，可点头、微笑致意；双方距离较远时，可点头、微笑致意；较远且比较随意的场合可举起右手，不要高过头顶，四指并拢，拇指略微张开，掌心向着对方，左右摆动两下，挥手致意；在领导客户到来或离开时，身体正面朝向对方，略微欠身，微笑致意。

（5）表情：细节决定成败，银行职员提供的服务要想达到客户满意或者惊喜，就要注重服务中的每一处细节。微笑表情是服务客户、展示银行职员亲和力的一个重要方面，合理地运用微笑服务和眼神，会使客户心情愉快，并能和客户在友好的气氛中进行交流和沟通。银行职员亲切的微笑也能体现工作时良好的精神状态，给客户以亲切、轻松愉快的感觉。

三、银行职员的语言

银行职员的语言表达总体要求是服务用语和礼貌称谓要使用自然、亲切；常用规范服务用语要灵活运用，力求准确、明了。在与客户谈话时要注意：首先，目的明确，表达清晰，语言简洁；其次，三思而后言，要留有余地；再次，表达真诚，控制情绪，交谈中一方显示出“无视”要宽容克制；最后，在交流过程中注意举止，手势适度。还有比较重要的一点就是注意微笑，微笑可以消除与客户之间的陌生感与隔阂感，增加亲切感、信任感和安全感，在许多情况下，微笑的表情可以帮助你应付自如。当客户进入银行营业厅时，银行职员要礼貌接待，微笑到，问候到，还要做到针对每一位客户，平等相待，要来有迎声，问有答声，走有送声，帮有谢声，责有歉声。

（一）声音的运用

声调：显得有朝气，控制音量和语气。

音量：正常情况下，应视客户音量而定。

语气：轻柔、和缓，但非嗲声嗲气。

语速：适中，每分钟应保持在 120 个字左右。

（二）语言的选择

银行职员根据客户的语言习惯，要灵活使用普通话或方言；一般首选普通话，若客户使用本地方言，在客户听不明白的情况下，则可以呼应客户，采用本地方言应答。若是外宾，应使用简单的英语。

银行职员在解答客户疑难问题时，要用简单易懂的语言，尽量不使用专业术语。如果客户在场，询问其他同事问题时应使用客户能听懂的语言，以表尊重。

（三）礼貌的称谓

老年人：老先生、老奶奶、老师傅、大爷、大妈等。

中青年：先生、女士、阿姨等（在知悉客户姓氏后，提倡使用亲情化称呼，如张叔叔、黄阿姨）。

青少年：小同学、小朋友。

直接称呼：您。

外国人士：Mr、Mrs、Miss。

在有第三方的情况下，称呼：那位先生/那位女士。

（四）常用的礼貌用语

问候语：早上好、下午好、晚上好。

祝愿语：祝您节日快乐/祝您生日快乐。

征询语：请问有什么需要帮忙吗？/请问办理什么业务？/我的解释您满意吗？

答应语：好的/是的/马上就好/我尽量按照您的要求去做/这是我们应该做的/不要紧/没

关系。

道歉语：请谅解/很抱歉，这是我们工作的疏忽。

答谢语：谢谢夸奖/谢谢您的建议/多谢合作。

银行职员工作有其特殊性，不同的岗位、职务的银行职员会面对不同的客户，那么语言上的具体要求和语言运用也会有所差别。例如大堂职员常用的服务语言有：您好，欢迎光临。请问您办理什么业务？请问您是用卡还是用存折？请您到自助服务区办理。这些都可以配有相应的引领手势。柜员常用的服务语言有：您好，请坐！请问您办理什么业务？请出示您的身份证、卡或存折。我为您清点现金，请看屏幕。这些语言问候也配合有相应的指引和递接手势。银行职员礼貌的服务用语，也是提升个人及银行形象的主要部分之一，要能够规范应用。

第二节　酒店员工职业形象设计

酒店员工的形象是酒店企业文化建设的一个重要项目，酒店产品的设计除了对酒店硬件的设计和对酒店形象的优化设计，更需要通过对员工形象的设计，来传递企业的文化和核心价值。员工的外表、礼仪及态度是用来判断酒店的信誉、产品和服务质量极为重要的标准之一。拥有洁净整齐外表的酒店员工能给顾客耳目一新的感觉，使顾客对酒店的卫生条件产生信任感，并成为酒店吸引顾客的一大魅力因素。

一、酒店员工形象设计

（一）仪容

面部：员工应保持面容整洁，上岗前应做好面容检查。男员工应养成每天刮胡子的习惯，不得留有胡须。鼻毛、耳毛要经常修剪，不得外露。要保持口腔和牙齿的清洁与卫生，不应吃容易造成异味的食物（例如：大蒜、大葱、洋葱、臭豆腐等食品）。

手部：保持手部干净卫生，常洗手，特别是指甲缝一定要清理干净，不得有残留物。不得留长指甲，指甲应经常修剪，以不过指尖为标准，不得在岗上或客人面前修剪指甲。

化妆：不得在皮肤外露处文身。使用的香水味道不宜刺鼻，要清新淡雅。

个人卫生：每次上岗前都必须自行检查一次，以树立大方得体、干净利落、温文尔雅的酒店服务人员良好的外部形象要求。

（1）应经常保持个人的清洁卫生，要勤洗澡、勤换衣。

（2）员工在岗时应精神饱满，表情自然，面带微笑。

（3）说话时应语气平和，语调亲切，不可过分夸张。

（4）眼睛应有神，体现出热情、礼貌、友善、诚恳。

（5）遇事从容大方、不卑不亢。

（6）与客人交谈时，目光应自然平视，不应上下打量客人。

（二）服饰

1. 工作服

（1）酒店全体员工按规定着统一制服，并穿戴整齐。

（2）制服应得体挺括，不应有皱折、破损、污渍，领子、袖口、裤脚要保持清洁，不应挽袖子或裤腿。

（3）穿着工服时，扣子应齐全、无松动，风纪扣必须扣上。

（4）工号牌要佩戴在上衣的左胸上方，与第二粒扣子平行；不得遮住扣花或左右倾斜。

（5）在非工作区域内不戴帽子时，应该将帽子放在统一区域整齐摆放，或是将帽子拿在左手，帽顶向上。

（6）不应在服装上佩戴与规定不符的饰品，如钥匙链、小装饰物等。

（7）除制服配套用腰带外，一律系黑色腰带。

（8）男员工着深色袜子，袜子不应有破洞或抽丝，应每天换洗。

（9）鞋子应保持干净、不变形、无破损，不得有污点、灰尘；皮鞋每天要擦拭，保持光泽度，鞋带要系好，不可拖拉于地面。

（10）非工作需要不得将制服穿出酒店区域外。

2. 发式

（1）应保持头发的清洁、整齐，不得有头垢、头屑，头发应光滑柔软，要有光泽。

（2）色泽统一，发干和发尾不能出现两截颜色，不得将头发染成自然色、黑色以外的颜色。

（3）男员工发式标准：分缝要齐，不得留大鬓角，前发不盖额、侧发不盖耳、后发不盖领。

3. 配饰

在工作岗位上的员工应注意修饰，正确得当的修饰能使人感到愉悦，得到顾客的认同，提升酒店的层次与形象，提高员工的气质与修养。不佩戴耳环、鼻环、手镯、手链、脚链、别针等饰物，可佩戴一枚结婚戒指（戒面与饰物高不应超过 5 毫米）。佩戴项链或在脖子上挂饰品不得外露。佩戴手表要以正装为主，不得戴过分张扬的手表（见插页图 8-1）。

注意事项

不应在岗或顾客面前打领带、提裤子、整理内衣。不可做检查裤拉链是否拉好、拉直下滑的袜子等不雅的动作。不应在岗或顾客面前抠鼻子、剪鼻毛、剔牙齿。在岗时不可打哈欠、打喷嚏、咳嗽，控制不住时应回避顾客。

（三）仪态

1. 站姿

（1）站姿应自然挺拔，头部端正，下额微收，两眼平视前方，面带微笑。

（2）身体直立，要挺胸收腹，两肩放平。应把重心放在两脚中间，双脚自然分开，位置基本与肩同宽，不可出现内八字脚或外八字脚。

（3）双臂自然下垂，双手应交叉于背后，左手轻握右手的手腕，右手成半握拳状，力度适中，手臂放松。左手手背垫与臀部肌肉上方，两腿应绷直，如因长时间站立感觉疲劳，可左右调整身体重心，但上身应保持直立。

（4）当与顾客距离2米时，应主动鞠躬问好。与顾客交流时，应与顾客保持0.6～1米距离，目光应注视在顾客的三角区内，不可上下打量顾客。若顾客的身高较低或声音较小，应上前站在顾客的左侧仔细聆听。

（5）为顾客指引方向时，应站在顾客的一侧用同侧的手为顾客指引，尽量引导顾客正视其想要去的地方。

（6）站行李台时，应在计算机位置，面向大堂站立，不得趴、靠、撑在行李台上，距离顾客2米时就应该主动问好（您好；您好，请慢走!）。

（7）站在侧门时，应在侧门内侧，与侧门保持90°站立，在顾客进出距离2米时拉门迎送进出店顾客，身体前倾30°鞠躬向顾客问好（您好；您好，请慢走!），除工作外不得随意走动，随时为顾客提供服务。

（8）站门童岗时，应于大堂转门外右侧站立，除工作外不得随意走动。

① 有车辆时，应做停车手势，指引车辆停在适当位置，主动上前开门、问好（您好；您好，请慢走!），并指引大门方向，后返回原岗位。

② 无车辆时，距离顾客2米时应鞠躬问好（您好；您好，请慢走！），并指引大门方向，后返回原岗位。

③ 在顾客有行李的情况下，都应主动上前询问顾客是否需要帮助!（您好，请问需要帮助吗？）

（9）在公共区域等候顾客。

① 顾客入住时应在顾客后方1.5～2米处站立等候，站在行李旁，保证站姿与行李安全。多个行李员等候时，应保持在同一直线上。

② 在大堂其他地方时，若时间过长应主动询问顾客是否可以将行李先存放于礼宾部。

③ 在电梯内应在电梯按钮旁站立，将行李车放在电梯内一边，向进出电梯顾客问好并帮助控制电梯（您好，请问您要到哪个楼层？）。进出电梯时，应为顾客护梯，请顾客先行："您的楼层到了，您请。"如带顾客进电梯或单独进电梯，遇到电梯内有顾客应问好："不好意思，打搅了。"

④ 在楼层等候顾客时，应在顾客左身后1.5米处站立，将行李放于身边靠墙的位置，保证行李安全。

⑤ 在客房门口等候时，应站立于房门口猫眼正前方，以便顾客确认员工身份，将行李车放于房门正前方，不得阻碍顾客通行，按一声门铃，隔三秒敲门三声，报"您好，行李员"，待顾客同意后方可进入房间为顾客提供服务。

2. 走姿

（1）行走时上体要保持正直，重心放准，身体重心可稍向前倾，头部要端正，双目平视，肩部放松。身体协调，两臂自然摆动，行走时步伐要稳健。

（2）方向明确，两脚行走线迹应相对为直线，不要内八字走路，或者过分地外八字走路，足迹在前方一线两侧。

（3）步幅不要过大，步速不要过快，应步幅适中（自己的腿长），速度均匀（60～100步/分钟）。

（4）迎面遇见顾客时，员工应主动靠右边行走，并向顾客问候。

（5）所有员工在饭店内行走，一律靠右而行，两人以上列队行走，不得与顾客抢道，绝不可气喘吁吁或因动作过急导致身体失衡冲撞了顾客。

（6）上下楼梯时，腰要挺、背要直、头要正，收腹挺胸、臀部微收，不要手扶楼梯扶手。

（7）陪同引导中，本人所处的位置应位于顾客的左前方 1 米左右，协调的速度应以顾客的速度为标准，及时的关照提醒拐角、楼梯或照明不佳处，路途中回答、指引时应保持正确的体位。

二、酒店员工语言表达

（一）问好

行 30° 鞠躬礼，保持微笑和目光接触，音量、音调应使人在 3 米内能够清晰、明确听到。顾客距离 2 米时，员工应准备问好。距离 1.5 米时开始鞠躬问好："您好!"如知道客人姓名及职位应问候："×先生，您好!"或"×总，您好!"

（二）交流语言

1. 需要避免的地方

（1）无反馈，无目光接触，无点头。

（2）无微笑，反驳，打断对方。

2. 不能说的话

（1）我知道您的意思是（打断顾客的话）……

（2）我不知道您在说什么……

（3）这是我们酒店的规定……

（4）您不能做/不允许做……

3. 成为好听众

身体前倾一些；保持有效距离内的音量；跟进式的提问；保持微笑。

4. 服务敬语

欢迎语：欢迎下榻××××酒店/欢迎您来用餐/欢迎您入住我们酒店。

问候语：您好/早上好/下午好/晚上好。

祝愿语：祝您生日快乐/祝您玩得开心/祝您旅途愉快。

告别语：再见/祝您一路平安/欢迎您再次光临。

征询语：我可以帮您吗？/可以上菜了吗？/可以整理房间吗？

答应语：好的/是的/马上就来。

道歉语：对不起/很抱歉/这是我们工作的疏忽。

答谢语：谢谢您的夸奖/谢谢您的建议/多谢您的合作。

指路语：请这边走/请从这里乘电梯/洗手间在这边。

5. 称呼

（1）对男士一般称先生，对未婚女士称小姐，对已婚女士称太太。

（2）对于无法确认是否已婚的西方女士，不管其年纪多大，只能称小姐。

（3）不知道顾客的姓氏时，可称“这位先生/这位小姐”。

（4）称呼第三者不可用“他/她”，而要称“那位先生/那位小姐”。

（5）对顾客称“您的先生/您的太太”是不礼貌的，应该称“刘先生/张太太”。

（三）电话语言

1. 标准

（1）接电话时，注意声音柔和，做到简洁明了。

（2）注意普通话标准，不可使用带有地方色彩的语言。

（3）首问责任制，谁接电话谁负责跟办到底，不可推诿工作。

（4）对所有来电一视同仁，按程序接听。台岗及办公室电话使用要求一致。

（5）尽量用左手接听电话（右手用于记录电话内容），禁止将电话夹在肩膀上。

2. 程序

1）接听

（1）接听电话动作要迅速，不得让电话铃响超过三声。

（2）表明自己的单位或岗位名称（先英文后中文）。

（3）问候对方。不得用“喂，喂，喂……”等方式喊话。

2）对方要找的人不在

（1）告诉顾客要找的人暂时不在；告诉其要找的人在何处，帮助顾客转拨电话。

（2）与对方约定准确的时间，请其到时间再打。留下对方的号码，待要找的顾客回来时打给对方；或者为对方留言。

3）拨打电话

（1）组织好讲话的内容，把有关资料放在电话的旁边。

（2）问候对方。

（3）表明自己的身份、岗位。

（4）确认顾客的身份后转入正题。

4）终止电话

（1）与顾客确认清楚通话内容后，使用结束语。

（2）如知道对方姓名应在称呼前加姓；不知对方姓名时应称呼“先生/小姐再见!”。

（3）必须等对方先挂断之后再切断电话，不可“砰”的一声猛然挂断。

5）如有顾客到台岗，需要拨打房间电话

（1）应询问房间顾客姓名等资料；如果是会议顾客或公司定房，应询问清楚相关的会议或公司资料，核对无误后方可为顾客拨打。

（2）同时还应询问清楚台岗顾客的身份。拨打电话后应由我部人员询问房间顾客是否愿意接听："您好，这里是礼宾部。×××先生/小姐想与您通话，您看是否方便?"在得到房间顾客确认后方可将电话双手递交台岗顾客使用。

（3）如房间顾客不同意接听，应告知台岗顾客："先生/小姐，顾客现在不方便接听电话。不好意思。"

（4）如台岗顾客有异议，应礼貌告知原因："这是出于酒店对顾客隐私保护的要求。"

3. 电话语言使用

（1）接听时可以说："您好，礼宾部"；"请问有什么可以效劳的?"

（2）如果对方要找的人不在，可以使用：

- "×××先生现在不在，请问有什么可以效劳的?"
- 告诉客人要找的人在何处及电话号码，请对方往那儿打电话。"他现在在××处，电话是××××××××。需要帮您转过去吗?"
- 或者与对方约定准确的时间，请其到时间再打："请您×分钟后再联系我们。"
- 留下对方的电话号码，待要找的顾客回来时打给对方："请您留下您的联系方式，我们会尽快与×××先生取得联系的。"
- 为对方留言："您有什么需要我们转告的?"了解转告内容后还应与客人再次确认。

（3）拨打电话时，可以使用：

- "您好。"
- 表明自己的身份、岗位："这里是礼宾部。请问×××先生在吗?"
- "×××先生，您好……"

（4）终止电话时，可以使用：

- "您看还有什么事需要我效劳吗?"
- 如知道对方姓名应在称呼前加姓"×先生/×小姐再见!"不知对方姓名时应称呼"先生/小姐再见!"。

（5）当客人需要转接电话时："请稍等，我马上帮您转接过去。"

（6）当无法满足顾客需要时："对不起，我马上帮您查询。请留下您的联系方式，我×分钟后给您回电话好吗?"

（7）当你能马上为顾客服务时："好的，我们马上为您服务。"

（8）在接听电话时，如有二线电话打进来，应在三声内接起告知一线顾客："对不起，请您稍等。"然后按"hold"键，再接二线电话。

三、酒店员工常用礼仪

（一）握手礼

（1）通常先打招呼再行握手礼，双方用右手与对方握手，握住对方的手后上下轻轻抖动数下，与被握手者距离应控制在一步左右。

（2）时间一般不得超过 5 秒，即说一句欢迎语或简单的客套话的时间。

（3）用力适度，不可过轻也不可过重，不得前后拉扯，也不可左右摇晃。

（4）必须面带微笑，注视并问候对方。

（5）顾客与服务人员之间，顾客先伸手；上下级之间，上级先伸手；年长者与年轻者之间，年长者先伸手；男士与女士之间，女士先伸手。

（6）冬天应先脱去手套再行握手礼，在室内不得戴帽子与顾客握手。

（7）双手不可交叉与两个顾客同时握手。

（二）颔首礼

（1）头往下方垂直的方向微微点动一下为颔首礼。

（2）在距顾客3米左右时应行颔首礼。

（3）注视对方，面带微笑，颔首示意。

（4）冬天若是戴帽子，以右手脱帽再行颔首礼。

（三）鞠躬礼

（1）立正站稳，上体前倾30°。

（2）等受礼者回礼或接受礼节后，恢复立正姿势。

（3）男员工双手自然下垂，双手贴在两侧裤缝。

（4）在鞠躬的同时问候“您好”。

（5）鞠躬时不要嘴里叼着烟或者吃东西，如戴帽子应先脱帽后再行礼。

（6）不要一面鞠躬一面试图看对方，不要礼毕起身后目光就立刻移至别处。

（7）鞠躬礼东方人士常用，欧美人士较少用。

（四）道别礼

（1）把右手举至肩膀一般平或略高于肩膀，手掌朝外左右摆动，同时说告别语。

（2）女员工站在服务台内跟顾客道别时，适用这种礼节。

（五）女士优先原则

一般情况下，在礼仪场合男士应遵守“女士优先”原则。

第三节　医务人员形象设计

医务人员要树立良好的医风，同样也应塑造端庄、精神的“衣风”。在某些医院，医务人员“衣风”不整的现象屡屡可见，常表现为如下几种：一是衣不合体，外表不协调，又对工作造成不便；二是衣冠不整，形象有失雅观；三是衣服脏或破，医生形象邋遢不堪，让人很难产生“白衣天使”之感。良好的“衣风”不仅能增强医务人员的仪表美，而且能反映医务工作者的内在气质、文化素养和精神风貌，是医院形象的展示，也是医院精神文明建设的一个重要组成部分。

一、医务人员的职业形象管理要求

对于新时代医务人员的整体要求，首先要举止规则：优雅大方、得体规范、服务患者。

善于处理人际关系，要心存尊重、培养能力、摆正位置、扮演好“角色”。工作严肃认真，坚守工作岗位，尽职尽责。同事间团结互助，不发生口角。严格执行查对制度，出现护理不良事件应及时报告，不得隐瞒。

二、医务人员的形象设计

（一）仪容

1. 妆容

医务人员要注意面部的清洁和适当的修饰。女性医务人员忌浓妆艳抹；男性医务人员忌不修剪胡须，鼻毛外溢，烟味浓烈。健康、自然、贴近生活的妆容能增进患者的亲近感和信任感。

2. 发型

女性医务人员淡妆上岗，长发应盘起，头发保持自然色，工作期间不允许佩戴夸张首饰与头饰。护士帽前沿距发际约 3～5 厘米，统一佩戴头花，头花高度平耳朵上缘。男性医务人员不得留长发，后枕部头发不得超过衣领，保留自然色，不得留胡须，不允许佩戴与职业不相符的夸张饰品。

（二）服饰

1. 工作服

工作时间必须规范穿着工作服；工作服大小型号选择合适，保持干净无污渍，穿前要熨烫平整；口袋勿填塞鼓满。女性医务人员夏季可穿着裙装，裙装长度不可超过工作服，可配肤色长筒丝袜；男性医务人员穿工作服必须穿长裤。工作服内需配协调的内里衣服，内穿上衣长度不得超出白工作服袖口。女性医务人员穿工作服内着裙装时，其裙装长度不得超过工作服下摆。工作服的所有衣扣要完全扣齐，扣子及缝线颜色统一为白色，扣子不可缺失。两侧袖扣均要扣齐，扣子及缝线颜色统一为白色。

2. 发饰

医务人员发饰要求简洁大方，工作时间必须按照医院或者部门要求洁净统一。不得散发披肩，头发超过衣领及长发应将头发盘于枕后；短发自然后梳，两鬓头发放于耳后，不可披散于面颊，要求前不遮眉、后不搭肩、侧不掩耳；男性医务人员不得留长发，保留自然色或黑色。

3. 胸卡

着工作服时应按规定佩戴胸卡，一般佩戴在工作服左胸处正面向外，胸卡表面干净、无污渍，不可粘贴他物，不得涂改和遮挡。

4. 工作鞋

医务人员上班期间不得穿与岗位无关的拖鞋，工作时应穿低跟、防滑、大小合适的鞋，要求后跟不超过 3 厘米；鞋应经常擦洗，保持干净，不可拖沓。护士穿工作鞋时要穿着白色或肉色袜。

5. 饰品

穿工作服时，不准戴戒指、耳环、手镯等明显饰物。

（三）仪态

1. 目光

对于医务人员的目光，要求能够自然、关注、热情、真诚、负责任、和患者互动。医务人员在服务患者时的目光要求能够做到目中有人、目中有情、目中有意、目中有礼。在与患者谈话时，多数时间应看着对方，正确的目光是自然地注视对方眉骨与鼻梁三角区，不能左顾右盼，也不能紧盯着对方；道别或握手时，应该用目光注视着对方的眼睛。整个谈话过程中视线接触患者面部的时间应占全部谈话时间的 50%～70%，每次视线接触 3 秒钟左右。避免紧盯着对方的禁区，除了诊断病情需要；避免上下反复打量；避免挤眉弄眼，好像在暗示；不允许斜视、审视患者及家属；不允许盛气凌人地俯视患者及家属。

2. 表情

对于医务人员的面部表情，要求能够自然、友善、亲和、真挚、和患者互动。在服务病人时，还要善于运用“移情”，这种移情的表情包括：对于病人状况或者情绪而产生的理解的表情、同情的表情、替患者着急的表情、表示歉意的表情、希望患者理解的表情等。

3. 站姿

挺胸、收腹、提臀、外展，下颌微收，两手相握自然置于下腹。良好的站姿体现静态美、礼貌、稳重、有教养。在患者就诊或与其沟通时避免东倒西歪、倚靠桌椅、双手抱臂、双手插兜等不雅体态。

4. 走姿

女士步伐宜轻盈、端庄、文雅，显示温柔之美；男士步伐宜坚定、稳重。医务人员在巡视病房或进行其他相关操作时应柔步无声、轻盈稳健，显出成熟自信。即便有紧急抢救或传出呼叫声，也严禁慌乱奔跑，要加快步伐，体现紧张有序、忙而不乱的业务能力，增加患者的安全感。

5. 坐姿

医务人员就座时应注意顺序、讲究方位、落座无声、入座得法、离座谨慎。入座要轻，在与患者进行病情沟通时，可坐在椅子的 2/3 处，后背轻靠椅背，双膝自然并拢（男士可略分开），头平正，挺胸、收腹、立腰。如长时间端坐，可将两腿交叉重叠，但要注意将腿往回收，脚尖下压。一般从左侧入座。起立时，右脚抽后收半步，而后站起，左侧撤出。坐时不可前倾后仰，或歪歪扭扭，不可将双腿伸到远处，不要跷脚或两腿过于分开；最忌讳的一点是双腿乱抖，这样会给人一种坐立不安的感觉，易引起患者心理的反感。坐在办公桌上、椅子扶手上、患者床上及趴伏在桌上都是不雅的行为。

三、医务人员的语言

医务人员在为患者服务中，应文明礼貌，举止文雅，语言亲切，不但有高超的技术，更要有服务语言的修养。

（一）医务人员言谈的重要性

（1）医学模式的转变、心理治疗、护理离不开言谈。

（2）言谈是与患者沟通的重要工具。

（3）医务人员的言谈是反映其整体形象的重要部分。

（二）医务人员言谈的基本要求

（1）尊重患者，做到礼貌、客气待患，区分不同患者，称呼准确。

（2）医务人员应尊重并用体贴关怀的语言调节病人的情绪，多使用文明用语，“请”字当先，“谢”不离口，常说“对不起”。

（3）医务人员要能够体现出充分理解和体谅患者，不刺激患者，不激化矛盾，尽可能消除患者心理压力和不稳定情绪。同时还要本着尊重科学的态度，向患者说明情况时，不要闪烁其词，使患者产生困惑。

（4）医务人员在与病人交谈时要用鼓励、愉快的声音，配合适当理解性动作表示对病人的关注和安慰，处处为患者着想，耐心向患者做好解释工作，语气要和缓，尽力消除患者的忧虑。

（5）与患者沟通时不但要说，还要懂得耐心倾听，要使自己成为有效的倾听者。首先在倾听过程中集中注意力，保持合适距离，不轻易打断对方的谈话和转变话题。为表示倾听可用点头等表示你已接受对方内容，了解对方意见，以鼓励对方继续说下去。

（三）医务人员规范的言谈用语

（1）基本用语：请、你好、谢谢、对不起、请原谅、不客气、谢谢合作等。

（2）称呼用语：老人家、先生、女士、小朋友。使用称呼用语要有礼貌，感情要真挚。

（3）接待用语：请进、请坐、有事请您再来、慢走。

不同岗位的医务人员，在使用接待用语时都要表现出发自内心的亲切、热情和耐心。例如在接待入院患者的时候，护士可以说：“您好！欢迎您来我科住院治疗，我是护士×××；今后您有什么事可以找我；您的主管医生是×医生，主管护士是×护士，他们很快就会来看您；您有什么要求，请告诉我们，我们将尽量帮助您；希望您在我科住院期间心情愉快，早日恢复健康。”让患者真正体会到被尊重和关怀，感受到医务人员带有温度的，甚至是惊喜的服务。

总之，医务人员在患者面前规范自己的仪表、举止和语言，既有利于建立良好的医患关系，又有利于患者保持良好的心理状态，从而更有利于患者疾病的治疗和康复，达到医患之间的共同目标。

疫情下的医护“形象”

第四节　空乘人员形象设计

作为高端服务行业，民航企业不仅为社会提供公共航空运输服务，而且向世界展示着中华民族的精神风貌。与乘客直接接触的空乘人员必然成为决定航空服务质量的活跃因素，影响着乘客对航空公司的整体评价，因此各个航空公司对空乘人员外在形象的要求也越来越高。

一、空乘人员的基本仪态要求

（一）美学条件

头身比良好，五官端正、肤色好，眉目清秀，轮廓清晰；颈部颀长、舒展，身材匀称，躯干有正常的生理曲度与良好的三围比例，挺胸，纤腰有力，臀丰而不下坠；下身长应超过上身长2厘米以上；着夏装时暴露部位无明显疤痕和色素异常；性格开朗、举止端庄（见图8-2）。

图8-2　空乘人员的形体条件

（二）训练要求

空乘人员在行业形体、仪态方面的要求相对于其他行业来说是比较高的，这种高要求是民航业对自身的独特要求，代表着各自航空公司的企业形象和服务素养，而对于那些国际航空公司的工作人员来说，他们甚至代表着一个国家民航业的形象。因此，形体、仪态是民航服务业的基本素养，只有在各方面素质都过硬的前提下，空乘人员的形体、仪态才有更出色地发挥。

在职的空乘人员可以通过健美操、瑜伽、有氧运动等途径塑造形体，通过标准的站、坐、行、蹲、微笑、手势等身体姿态的训练来塑造仪态美。

首先，要通过各种训练打造健美的形体，这一点对于空乘人员来讲，是最基本的条件。运动本身带有一种陶冶情操的意蕴，通过伸展躯体，放松肌肉，在身体健美的同时也释放了压力。而健美操运动量比较大，这样的运动对控制空乘人员的体重、塑造体形也非常必要。在航空作业中，空乘人员的工作量也不小，需要帮助旅客整理行李，提供用餐服务等。除此之外，还有很大一部分时间是站立的姿势，这就需要消耗很大的体能，而健美操则可以有效增强身体力量，有助于养成良好的身体素质。

其次，空乘人员的站姿、坐姿、行礼姿势等都有严格的要求，而这些工作人员之所以能有资历成为受人瞩目的形体、仪态的标榜，除了先天优良的身体条件，跟他们自身的锻炼和努力是分不开的。正确而有效的形体、仪态训练可以提升空乘人员的优雅气质，在形体、仪态的训练过程中，首先要以健康为基础、以健美为目标来开展训练，要注意空乘人员的身体比例的训练，使得身体比例能够协调、匀称，使一些不良的体态得到正确的引导和纠正。另外，就是保持仪态美，例如保持温暖的笑意，搭配宜人的服饰、练习标准且语速适中的普通话和英文等，这种仪态美的展示能够赢得旅客的信赖和欢迎，而且给自己的工作带来欢愉的情绪和幸福感。

空乘人员具体的仪态训练可以通过空乘相关的情景模拟进行训练，分组设定不同的客舱内容服务的场景进行规范的形体、仪态的训练。

（三）身高要求

女性身高为 160～175 厘米。
男性身高为 175～185 厘米。

（四）体重要求

30 岁以下体重 / 千克＝（身高 / 厘米-110）±（身高 / 厘米-110）×10%
30 岁以上体重 / 千克＝（身高 / 厘米-105）±（身高 / 厘米-105）×10%

二、空乘人员的形象设计

（一）仪容

空乘人员女士妆面要求干净整洁，一般情况下要求眼影、口红等颜色要与空乘人员的制服颜色相协调或者统一，不能使用过于鲜艳抢眼的颜色，以避免庸俗的妆容，引起乘客的反感。男士则要求面部清洁干净，不留胡须，可以做简单的润肤，避免皮肤过于干燥，及时修剪鼻毛不外露。

（二）发型

空乘人员的头发不应染过于鲜艳的颜色。女士长发者要求盘发，盘发发髻高度和耳郭最上端齐平，以 U 形发夹固定，确保发髻与头部紧密贴合、不松动，盘发后两鬓和后面不能有碎发，尽量不要刘海儿，有刘海儿的不能覆盖眉毛；留有短发者两侧头发可以稍遮脸颊。男士发型遵照前不覆额、侧不掩耳、后不及领的原则，可适当用定型美发产品定型修整。

（三）制服

空乘人员的制服应遵守航空公司制服穿着要求，根据不同季节，统一着装，统一佩戴工作牌或者其他证件；制服要保证干净平整，没有污渍，没有褶皱，没有破损；制服口袋除了工作时必要的物品，其他物品不装入口袋。女乘务员穿着制服时佩戴航空公司发放的丝巾，丝巾系法也尽量保持一致，乘务长有时会有不同，以简单大方为主。

（四）配饰

空乘人员在工作场景下穿着制服时，可佩戴款式简单、相对比较保守的配饰。在执行航班任务时，空乘人员必须佩戴手表，以纯色金属或者皮质表带为宜。其他配饰以少为佳，男士、女士都可以佩戴一枚简洁的戒指，男士不得佩戴任何耳饰，女士只允许佩戴一对样式简单的耳钉，女士允许佩戴项链，但不能外露。

（五）仪态

1. 微笑

微笑是超越语言限制的世界通用语言，是人际交往的润滑剂和通行证。尤其空乘人员的微笑表达出的是对乘客的热情、理解、关爱和尊重的情感，同时为乘客创造一种轻松的氛围，使乘客在享受服务的过程中感到愉快。

2. 站姿

空乘人员站姿要求，从上至下依次为：头部要正，肩膀要平，胸部要挺，腰部要立，腹部要收，臀部要夹，双腿要并（膝盖并齐，没有缝隙），双脚要靠（脚跟、脚尖并齐）。

3. 走姿

步态自然大方，有节奏感；造型自然有韵味，能把握人体的均衡性，有良好的身体表现能力；表情自然、有亲和力。具体要求为：头抬起、下颌收、双眼平视，表情自然平和，后背直立，双肩平稳，肩放松，胸要挺，收腹立腰，自然摆臂（摆幅以30°～50°为宜），步伐轻而稳、重心落在前脚。

4. 坐姿

空乘人员坐姿要求入座、离座无声响，落座后保持站姿上身挺拔直立的要求，根据服务时情景的不同，选择合适的手位和脚位。

空乘人员的形象设计

三、空乘人员的语言

良好的语言表达能力体现的是一个空乘人员的素质修养和人格魅力，可以更有效地传达信息和实现良好沟通，这也是对空乘人员的必然要求。对于空乘人员的语言表达的基本要求是：具有较好的语言表达能力，语言规范，表达流畅；口齿清晰、嗓音圆润，声音不干、不涩、不哑、不弱等；普通话标准，英文发音准确，富有表现力和感染力。

空乘人员良好的语言表达能力直接影响着其工作中的沟通能力。在平时的日常工作中，乘客都是来自天南地北，陌生感会在人与人之间的沟通中起到阻碍作用，所以这个时候就需要空乘人员通过准确的语言表达，能够快速有效地与乘客进行沟通，从而了解乘客的需求并及时提供支持。

第五节　文秘人员职业形象设计

文秘工作是文书和秘书工作的总称。文秘人员是机关领导的参谋和助手，在各级领导机关的日常工作中起到承上启下、联系内外、沟通左右的纽带作用。文秘人员的形象是指在公众面前树立的印象，它是通过衣着打扮、言行举止反映出其专业的态度、知识、技能等。文秘人员作为组织对外的“窗口”，其形象代表着文秘队伍的群体形象，代表着组织的整体形象，文秘人员的形象恰当与否在很大程度上决定着组织的成败。

一、文秘人员职业形象设计的原则

1. 应时

应时即与时代变化同步，与四季变化同步，务必要与穿着的具体时间相吻合，在不同的时间里应当穿着不同的服装，切不可不分四季、不分早晚或脱离时代地“乱穿衣”。

2. 应景

着装应当优先考虑到自己即将出现或主要活动的地点，尽量使自己的着装与自己所面临的环境保持和谐一致，绝不可以我行我素，自以为是，使自己的着装同自己所处的环境格格不入，或反差过大。

3. 应事

着装应当根据自己所办理的公事的不同而有所变化，普通场合做到正规、干净、整洁、文明，庄重场合力求庄重、高雅、严肃，喜庆场合要时尚、潇洒、鲜艳、明快，悲伤场合要素雅、肃穆、严整。

4. 应己

应己即应注意性别、年龄、肤色、形体四大问题。

5. 应制

着装必须合乎服装的自身规律，做到制度化、系列化、标准化。例如，办公时不得穿着汗衫、背心、短裤、拖鞋等“卧室服”，衣、裤、裙、帽、鞋、袜、包应相互呼应，配合协调，不要随意“拉郎配”；穿制服不允许敞怀，穿西服时宜穿白色衬衫并打领带，打领带后的标准长度是其下端抵达皮带扣。

二、文秘人员的外在形象

1. 服饰搭配

服饰的搭配是人体形态的外延。有人说衣服是人的第二张脸，这说明衣服对于人来说，其功能不单是御寒和遮羞，而是具有装饰、美化作用。衣服是一种无声的语言，它展示着一个人的身份、涵养、个性爱好、审美情趣等多种信息。服饰美并不是指穿戴要高档、打扮要时尚，而是讲服饰要得体、大方，并与所参加活动的时间、地点、场合相协调，与本人的年龄、性别、肤色、体形相适应，与职业身份、角色、地位相吻合，这是文秘人员在工作中塑造和维护自身形象的基础。作为文秘人员，其着装既要体现实用性，也要体现装饰性，体现个体自身的审美素质和组织形象。文秘工作起着信息汇总和传播的作用。建立良好的、相互了解和信任的关系，树立组织及文秘人员在各界公众中的良好形象和信誉，是文秘公关的主要内容。文秘人员要尽量把服饰的自然属性、社会属性、情感属性与秘书公关活动的礼仪属性结合起来，充分展示出秘书服饰的魅力，尽可能避免因着装不当而使自己或组织的声誉蒙受损失。文秘人员的职业服装要注意风格淡雅、扬长避短、力戒怪异。遵守成规，一般应该是简单线条加上剪裁大方的组合性套装，这样优雅大方、风格明快的服装既能表现秘书的身份和地位，也能增加客人对秘书的信任。文秘人员服饰从质地、款式、色彩乃至造型，都要表现一份优雅的气质。

2. 仪容、仪表的要求

文秘人员的仪表反映了他们的文化修养和格调，在日常工作中着装应该是大方得体的职业装。秘书重视仪表，并不是为了获得他人的赞美，而是为了更好地树立企业的形象，有助于为领导服务开展工作。所以文秘人员应时刻保持一个优雅、干练的外观形象，给公众以正面观感。

作为文秘人员，首先要保持整洁的发型、清爽的面孔。女士可以适度化妆，在工作岗位上宜施淡妆，白天的社交活动也应是淡妆，浓妆只适合晚上的娱乐性活动，如舞会等。

3. 行为举止的要求

文秘人员的一举一动都反映着企业的形象，因此注意行为举止是十分必要的。文秘人员要做到行为举止美，就要做到行为守规范，合乎法纪，合乎道德，合乎人情。要明白哪些可以为，哪些不可以为，以及应该怎样为。例如，谈话中下意识地摸后脑勺，就是尴尬不自然的动作，是拘束和怯场的表现，会被认为不善言谈、没见过大世面、交际经验贫乏；听人讲话时东张西望，会被认为心不在焉、不尊重他人；背着双手站立或行走，也会令人生厌，会被认为装腔作势、傲慢无礼；走路低头弓背、神态无力，则是消极、怯懦的表现，会被人认为没有生机、缺乏自信。

4. 语言的要求

说话是一种艺术，语言是人类最重要的交际工具。文秘人员在工作中，应注重自身的语言美。语言美不同于其他形态美，从内容到形式，再到结构，文秘人员的语言美都有着自己的特点。

首先，得体是口头表达不可或缺的品质。“看菜吃饭，量体裁衣”，是讲要根据不同的场合、对象确定相应的表现方式，使用最合适的言语以引起对方的共鸣，收到理想的效果。秘书说话一定要把握分寸、注重措辞，对重要问题的说明，特别是对人和事的定性，用语一定要慎重；要掌握“火候”，看准语境，当讲时必须讲，不当讲时一定不讲；注意增强语言的亲和力，切忌武断、生硬，以免影响人际关系。

其次，适当运用幽默风趣的语言。幽默不同于滑稽，滑稽只是插科打诨，贫嘴逗乐，让人笑笑而已；而幽默是智慧和思考的产物，它在引人发笑的同时，还具有促人思考和受到启迪的功效。幽默的语言材料往往是即兴发挥的，其技巧和方法也灵活多样，它需要借助语言的修辞方式，辅之以声调、姿态等手段，一般经过悬念、渲染、转换、亮底等几个环节，以获得出奇制胜的功效。

知识拓展　　女士穿衣注意事项

三、文秘人员的内在形象

1. 加强知性美的修养

知识给人智慧，知识使人完善，知识造就美德，知识使人豁达，知识使人善辩。作为一名文秘人员应该丰富自己的文化知识，提高内在修养。良好的外在形象是建立在自身的文化修养基础之上的，具备了一定的文化修养，才能使自身的形象更加丰满、完善。

2. 培养职业道德

职业道德是对从事一定职业的人的特殊道德要求，是人们在职业活动中必须遵循的、与其特定的职业相适应的行为规范。

首先，文秘人员要有一种敬业精神，要做好本职工作，要对组织忠心耿耿，要对工作认真负责。秘书要认定自己工作的辅助性，不要认为自己处于领导身边就以所谓的“二首长”自居，从而渎职、越位、越权，而是要甘当助手、配角，恪守本分，不狐假虎威，处理公务不掺杂私心杂念，辅助领导不阿谀奉承，多从工作着眼提方案、提建议。

其次，文秘人员需要廉洁奉公。秘书经常接触领导，与领导的关系密切。因此，秘书要秉公办事，奉公守法，不以权谋私，不索贿受贿，尤其不能借领导的名义批文件、写条子、打电话、拉关系、谋私利。

第六节　电视节目主持人形象设计

在信息时代，电视屏幕作为传播现代信息和文化知识的有效载体，通过电视播音员、主持人直观而生动的形象表达，使观众在短时间内了解更多更新的内容，从而看到一个五彩缤纷的世界。主持人作为电视连接观众最直接、最能沟通情感的中介，作为电视节目最积极、最能传情达意的主导人物，如何在不同的栏目中表现自我的才华、气质和语言特色，使之产生的艺术魅力更能吸引观众、赢得观众呢？电视节目主持人的形象就显得尤为重要。

一、电视节目主持人的形象特征

1. 外在形象与内在形象相结合

主持人的形象设计定位，从宏观角度看，应明确主持人在社会中的公众形象；从微观角度看，是指主持人在节目中的具体形象。所谓形象，并不是指主持人的相貌特征，而是指综合意义的整体形象，是一个主持人在具体节目中的思想感情、言谈举止给观众的整体印象。主持人这种大众传媒角色，既要代表特定的政治、经济利益，又要满足观众的需要。电视台是党和政府的新闻宣传机构，它的性质决定了节目主持人的公众形象就是党的宣传工作者、新闻工作者。电视是大众传媒，对于观众不能以专家学者的形象出现，更不能以演艺明星的身份出现，而是以能与观众真诚交流的朋友形象出现。只不过这个朋友，除了平等亲切，更应是在思想修养等各方面更胜一筹的朋友。

2. 电视节目形象和主持人形象相结合

节目形象是一个电视节目的宗旨、特点、内容、形式等在观众心目中形成的总体印象。主持人在主持节目之前，应该对节目的内容有全面深刻的了解，掌握一些最鲜活、最有价值的新闻素材，针对交流对象的地位、身份、职务、阅历的不同，准确地把握，或对名人的敬重，对老者的真诚，对患难者的同情，又或对伤病者的关心体贴……这种朴实、善解人意的心态，就很容易与观众沟通，以至于观众在这种和谐亲近的屏幕上有所感悟。

电视台的节目林林总总不计其数，根据节目的内容性质，可分为新闻、综艺、社教、体育、少儿、经济等类型，不同类型的节目要求主持人除了思想素质、敬业精神、语言能力等方面的共性，在知识结构、专业能力、性格特征方面还要有各不相同的要求，更要具有不同的主持风格。例如，新闻评论类的主持人需要敏锐的新闻素质和深刻的思辨能力；综艺节目的主持人要具备一定的艺术素质和较为靓丽的外表及优雅的体态；体育节目的主持人要有扎实的体育知识和灵活机敏的反应；少儿类的节目主持人首先要有一颗童心，以及丰富的想象力和活泼可爱的性格；经济类节目内容包容量大，要求主持人更要博学多才和反应机敏。

3. 个人形象与社会形象相结合

当主持人形象通过电视屏幕呈现在观众面前时，所代表的就不仅仅是个人形象，而是所在电视台的形象，是媒体的形象。应根据电视节目的内容、特点、对象等塑造自己的社会形象。我们每个社会人所处场合不同、环境不同、从事的职业不同，如果以和谐的妆容和服饰出现在公众面前，既能表现内在修养、增添自信，又是对他人的尊重，能够创造良好的社会氛围。在各种职业形象中，电视节目主持人的形象受到公众的议论和评价最多，是电视制作环节链的最终体现，很多电视台将主持人作为活台标，并从整体上对主持人的形象进行策划包装。

4. 个人创造与集体创造相结合

电视是主持人的舞台，说到舞台，当然就少不了舞美、灯光和化妆等。如果没有这些岗位工作人员的辛勤工作，再好的主持人也会黯然失色。电视是一门综合艺术，也是一种家庭艺术，各个门类相互影响，缺一不可。据资料统计，节目主持人的形象对其节目的收视率和被观众接受的程度有相当大的影响。电视台投入大量的人力、物力，精心策划，认真制作的节目，很有可能由于一个节目主持人的形象问题，而失去观众。主持人的形象是赏心悦目还是目不忍睹，这本身就会使电视观众产生认同感或排斥感。主持人的整体形象，凝聚着节目组创作集体的智慧和汗水。

二、电视节目主持人的仪态要求

电视节目主持人也是一种对形体、仪态要求较高的职业，这跟空乘人员还存在不同，因为电视节目主持人直接面对的不仅有录节目的嘉宾，还有时刻运转的摄像机镜头，这又给他们的工作提出了更高的要求。

电视节目主持人的形象好，是进入荧屏的首要条件，这里所谓的形象，严格来说就是形体、仪态。电视节目主持的形体、仪态训练除了关注基本的体态美训练，更主要着眼于提升他们的形体、仪态的审美能力，加强其对自身形体语言的感受，提升对其表达方式的应用和调整，以便保持最佳的形体、仪态出境，在出境时能够准确地把握语言表达、情感表达、信息传达等，从而使屏幕的播放得到最好的效果。

电视节目主持人在声音发出的要求上，可以说是各大行业中最高的，他们的普通话必须达到国家普通话水平考试的一级甲等，另外还要声情并茂，播出的语言不只是文字的复述，更要附加情感，所以仪态训练中有必要将主副语言的训练加入进来，以使语言的表达能够和仪态的展现相得益彰，相互融合，使语言学和美学完美结合。

再者，在电视节目主持这个行业中，表情的传达和目光的交流也是一项非常重要的训练内容。在节目录制中，如果主持人出现目光不定、表情不当等情况，就会严重影响到体态的展现，所以在训练中，要重视对主持人的表情和目光的培养训练，在节目录制之前，主持人应当将讲话稿内化成自己的语言，以便能够在现场录制中随机应变，应付自如。还要注意在面向嘉宾和观众的时候，要注视对方的眼睛和鼻子的三角区，避免直接注视对方的眼睛，让对方尴尬。

最后还需要阐明的是手势的训练。这也是体态训练中十分重要的内容。手势是在电视播音主持节目录制中必要的动作辅助，手势固定或过于频繁都不合适。在手势训练中，要注意使他们领悟手势语的重要意义，手势的展示一定要自然、大方、舒适、得体，不经意间展示，避免做作和刻意。

不同栏目的电视节目主持人的仪态要求有一定的差异。

1. 新闻类节目主持人的仪态

新闻类节目主持人的工作坐着进行的居多，所以这类主持人更应该注重面部妆容、服饰及上身姿态表现。在形体、仪态上注重表情、眼神的训练，要体现出庄重、真诚的表情，自然地微笑，不要有过多的表情。更要注重不同新闻内容的语速、语调、口型等。

另外，新闻类节目主持人不宜有过多的手势动作，应保持上身直立，挺胸，颈部挺直，双肩放松自然下沉，手臂自然放于桌面。

2. 综艺类节目主持人的仪态

综艺类节目主持人的形体、仪态要求可在上述形体、仪态训练的基础上更加灵活，甚至略有夸张的表现。面部表情要更加丰富，这样可以引起观众共鸣；语言夸张幽默，对观众有一定的吸引和带动思维的作用。在遵循基本手势动作标准规范的基础上，不但幅度较大，而且灵活性强。

总之，这类主持人要根据自身主持的具体节目在形体、仪态上体现出自身的特点和优势。

3. 生活类、益智类节目主持人的仪态

生活类、益智类节目主持人的形体、仪态要求自然、亲切，随意一些，这样能够很好地和观众融为一体，让参与者或者观众更放松自如地参与节目。

三、电视节目主持人的形象设计

1. 服从栏目的需要

服从栏目的需要，有两个原则：

协调——形象与节目的协调，男女或多个主持人之间的协调；突出——主导作用，不可以被淹没在现场观众中。

电视节目主持人是沟通节目与观众的中介，它缩短了观众与传播者的心理距离，主持人只有了解节目，正确地分析自己，才会与节目相融合。一个优秀的节目主持人其到位的主持中透露出来的人格魅力、学识修养，可以给节目增光添彩，成为节目的标志，使许多观众因为喜欢这位主持人而更喜欢他主持的节目。所以有一个为观众接受认可并欢迎的节目形象，是主持人形象定位的另一种含义。

主持人如果要成为节目的标志，就必须与节目的形象风格相统一。在具体节目中的形象定位，首先，要准确把握节目的定位，即了解节目的宗旨、内容范围、形式风格特点，尤其要注意到这一节目与同类节目的区别；其次，要清楚节目的服务对象，了解他们的心理和需求，然后进一步分析这个节目需要主持人具有哪些特点；最后，在这个基础上，完整地理解自我，知道自己相对于这个节目有什么优势，有什么不足，再结合前面的认识，强化自己适合于这个节目的优势，避免不适合节目的一些东西。这样，有了这些紧密联系节目和观众的分析，就初步形成了主持人的形象定位。例如我们主持经济类节目时，就应该根据节目性质，以敏锐、深思、干练的气质，揭示和剖析各种经济现象和问题。

不同的荧屏角色，化妆要求也不同。千人千面其实是一种好的状态，仅从化妆技巧来表现，不能表达电视造型工作的最终目的，主持人的形象与所在栏目的内容形态是否和谐非常重要；电视节目主持人化妆时，要考虑主持的节目是娱乐性的还是科学教育类的，是儿童节目还是庆祝晚会。不同种类的节目之间存在很大差异，不同性质的节目对化妆的要求也是不一样的，所以必须掌握更多的综合知识和化妆技巧。在服装与发型方面，新闻节目主持人的发型和服装大多比较端庄、素雅、稳重，妆面的色彩多运用过渡色；儿童节目主持人的服装和发型大多比较活泼，妆面的色彩亮丽纯净；时尚节目主持人的服装和发型大多比较时尚，跟随潮流，妆面色彩夸张浓艳，体现一种时尚风格的舞台形象。

2. 体现个性风采

适合于中国人的形象设计理念包括形、色、韵三个元素。

形：即人和物体的立体几何外形。

色：即人和物体的色彩外衣，色彩是人类文化的温度计，没有不好的色彩，只有不好的搭配。

韵：即个体的魅力和风格。

例如：一个人的脸比较宽大，化妆时可以夸大他（她）的五官，就像一个大房间里要放些大家具，小房间里要放些小家具，这样才协调。

如果主持人是同样的播音腔，同样的发型、神态，观众一个也记不住，多彩的人生、多彩的性格才构成了丰富的电视画面语言。

3. 最终要达到整体美

电视节目主持人的化妆不同于生活妆和舞台妆。生活妆追求真实、自然，舞台妆借助于色彩、灯光等因素，带有夸张性。而电视播音主持人的化妆更趋向于清新、淡雅的职业无痕化妆，应遵循色彩设计搭配规律，以及色与形的有机结合原理，结合化妆的技法设计，让每位主持人以完美的形象出现在荧屏上。现代的化妆理念是艺术、技术和科技手段的完美结合，如果仅仅把脸蛋化漂亮了，这不是真正专业意义上的化妆。必须懂得绘画技术、摄影技巧、色彩搭配原则、服装服饰搭配原则以及流行趋势、发型设计构思等，只有达到整体的协调搭配，才能称得上完美。所谓“完美”就是观众所有的审美都得到满足，因为现代观众的审美水平在逐步地提高，所以这些门类都值得我们用心思考和探索。

不同的节目主持人的发型设计也不同，要结合节目的性质，人的气质、妆面、服饰等因素的协调配合，从而达到整体美的效果。美永远蕴涵在真实和自然当中，美的造型不是在脸上作秀，而是能将观众的精神注入色彩，使色彩的语言诠释出生命的意义。要不断提高形象设计的理念意识、艺术修养、文化知识以及审美水准，从而设计出源于生活而高于生活的形象。外形精心设计、艺术搭配之后表现出的漫不经心的外表，刻意之后的随意，自身气质的自然流露是电视节目主持人所呈现出的最佳状态。

4. 受电视制作技术的制约

电视是光、电、磁传输和转换的制作手段，人们的视觉形象通过科学手段在电视中被分解成若干个相素，密密麻麻地组合在一起构成一个整体的画面。在电影银幕上，人的形象是被放大了的，而在电视中是被缩小在荧屏上。由于灯光背景对妆面的制约和影响，主持人化妆时必须了解光色与妆色之间的关系，光源太强烈，妆面的立体感就会减弱；顶光太强，线条又会过于明显，显得不自然。灯光的背景决定着主持人在屏幕上的效果也是不同的，应根据光线的强弱决定用色的深浅。如果主持人是在外景录制，那么妆面一定要强调清新自然，选择与日光接近的金色或橘色等。如果节目主持人主持文艺晚会，由于舞台灯光丰富亮丽，这时妆面可以浓烈一些，选择艳丽的颜色。总之，背景对妆面的影响主要是色彩方面。

四、主持人与记者的整体形象定位

1. 新闻类节目主持人的形象定位

新闻类节目主持人的形象代表着新闻的真实性。任何多余、夸张的修饰都会影响新闻节目的公正和可信度。新闻播音员的形象应该以职业风格为基础。

新闻类节目的女主持人在化妆上应该以自然、写实的风格为主，妆面的色彩应亮丽纯净。尤其是多数电视台的节目制作和播出环节由于数字化设备的日益普遍，观众收看到的图像清晰度和主观层次感不断提高，以往模拟设备所适用的化妆方法和技巧已经不能满足现在节目制作的需要。所以，新闻类节目主持人在化妆上宜自然真实，不宜浓妆艳抹。

服装方面应该选择端庄大方的职业装，里面配以衬衣、吊带、抹胸。在领间颈胸不宜大面积露出肌肤，领口不宜低于腋线。色彩上，不宜选用色彩纯度和明度高的颜色，如品红、绿、蓝等。应该选择纯度和明度低的颜色，如灰色或含灰色系，如红灰、蓝灰、紫灰等色彩。这类颜色给人以冷静沉着、典雅秀丽的感觉。

新闻类节目的男主持人在化妆上应该主要表现男性的力度，用色要简单，恰到好处。男性化妆无论在任何光源下都不应该有丝毫被化妆过的痕迹表现在电视画面中。发型应简洁、整齐、明快、自然。肤色应结实、健康。挺直的鼻型、有棱角的眉型和唇形是男主持人的化妆重点。过于夸张的修饰，会使男性的形象带有脂粉气（见插页图8-3）。

2. 综艺类节目主持人的形象定位

综艺类节目主持人形象的刻意或稍带有夸张的修饰效果，会带给观众对综艺节目的新奇和喜爱。

综艺类节目主持人在整体造型上本身就是一个看点。观众可以通过节目了解流行趋势，有些观众还会对主持人的穿着打扮加以模仿，这就是综艺节目能引领时尚潮流的原因之一，也是吸引一部分观众群的原因。

综艺类节目主持人在化妆上可以适当夸张一些。在眼影的色彩运用上可以大胆地选用一些比较亮的色彩，如粉红、玫红、绿色、蓝色、紫色等。在发型和服装上可时尚些。但考虑到观众欣赏层面和年龄段的不同，不可过于夸张和媚俗。

3. 生活类、益智类节目主持人的形象定位

生活类、益智类节目主持人形象应随意和自然。总体形象应随意而不刻意。

在化妆上应清新、自然，过于妖艳的妆面会增加与观众的距离感，妆面的色彩应该以暖色调为主，如粉红、粉绿等。发型也可以随意一些，这会使生活类、益智类节目主持人具有亲和力。不要选择晚会上常用的盘发或比较死板的发型。服装上不要选择太正式的职业装或礼服。

4. 记者的形象定位

记者形象定位的原则是融入采访对象，使他感觉与你很近，这样有助于采访的成功。

记者应根据不同的采访对象，来确定自己的着装。采访前应尽可能全面了解采访对象的职业、环境等。

1）采访对象是普通老百姓

在着装上应朴实、简洁、大方，男记者可穿夹克衫、风衣等；女记者可穿职业便装、普通裙装等。忌穿华丽的服装和色彩特别鲜艳的服装，这会使记者与采访对象之间的交流产生隔阂和障碍，增加距离感。如果采访对象的注意力集中在了记者的装束上，这无疑会喧宾夺主，采访的质量会大打折扣，甚至让采访记者扫兴而归。因此，当记者面对普通大众时，穿着应朴素、简洁，成为大众的一员，大家才会敞开心扉，把心里话、实情毫无保留地告诉记者，从而获得更多的信息和素材。

2）采访对象是政府官员或较正式的场合

在着装上应正式些。女记者可着较正式的西装套装，在款式上要正统些，领型忌怪异，可选择小西装领。在色彩上，不宜选用色彩纯度和亮度高的颜色，如大红、橙、绿等，可选择灰色、咖啡色系或含灰的色系，如红灰、紫灰、黄灰、绿灰、蓝灰等色彩，这类颜色给人冷静沉着、典雅秀丽的感觉，是高品位颜色。

3）采访对象是文艺界人士

着装可适当时尚，色彩可亮丽些。

4）采访对象是艺术家或作家

着装应强调文化品位，显现传统与现代的自然结合，优雅、适度。

思政拓展　　国民形象与国家形象

学习与思考

一、简答题

1. 简述银行职员的内在修养。
2. 简述文秘人员职业形象设计的原则。
3. 简述酒店员工职业形象设计。
4. 简述电视节目主持人的形象特征。

二、论述题

试论述个人职业形象与集体形象、国家形象的相关关系。

三、实践题

选择至少两种以上的职业进行形象设计训练。

第九章　个人仪态礼仪

名人名言

国尚礼则国昌，家尚礼则家大，身有礼则身修，心有礼则心泰。

——颜元

彬彬有礼的风度，主要是自我克制的表现。

——爱迪生

章前导读

文雅的仪风和悦人的仪态一直是人们孜孜不倦的追求。从表面看，个人礼仪所涉及的个人的仪容仪态、举手投足等看似小节小事，却忽视不得，因为细节之处显修养，举止言谈见文化。个人礼仪是社会个体的生活行为规范与待人处世的准则，是个人道德品质、文化素养、教养良知等精神内涵的外在表现。我们所提倡的个人礼仪是一种文明行为标准，其在个人行为方面的具体规定，无一不带有社会主义精神文明高尚而诚挚的特点。因此，个人礼仪作为一种社会文化，小到影响个人的自身形象，大到足以影响社会组织乃至国家和民族的整体形象。个人礼仪的核心是尊重他人，与人友善，知行合一，内外兼修。

学习目标

知识目标：辨析个人礼仪所产生的社会效应，了解和掌握个人日常仪态、基本礼仪。

能力目标：能够根据个人日常礼仪的基本要求，塑造良好的表情、站姿、行姿、坐姿、蹲姿等仪态。

素质目标：提高个人礼貌素养，强化公民的文明观念，牢固树立个人礼仪不仅是衡量一个人道德和修养的尺度，而且是衡量一个社会、一个国家文明程度的重要标志。

知识拓展　　个人礼仪的基本特征

第一节　站　　姿

站姿是日常生活中正式或非正式场合中第一个引人注视的姿势。站姿是人的静态造型动作，是其他人体造型动作的基础和起点。优美、典雅的站姿是发展人的不同质感美的起点和基础。

俗语“站如松”往往评价人们良好的站姿所衬托出的美好气质和风度，显示个人的自信，并给他人留下美好而隽永的印象。一个人如果站没站相，不但影响骨骼、体态的正常发展，也影响服装造型的呈现，更重要的是使一个人的气质大打折扣。

一、站姿基本要领

站姿的基本要点是挺直、均衡、灵活。

基本站立姿势的要求是“头正、颈直、两眼平视前方、闭嘴、下颚微收、双肩要平、微向后张、挺胸收腹、上体自然挺拔”。挺胸收腹时注意夹臀前送；双臂自然下垂，手指并拢，两脚尖张开夹角为45°～60°；身体重心穿过脊柱，落在两腿正中。从侧面看，重心应落在骨盆正中。从整体看，形成一种优美挺拔、精神饱满的状态。

良好的站姿应是以下各方面的综合表现。

（1）平肩，直颈，下颌微向前收；两眼平视，精神，面带微笑。

（2）直立，挺胸，收腹，略微收臀。

（3）两臂自然下垂，手指自然弯曲；两手亦可在体前交叉，一般是右手放在左手上。肘部应略向外张。男性在必要时可单手或双手背于背后。

（4）两腿伸直，膝盖放松，大腿稍收紧上提；身体重心落于前脚掌。

（5）上体保持标准站姿。

（6）两脚分立，与肩同宽。

（7）站累时，脚可向后撤半步，但上体仍需保持正直。

（8）将左脚收回，与右脚成垂直，左脚跟在右脚跟前面，两脚间有少许空间。

（9）右脚向后撤半步。

（10）身体重心移至右脚。

（11）男性站立时，双脚可微微张开，但不可超过肩宽。

（12）女性站立时，脚应成“V”形，膝和脚后跟应靠紧，身体重心应尽量提高。

 微课　　站姿基本要领 

二、常用站姿

1. 规范站姿

如前文介绍。

2. 叉手站姿

直立，双手在腹前交叉，右手搭在左手上。男子可两脚分开，距离不超过20厘米。女子可用小丁字步，即一脚稍微向前，脚跟靠在另一脚内侧。这种站姿端正中略有自由，郑重中略有放松。在站立中身体重心还可以在两脚间转换，以减轻疲劳，这是一种常用的接待站姿。

3. 背手站姿

双手在身后交叉，右手贴在左手外面，贴在两臀中间。两脚可分可并，分开时不超过肩宽，脚尖展开，挺胸立腰，收额收腹，双目平视。这种站姿优美中略带威严，易产生距离感，所以常用于门童和保卫人员。如果改为并立，则突出了尊重的意味。

4. 背垂手站姿

一手背在后面，贴在臀部，另一手自然下垂，手自然弯曲，中指对准裤缝，两脚既可以并拢也可以分开，也可以成小丁字步。这种站姿，男士多用，显得大方、英武、干练、洒脱。

三、应避免的站姿

（1）身体抖动或晃动（给人以漫不经心或没有教养的感觉）。

（2）双手插入衣袋或裤袋内（不严肃，拘谨小气；实在有必要时，可双手插入前裤袋）。

（3）双臂交叉抱于胸前（会有消极、防御、抗议之嫌。）

（4）双手或单手叉腰（往往含有进犯之意）。

（5）两腿交叉站立（不严肃）。

四、站姿训练

1. 基本站姿要领

（1）假想自己站在一个大时钟的正当中，面向 12 点的方向。

（2）后脚（右脚）脚尖指向 2～3 点的方向。

（3）前脚（左脚）脚尖指着正 12 点方向，脚跟顶着后脚的足弓部位。

（4）前脚膝盖放松，身体重心放在后脚。

（5）双手的姿势可以变换；双掌相握，轻轻放在肚脐的下方或放在后腰部皆可，左、右脚配合着变换，就不会觉得呆板。

（6）如此就完成一个很标准的站立姿势，反方向亦相同。

2. 社交中常见站姿训练

站立时手的摆放有三种方式：一是握手式，即右手握住左手，垂放于腹前，需微微上提并注意后开肩膀；二是垂手式，即两手放于身体两侧；三是背手式，即两手背后交叉。交谈时，双臂放松，手的位置可随意些。

基本动作：女士双脚成“V”形，男士双脚平行开立，距离不超过肩，保持站立的基本姿势，目视前方，面带微笑，均匀呼吸。

（1）握手式。在基本动作基础上双手交叉置于腹前，右手虎口卡住左手虎口，右手在上（见插页图 9-1）。

（2）垂手式。在基本动作基础上双臂自然下垂于体侧（见插页图 9-2）。

（3）背手式。在基本动作基础上双手交叉置于背后髋骨处，右手虎口卡住左手虎口，左手在上。

专家提示

（1）注意肌肉张弛的协调性，强调挺胸收腹，平肩梗颈，两肩适当放松。
（2）以标准站姿的形体感觉为基础，注意矫正不良的站立姿势。
（3）强调眼神、表情与站姿的配合，形视统一，才能显示站立姿势的美。

第二节　行　姿

行姿即人在行走时的姿势，是人体的动态姿势。

习语“行如风”往往评价人们良好的行姿，呈现稳健、敏捷、轻盈等步态。

一、基本行走姿势

走路姿势的基本要点是从容、平稳、直线。

男士走路要抬头挺胸，收腹直腰，两眼平视前方。行走间两肩不摇晃，步态稳健，以显示出阳刚、英武的男子汉风度。

女士走路时应头部端正，目光平和，直视前方。行走间上身挺直收腹，以肩关节为轴，两臂前后自然摆动，两手前后摆动幅度要小。出脚是直线不能画小半圆落地，前脚尖稍向外撇，两腿膝内侧要贴近，小步前进，走成直线。步态要自如、匀称、轻柔，以显示女性端庄、文静、典雅的窈窕之美（见插页图 9-3）。

二、不同着装的行姿

1. 穿平底鞋的行姿

走路比较自然、随便，要脚跟先落地，前行力度要均匀，走起路显得轻松大方。

由于穿平底鞋不受拘束，往往容易过分随意，步幅时大时小，速度时快时慢，还容易因随意而给人松懈的印象，应当注意防止。

2. 穿高跟鞋的行姿

由于穿上高跟鞋后脚跟提高了，身体重心自然前移，为了保持身体平衡，膝关节要绷直，胸部自然挺起，收腹、提臀、立腰，使走路更显挺拔，平添几分魅力。

穿高跟鞋走路时，直膝、立腰、收腹、紧臀、挺胸抬头。膝关节不要前曲，臀部不要向后撅。踝、膝、髋挺直。步幅要小，虽脚跟先着地，但脚底板平一些伸出去，感觉脚尖先着地，有一点像跳芭蕾舞时走路的姿态，两脚落地时脚跟要落在一条直线上，像一枝柳条上的柳叶一样，俗称“柳叶步”，就会感觉脚步比较轻盈、优雅。

有人穿高跟鞋走路时，用屈膝的方法来保持平衡，结果行姿不但不挺拔，反而因屈膝撅臀显得粗俗不雅。行进时一定要保持踝、膝等关节的挺直和挺胸、收腹、向上的姿态。

3. 上下楼梯的行姿

上楼或下楼时，上体均应保持直挺，且靠右行，勿低头看梯，两眼应正视前方。落脚要轻，重心一般位于前脚的前部，以求平稳。

4. 穿西装套装的行姿

着西装行走以直线为主，尽显穿着者的挺拔、优雅的风度。着西装时，后背保持平正，立直，步幅可略大，手臂放松伸直摆动，手势简洁大方。行走时男士不要晃动，女士不要左右摆髋。

5. 穿旗袍的行姿

女士行走时要身体挺拔，胸微含，下颌微收，不要塌腰撅臀。走路时，步幅不宜过大，以免旗袍开衩过大。两脚跟前后要走在一条线上，脚尖略微外开，两手臂在体侧自然摆动，幅度不宜过大。站立时，双手可交叉于腹前。

6. 穿裙装的行姿

穿着长裙显出女性身材的修长和飘逸美。行走时要平稳，步幅可稍大些。转动时，要注意头和身体相协调，调整头、胸、髋三轴的角度。

穿着短裙，要表现轻盈、敏捷、活泼、洒脱的风度，步幅不宜过大，但脚步频率可以稍快些，保持轻快灵巧的风格。

三、变向行姿

1. 后退步的行姿

与人告别时，应当后退两三步，再转身离去，退步时脚轻擦地面，步幅要小，先转身后转头。

2. 引导步的行姿

用于走在前边给宾客带路的步态。引导时要尽可能走在宾客左侧前方，整个身体半转向宾客方向，保持两步的距离，遇到上下楼梯、拐弯、进门时，要伸出左手示意，并提示客人上楼、进门等。

3. 前行转身步的行姿

在行进中要转弯时，要在距所转方向远侧落地后，立即以该脚掌为轴，转过全身，然后迈出另一脚。即向左拐，要右脚在前时转身；向右拐，要左脚在前时转身。

四、应避免的行姿

（1）身体乱晃乱摆（轻佻、浮夸、缺少教养）。

（2）双手反背于背后（傲慢、呆板）。

（3）双手插于裤袋（拘谨、小气）。

（4）步子太大或太小（太大不雅观，太小不大方）。

（5）弯腰驼背或步履拖沓（压抑、萎靡不振）。

五、行姿训练

基本动作：女士双脚并拢，挺胸、立腰、紧臀，两肩自然下垂；男士双脚平行开立，距离不超过肩，保持站立的基本姿势，目视前方，面带微笑，均匀呼吸。

行走时注意重心的前后移动，蹬地要有力。

1. 步度

男士每步 40 厘米，女士每步 30 厘米。

2. 步位

男士“走两点”，即左、右脚下不在一条线上；女士“一条线”，即左、右脚下位置在一条线上。练习时可稍放宽，注意两臂摆动、双脚移动与步位之间的控制。

3. 步速

男士每分钟约 110 步，女士每分钟约 120 步，可根据自身条件适当调整。

专家提示

（1）保持上体基本姿势不变，双臂摆动幅度要适度。

（2）练习时，重视步度、步位练习，那是良好走姿的基础。

（3）注意增强腰、背、胸、腿和手臂的力量和控制能力。

（4）可选择不同节奏的音乐，如布鲁斯、探戈、狐步、华尔兹等配合练习，这样不仅可以进行速度练习，还可以在音乐中体会到优美走姿带来的心理感受。

第三节　坐　　姿

坐姿一般来讲比较放松，是静态姿势。

习语“坐如钟”往往用来评价人们良好的坐姿，呈现稳重、大方等姿态。

一、基本坐姿

（1）就座时，应在适当之处，从座位左侧，缓慢而文雅、轻松而自然，毫无声息地着椅，以背部接近座椅，并坐在椅子的 3/4 处。如果将整个臀部塞满椅子，甚至把双手靠在脑后，是一种对对方不够尊重的行为，显得傲慢无礼。而仅坐在椅子的一角，则又是自卑胆小、拘谨害怕的反映。所以，在初次见面时，要特别注意把握就座位置的多少，从而展现出从容不迫、大大方方、不卑不亢、彬彬有礼的一面。

（2）男士就座时，上身挺直，稍向前倾。双腿平稳放好，双脚叉开，与肩同宽，双臂自然放松，或放在沙发扶手处，或置于双膝之上，以显示男士沉稳、成熟的阳刚之气。

（3）女士就座时，双腿不宜叉开，同时，将双手自然交叉或相叠于身前，以表现女性轻盈秀气的阴柔之美。

（4）宾主正式友好交谈时，就座的位置一般是主左宾右，即主人坐在左方，客人坐在右方，以显示对宾客的尊重。

（5）宾主交谈时，应相邻而坐，相对而跷。相邻而坐，体现了宾主之间亲切友好的和睦关系。而相对而跷，又暗示了双方交谈氛围的融洽和谐。

（6）离座时，应先有表示，注意先后，起身缓慢，站好再走，从左侧离开。

二、常用坐姿

1. 女士常用八种坐姿

（1）标准式：给人严谨、诚恳的印象，一般适用于比较正式的场合。轻缓地走到座位前，如果是从椅子的后面靠近椅子的，应从椅子的左边走到座位前。背向椅子，右脚稍向后撤，使腿肚贴到椅子边；两膝并拢，同时上体前倾向下落座。如果穿的是裙装，在落座时要用双手在后边从上往下把裙子拢一下，以防止出皱折或因裙子被打折坐住后使腿部裸露过多。

坐下后，上体挺直，两肩平正，两臂自然弯曲，两手交叉叠放在两腿中部，并靠近小腹。两膝并拢，小腿垂直于地面，两脚可保持小丁字步。在长辈和尊者面前可视座椅大小坐 1/2 或 2/3（见插页图 9-4）。

（2）前伸式：在标准坐姿的基础上，两小腿向前伸出一脚的距离，脚尖不要跷起。

（3）前交叉式：在前伸式坐姿的基础上，右脚后缩，与左脚交叉，两踝关节重叠，两脚尖着地。

（4）屈直式：左脚前伸，右小腿屈回，大腿靠紧，两脚着地并在一条直线上。

（5）后点式：两小腿后屈，脚尖着地，双膝并拢。

（6）侧点式：两小腿向左斜出，两膝并拢，右脚跟靠拢左脚内侧，右脚掌和左脚尖着地，头和上体微向左倾斜。注意大小腿成 90°，小腿要充分伸直，尽量显示小腿长度。一般适用于座椅比较低，双腿无法垂直时。

（7）侧挂式：在侧点式基础上，左小腿后屈，脚绷直，脚掌内侧着地，右脚提起，用脚面贴住左脚踝，膝和小腿并拢，上体右转。

（8）重叠式：也叫“二郎腿”或标准式架腿等。在标准式坐姿的基础上，两腿向前，一条腿提起，轻柔地将腿窝落在一条腿的上边。要注意上边的腿向里收，贴住另一条腿，两脚尖朝同一方向向下。

重叠式还有正身、侧身之分，手部也可有交叉、托肋、扶把手等多种变化。

二郎腿一般被认为是一种不严肃、不庄重的坐姿，尤其是女式不宜采用。其实，这种坐姿常常被采用，因为只要注意上面的小腿向回收、脚尖向下这两个要求，不仅外观优美文雅，大方自然，富有亲近感，而且可以充分展示女性的风采和魅力。注意，在马来西亚人面前，任何人都最好不要架腿。

如果你做这种姿势时，上腿搭起来感觉吃力而困难，这就表明你太胖了，应该马上减肥或运动，以减少大腿部分的脂肪。

坐时，要使膝盖与脚尖的距离尽量拉远。当脚斜伸出去时，脚背要用力挺直，这时脚尖与膝盖的距离最远，视觉上产生延伸效果，使小腿部分看起来修长。

2. 男士常用六种坐姿

（1）标准式：上身正直上挺，双肩正平，两手放在两腿或扶手上，双膝并拢，小腿垂直于地面，两脚自然分开成45°（见插页图9-5）。

（2）前伸式：在标准式的基础上，两小腿前伸一脚的长度，左脚向前半脚，脚尖不要跷起。

（3）前交叉式：小腿前伸，两脚踝部交叉。

（4）屈直式：左小腿屈回，前脚掌着地，右脚前伸，双膝并拢。

（5）斜身交叉式：两小腿交叉向左斜出，上体向右倾，右肘放在扶手上，左手扶把手。

（6）重叠式：右腿叠在左膝上部，右小腿内收贴向左腿，脚尖自然下垂。

三、应避免的坐姿

（1）脚尖指向他人。就座时，要注意不可将脚尖冲向对方，以免给人造成咄咄逼人的架势。

（2）架腿方式欠妥。女性就座时，如穿旗袍，不可跷腿，以免裸露过多。也不可将其高跟鞋随意脱下，有碍文明。

（3）腿部抖动摇晃。无论男女，坐下后，手脚都应有所约束，不要抖动双腿，以免给人造成缺乏修养的印象。更不可猛起猛坐，给人以粗鲁无礼之感。

（4）双腿直伸出去。坐下后，不宜将双腿直挺挺地伸向前方。这样做不仅会有碍于人，而且有碍观瞻。身前若有桌子，双腿尽量不要伸到外面。

（5）脚跟接触地面。坐下后如以脚部触地，通常不允许仅以脚跟接触地面，而将脚尖跷起。

（6）手部置于桌下。就座后，身前有桌时，双手皆应置于其上，单手或双手放于其下，都是不允许的。

正确的坐姿能够反映出良好的习惯、优雅的气质和高雅的风度，反之就会表现出低劣的修养、粗俗的气质和平庸的风度。而这些并非和一个人的学识成正比。因此，“从某种意义上讲，生活中最重要的是礼貌，它比一切学识都重要”这句话，是有一定道理的。每一个人都应把握正确的坐姿，从而准确地表达自己的感情，使动机和效果完美地统一起来。

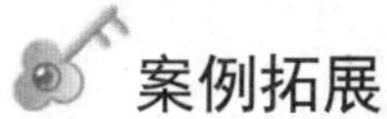 案例拓展　　被“抖掉”的合作机会 

四、离座的要求

（1）先有表示。离开座椅时，身旁如有人在座，须以语言或动作向其先示意，随后方可站起身来。突然站起，有时会令人受到惊扰。

（2）注意先后。与他人同时离座，须注意起身的先后次序，地位低于对方时，应稍后离座。地位高于对方时，则可首先离座。双方身份相似时，才可同时起身离座。

（3）起身缓慢。起身离座时，最好动作轻缓，无声无息，尤其要避免“拖泥带水”，弄响座椅，或将椅罩掉在地上。

（4）站好再走。离开座椅后，先要采用“基本的站姿”，站定之后，方可离去。要是起身便跑，或是起身与走开同时进行，则会显得自己过于匆忙。

（5）从左离开。一般离座起身后，宜从左侧离开。与“左入”一样，“左出”也是一种礼节。

第四节　蹲　　姿

蹲姿在日常生活和交际中不常用，但错误很常见。如何使蹲姿表现得文雅大方呢？本节我们就对蹲姿进行简单介绍。

一、基本蹲姿

1. 女士的蹲姿

（1）高低式：女士在穿裙子时采用这种蹲姿比较安全。标准站姿时右脚向后撤半步，两腿平行，右手手背捋裙摆，后背直立，上身和地面保持垂直下蹲，左脚全脚着地，右脚脚跟提起，脚掌着地，以右腿支撑，双膝紧靠，臀部向下，双手交叠，放于裙角处。左膝高于右膝，臀部向下，上体稍向前倾。重心主要在左脚（见插页图 9-6）。

（2）交叉式：左腿向前交于右腿，两小腿交叠，右手手背捋裙摆，上身和地面保持垂直下蹲，左脚全脚着地，右脚脚跟提起，脚掌着地，双腿支撑，臀部向下，双手交叠放在高腿裙角处。

（3）半蹲式：常用于行进间。下蹲时双腿微弯曲，上体微前倾，两脚可以并拢或微分，重心在两脚之间。

（4）半跪式：一蹲一跪的姿势，是一种非正式蹲姿，即一条腿膝盖着地，另一条腿全脚掌着地，双腿尽量靠拢。多用于下蹲时间比较长（军事需要）或交谈对象需要长久俯身时（与轮椅朋友或儿童交谈时）。

2. 男士的蹲姿

基本同女士的蹲姿，但两腿须有一定距离，不要靠紧。

3. 低处拾物

当你拾捡掉落的东西或取放低处物品时，最好走近物品再采用蹲姿。这样既可以轻松自如地达到目的，又能展示优美的体态。

二、应避免的蹲姿

（1）不要突然下蹲。蹲下来的时候，不要速度过快。当自己在行进中需要下蹲时，要特别注意这一点。

（2）不要离人太近。在下蹲时，应和身边的人保持一定距离。和他人同时下蹲时，更不能忽略双方的距离，以防彼此“迎头相撞”或发生其他误会。

（3）不要方位失当。在他人身边下蹲时，最好是和他人侧身相向。正对他人，或者背对他人下蹲，通常都是不礼貌的。

（4）不要毫无遮掩。直腿下腰翘臀或双腿下蹲地取拾物品，在大庭广众面前，尤其是着裙装时，一定要避免下身毫无遮掩的情况，特别是要防止大腿叉开。

（5）不要蹲在凳子或椅子上。

第五节　手　　势

手是传情达意的重要手段和工具。劳动创造了人，劳动离不开手，手使人具有了区别于其他动物的特殊本质。手势是人的第二面孔，虽不能完全表达出我们所经历过的事情大小、模样、节奏、分量或感觉，但具有抽象、形象、情意、指示等多种表达功能，可以反映事实。有时说话的同时，我们的手就会画出未说出的“言外之意”。为了有效地根据不同对象适度施礼，我们必须通过对方的手所表现出来的各种仪态，根据现代体态语言的研究成果，判读他人手势语的真实含义，然后决定自己如何去施礼或受礼。

一、手势分类

（1）情意手势。表达动作者的表情，使其内涵丰富，寓意深刻。例如鼓掌、挥手、伸大拇指等。

（2）象征手势。表示某种抽象的信念，请他人予以理解。例如：宣誓、敬礼。

（3）形象手势。在交往中模拟某种状物，给人一种具体、形象的感觉。例如：请给我一杯水。

（4）指示手势。指示具体的某项行为和事情的手势。例如：请看屏幕提示。

二、规范的手势

规范的手势应当是手掌自然伸直，掌心向内向上，手指并拢，拇指稍稍自然分开，手腕伸直，使手与小臂成一条直线，肘关节自然弯曲，大小臂的弯曲以 140° 为宜。

在做手势时，要讲究柔美、流畅，做到欲上先下、欲左先右，避免僵硬死板、缺乏韵味。同时配合眼神、表情和其他姿势，使手势更显协调大方。

三、常用手势

（1）横摆式：常用于“请进”“请”。做法是：五指并拢，手掌自然伸直，手心向上，肘微弯曲，腕低于肘。开始做手势应从腹部之前抬起，以肘为轴轻缓向一旁摆出，到腰部并与身体成 45° 时停止。头部和上身微向伸出手的一侧倾斜，另一手下垂或放在背后，目视宾客，面带微笑，表现出对宾客的尊敬、欢迎。

（2）前摆式：如果右手拿着东西或扶着门又要向宾客做出向右“请”的手势时，可以用前摆式，五指并拢，手掌伸直，由身体一侧由下向上抬起，以肩关节为轴，到腰的高度再向身前右方摆去，摆至距身前15厘米，并不超过躯干的位置。目视来宾，面带笑容，也可双手前摆。

（3）双臂横摆式：用于当来宾较多时，表示“请”的动作需大一些。两臂从身体两侧向前上方抬起，两肘微曲，向两侧摆出。指向前进一侧方向的臂应抬高一些，伸直一些，另一手稍低一些，曲一些。也可以双臂向一个方向摆出（见插页图9-7）。

（4）斜摆式：请客人落座时，手势应摆向座位的方向，手要先从身体一侧抬起，至高于腰部后，再向下摆去，使大小臂成一条斜线（见插页图9-8）。

（5）直臂式：常用于给宾客指方向时。手指并拢，掌伸直，曲肘从身前抬起，向抬到的方向摆去，摆到肩的高度时停止，肘关节基本伸直。

 微课　　常用手势 

四、不同手势通常的含义

双手自然摊开，表示心情轻松，坦诚而无顾忌。

紧攥双拳，表明怒不可遏或准备“决战到底”。

以手支头，表明对方对你的话全神贯注或十分厌烦。

迅速用手捂在嘴前，表明觉得吃惊。

用手成“八”字形托住下颌，是沉思或深算的表现。

用手挠后脑、抓耳垂，表明有些羞涩或不知所措。

手无目的地乱动，表明很紧张，情绪难控。

不自觉地摸下巴、擦眼睛，表明十有八九没说实话。

双手相搓，如果不是天冷，就是在表示一种期待。

咬手指或指甲，如果不是幼儿，那说明在心理上一定不成熟，涉世不深。

指尖相对，支于胸前或下巴，是自信的表现。

与你说话时，双手插于口袋，则显示出没把你放在眼里或不信任。

（1）“OK”形手势的含义：拇指和食指合成一个圆圈，其余三个指头伸直或略曲（见插页图9-9）。在中国和世界其他一些地方，伸手示数时表示0或3；在美国、英国，表示“赞同”“了不起”的意思；在法国，表示0或没有；在泰国表示没问题、请便；在日本、缅甸、韩国表示金钱；在印度表示正确、不错；在突尼斯表示“傻瓜”；在巴西表示侮辱男人、引诱女人。

（2）“V”形手势的含义：食指和中指上伸成“V”形，拇指弯曲压于无名指和小指上，这个动作在示数时表示2。用它表示victory（胜利），据说是第二次世界大战时期英国首相丘吉尔发明的。不过，表示胜利时掌心要向外，如果掌心向内，就是贬低人、侮辱人。在希腊，这一手势即使掌心向外，如手臂伸直，也有对人不恭之嫌。

（3）举食指手势的含义：左手或右手握拳，伸直食指（见插页图9-10），在世界大多数国家表示数字1；在法国则表示“请求提问”；在新加坡表示“最重要”；在澳大利亚则表示

“请再来一杯啤酒”。

（4）举大拇指手势的含义：在我国，左手或右手握拳，伸出大拇指，表示“好”“了不起”等，有赞赏、夸奖之意；在意大利，伸出手指数数时表示1；在希腊表示“够了”，是让对方“滚蛋”之意。中国人在与希腊人交往时，千万不要按着本国的习惯使用这一手势去称赞对方，以防止出现笑话或产生不愉快的结局。拇指下伸在澳大利亚表示“厌恶”“坏蛋”；在美国、英国、澳大利亚等国表示“好”“行”“不错”，拇指左、右伸则大多是向司机示意搭车方向。

作为人体语言之一的手势语还有许多。特别是在国外，人们在日常生活中常常借助各种手势来表达自己的思想和愿望，久而久之，这些手势形成一定的思想意义，为本国和本民族所熟悉。然而，有时在不同地区，同一种手势会表达截然相反的意思。对此，我们应大体掌握，以便在国际交往中恰当地使用各种手势，准确表达自己的内心感情，判断他人的态度情感，建立友好的人际关系。

（1）搓手掌。搓手掌即两手相互摩擦搓动，冬天人们有时用它来增加手掌热量，以防冷冻。在运动场上运动员搓手掌又表示对成功的一种期待心理。假如推销员使用这一手势，则是告诉对方：“我们又搞到一笔好生意！”而在国外一些饭店，当顾客就餐结束前，服务员面对顾客搓手掌，并问：“先生，您还想喝点什么？”这时，搓手掌则暗示期待小费或渴望赞扬的心理。

（2）合十礼。在印度、尼泊尔以及东南亚信仰佛教的一些国家，晚辈见到长辈，下级见到上级，妻子见到丈夫，都要行这种见面礼，以示尊敬。而对方不必还礼。在同事之间，双方则互用双手合十礼。所以，当对方向我们致以这种礼节时，应以双手合十礼相还。行合十礼一般双目注视对方，双手十指在胸前约20厘米处对合，手指并拢向上，手掌略向外倾斜，指尖一般在下颌位，指尖越高礼越重，指尖高过头一般为礼佛，然后低头，双腿直立，上身前倾约30°～45°，对合的双手微微上举。施礼时若戴帽子，必须先摘下夹左腋下方，方可施礼。

另外，与手势语相关的一些动作，如点头，在大多数国家表示肯定、同意、赞成之意；而在保加利亚、希腊等国，点头表示不同意或不赞成。再如在剧院观看演员演出，中国、日本以及其他一些国家的人们用频频鼓掌表示对演员的欢迎和鼓励，英国人则用有节奏的拍掌，表示对演员演技的不满。在意大利、西班牙、葡萄牙、法国以及大部分拉丁美洲国家，人们把三个指头按在嘴上并发出亲吻声，表示对演出的赞许，但同一动作在部分巴西人中却是对拙劣演技发泄不满。还有一种，用食指把自己眼睛往下扒一下的动作，也常在涉外交往中使用。这种动作在意大利、西班牙等国是在提醒某人有危险，在英国意味着自己所做的事被对方看穿，在拉丁美洲表示殷勤和客气，在澳大利亚则表示对某人蔑视。

了解以上这些常见的手势语及相关的一些动作，并掌握其在不同国家、民族和地区的不同含义，可以避免可能发生的误会，或避免使自己陷入困境，从而减少阻力，提高交际效益。

五、应避免的手势

（1）注意指引方向时，不可以用一根手指指出，那样显得不礼貌。更不要指指点点与他人说话，否则不仅不礼貌，更是对他人的轻视和瞧不起。

（2）不要有过多的指指点点。

（3）指自己时宜用右手手掌向内抚于胸口，不用拇指指自己。

（4）打响指是一些人在兴奋时的习惯动作，有些人在碰到熟人或招呼服务员时，常常用打响指来表示，这不仅是对对方的不尊重，也表明自己不严肃，应予以纠正。

第六节　目光与微笑

眼睛被人们称为心灵的窗户。这是因为心灵深处的奥秘常常会自然而然地从眼神中流露出来。印度诗人泰戈尔说："一旦学会了眼睛的语言，表情的变化将是无穷无尽的。"这说明，眼睛语言的表现力极强，是其他举止无法比拟的。

一、表情的特征

人们的交流方式多种多样，表情是人体语言最丰富的部分，是人的内心情绪的流露，人的喜、怒、哀、乐可通过表情来体现和反映。表情类型有面部表情、声音表情、身段表情三种，其中最主要的是面部表情。目光是传达思想感情的一种重要方式，是面部表情中的核心，眼神的力量远远超出我们用语言可以表达的内容。在不同场合与不同对象交流时，应运用不同的目光和不同的注视区间。在交流过程中，应设身处地地站在说话者的角度，用适当的表情与语言，表现理解与专注，形成一定的交流呼应。

表情就像文字一样，可以将我们的内心世界表达出来。"脸"是我们传达表情的第一窗口，脸部的表情自己无法看到，但各种情绪或心境都会表现在脸上。面部的表情有先天的因素，但是一个人后天的气质、风度、价值观的变化必然反映在脸上。这就是说，人的惊、喜、怒、悲、傲、惧等基本表情同人的其他素质一样，是由人的文化修养、气质特征等内在变化决定的。所以，也有人说脸部就是人生的一张履历表。

有一次，有人向林肯总统推荐一个人做内阁成员，林肯没有用他，理由是："不喜欢他的长相。"推荐人认为："这太苛刻，他不能对自己天生的面孔负责。"而林肯说："不，一个人过了四十岁，就该对自己的面孔负责。"

想要带给别人美好的印象和好感，其实并非完全取决于一个人的长相，一张笑眯眯的脸、一双神采奕奕的眼睛才是左右第一印象的关键。笑容是无声的语言，也是人际沟通的桥梁，能够使初次会面的人解除防卫。"有笑容的脸"是成功的一大因素，公关人员在与公众打交道时，最常用的礼仪形式就是面带微笑。因为笑容带给人一种亲切、友善、鼓舞的信息，对于第一次见面的人，向对方展示善意的微笑，也就是暗示可以在互相信赖的关系上进行沟通，双方就很容易进入谈话的情境，所以说笑容是人际关系最好的润滑剂。

东方人生性保守，脸部尤其缺乏表情，甚至有些人要隐藏心中的情绪，更要练到喜怒不形于色，让人无法捉摸才认为是高明。也有些女孩长得不难看，可是面无表情，眼神冷若冰霜，也许她并没有拒人于千里之外的意思，可是她的表情已让人退避三舍。缺乏微笑是人际交往活动失败的最基本原因之一。

二、眼神的类型

人的眼睛的表现力是极为丰富、极为微妙的，所谓“传神写照正在阿堵中”。目光受感情制约，把握好自己的内心感情，有助于在与人交往中学会正确地运用目光。

1. 直视型

直视与长时间的凝视可理解为对私人占有空间和个人势力圈的侵犯，是很不礼貌的。直视对方，使人有压迫感。初次见面或不太熟悉的男性用这种目光看女性，会使女性感到很不自然，以致产生反感。若女性用这种目光看男性，则有失稳重。

2. 游移型

与对方谈话时，目光总习惯四处游移，容易给人心神不定、不够坦率和不够诚实的感觉，不利于双方的交谈。

3. 柔视型

目光直视对方，但眼神不是火辣辣的，目光有神，但又不失柔和。这种目光给人一种自信和亲切的感觉。这是一种善于运用目光、容易与人相处且富有修养的人。

4. 热情型

目光充满活力，给人以活泼、开朗和蓬勃向上的感觉。这种目光运用得当，可以使对方情绪渐涨，提高谈话兴趣；但如果不分对象，不分场合，一味热情相望，也可能产生相反的效果。

5. 他视型

与对方讲话，眼睛却望着别处，容易使对方产生误解，是不尊重他人的注视形式。

6. 斜视型

目光不是从眼睛正中而是从眼角看向对方的。这是极为失礼的行为，会让对方感到被轻视、不够尊重。

7. 无神型

目光疲软，视线下垂，不时看向自己的鼻尖。这种目光透视出冷漠之感，往往会大大降低谈话的交流效果。

三、注视区间

（1）公务注视区间。公务注视区间指在进行业务洽谈、商务谈判、布置任务等谈话时采用的注视区间。这一区间的范围一般是以两眼为底线，以前额上部为顶点所连接成的三角区域。由于注视这一部位能造成严肃认真、居高临下、压住对方的效果，所以常为企图处于优势的商人、外交人员、指挥员所采用，以便帮助他们掌握谈话的主动权和控制权。

（2）社交注视区间。社交注视区间指人们在普通的社交场合中采用的注视区间。其范围是以两眼为上限，以下颚为顶点所连接成的倒三角区域。由于注视这一区域容易形成平等感，所以常被公关人员在茶话会、舞会、酒会、联欢会以及其他一般社交场合使用。注视谈话者这一区域，会让对方轻松自然，因此他们能比较自由地将自己的观点、见解发表出来。

（3）亲密注视区间。亲密注视区间指具有亲密关系的人在交谈时采用的注视区间。其范围主要是对方的双眼、嘴部和胸部。恋人之间、至爱亲朋之间，注视这些区域能够激发感情、表达爱意。“暗送秋波”“眉目传情”都是通过这样的区间进行的。

注视不等于凝视。如果像鲁迅笔下的祥林嫂那样以“眼珠间或一轮，还可以表示她是一个活物”的方式注视对方，一定不会有好的交流过程，同时两眼也不能在某一区域上下翻飞、左顾右盼，否则对方会觉得莫名其妙、不知所措。用目光注视对方时，应是自然、稳重、柔和的，而不能死死盯住对方某一部位，或不停地在对方身上“扫射”。交谈过程中可能出现双方目光对视的情况，这时不必惊慌，也不必躲闪，自然地与其对视 1～3 秒钟，然后再缓缓移开。那种一触对方目光就慌忙移开的做法是拘谨、小气的表现，会影响谈话的正常进行，引起对方猜疑，也是很不礼貌的。

目光反映的形象内容太丰富和深奥了，我们用于描述目光的词汇是如此的丰富，它们能够活生生地勾画出一个个精彩的表情，如“神采奕奕”“炯炯有神”“虎视眈眈”“虎目圆睁”“望眼欲穿”“含情脉脉”“眉目传情”“眼若秋波”“左顾右盼”“东张西望”“视而不见”“目光犀利”“目光交织”“眼中无神”等。这也是为什么那些世界名人、艺术家以他们迷人的目光而著名，没有让人过目不忘的眼神，就会让人感到一个躯体缺乏灵魂。如果你想树立一个有魅力、强大成功者的形象，你会选择哪种目光？

四、在交际中使用目光应注意的事项

（1）在双方友好交谈的场合，一旦被对方注视时，不要将视线马上移开。因为这样容易给对方造成自卑胆怯、自惭形秽的印象。而在异性之间，又会被误认为是一种爱的表示。有人说，恋爱是从避开视线开始的，正是这个道理。

（2）在听对方讲话时，应将视线集中在对方身上。这是一种礼貌行为。目光和表情和谐统一表明很感兴趣，思想专注，谈兴正浓；反之，对方的目光长时间终止接触或游移不定，顾左右而听之，则表明对方对所谈话题不感兴趣，或急于离开，应转换或终止话题。

（3）交谈中，目光相互正视片刻表示坦诚；相互瞪眼表示敌意；斜扫一眼表示鄙视；正视表示命令；上下打量表示挑衅；白眼表示反感；眼睛眨个不停表示疑问；双目大睁表示吃惊；眯着眼看表示高兴或轻视；行注目礼表示尊敬；左顾右盼、低眉偷窥表示困窘；对来访者，只招呼而不看对方表示工作忙不愿接待；等等。

总之，我们在与不同人交往，使用各种视线时，应把握分寸、恰到好处，善于调节、因人而异，以显示自己较高的文化修养和人际交往水平，从而为双方的友好关系建立创造一个无声的良好基础。

五、不同的场合与不同的情况应运用不同的目光

心理学家做了这样一个实验：让采访者用三种目光与被实验者进行对话：①“聚精会神、专注”的目光；②“时看时不看、躲闪”的目光；③“几乎不看”的目光。实验结果表明，被实验者把“聚精会神、专注”的目光列为对自己最有兴趣、最专注的人，会对采访

者产生好感，对他们的评价也最高。不敢用目光沟通的人，常常被列为对别人不感兴趣，也会造成不必要的误解。

（1）见面时，不论是见到熟悉的人，或是初次见面的人，不论是偶然见面，或是约定见面，首先要睁大眼睛，以闪烁光芒的目光正视对方片刻，面带微笑，显示出喜悦、热情。

（2）对初次见面的人，还应头部微微一点，行注目礼，表示出尊敬和礼貌。

（3）在集体场合开始发言讲话时，要用目光扫视全场，表示“我要讲了，请予注意”。

（4）在与人交谈时，应当不断地通过各种目光与对方交流，调整交谈的气氛。交谈中应始终保持目光的接触，表示对话题很感兴趣；长时间回避对方目光而左顾右盼，是不感兴趣的表示。

（5）应当注意交流中的注视，绝不是把瞳孔的焦距收束，紧紧盯住对方的眼睛，这种逼视的目光是失礼的，也会使对方感到尴尬。交谈时正确的目光应该自始至终都在注视，并非紧盯。瞳孔的焦距应呈散射状态，用目光笼罩，同时辅以真挚、热诚的面部表情。

（6）交谈中，随着话题、内容的变换，做出及时恰当的反映。或惊、或喜、或微笑、或沉思，用目光流露出会意的万千情意，会使整个交谈融洽、和谐、生动、有趣。

（7）交谈和会见结束时，目光要抬起，表示谈话的结束。道别时，仍用目光注视着对方的眼睛，面部表现出惜别之情。

知识拓展　　世界上各民族的注视习俗是有差异的

六、眼神训练

（1）正对镜子，直立于距离镜子1米远的位置。

（2）用一张纸，将脸的下半部分遮住，只露出双眼。

（3）假设镜子中的自己是交谈的对象。

（4）在心里假设身处各种社交的场合，创造心理环境。

（5）对镜子中自己的眼神进行自我评价，及时调整，以达到预期效果。

七、微笑

微笑只是一瞬间的表情，其中所包含的内容却是异常丰富的。日常生活中的笑是通向愉快交际的一座桥梁。例如，朋友初次见面，要面带微笑；不小心唐突了别人，应送上微笑；朋友无意间伤害了自己，不妨带上微笑；别人赞扬自己，宜报以谦和的微笑。微笑可以用来表示友好和欢迎，表示真诚与默契，表示宽容与谅解，表示歉意与批评，表示赞扬与鼓励……可以说，微笑是人类的必要表情。

（一）微笑的意义

1. 有益健康

人们常说“笑一笑，十年少”，这是有科学依据的。因为人在笑时，全身的肌肉松弛，达到一种放松的境界，有利于新陈代谢，进而促进身体的正常发展。据有关医学家实验得出，在病人面前，医护人员的微笑对患者的安抚胜过10剂良药。所以，笑是人类健康的保证。

2. 表现性格

不同的笑，能表现人的不同性格。美国心理学家对此有精辟的分析，指出：开怀大笑的人，极富同情心；笑声低沉的人，生性多愁善感；笑声柔和的人，性格厚重，擅长处理人事纠纷；笑声干涩的人，性格略带冷漠，但比较现实。

3. 和谐关系

发自内心的各种笑，如真诚的笑、善意的笑、歉意的笑、内疚的笑等，能满足人的尊重的需求，取得对方的理解、信任和支持，从而缓和紧张气氛，调节人际关系。在这方面，我们敬爱的周恩来总理堪称微笑的楷模。周总理作为杰出的外交家，带着“中国人的微笑”，走向世界，受人爱戴，被世人所传颂。所以，在日常交际中，我们应该学会微笑，以显示成熟和开朗，显示宽容与豁达，促进人际关系的美好与和谐。

（二）微笑的特点

微笑是一种精神产品，因而有其自身的特点。

1. 直接性

我们知道，物质产品，诸如商品、饭菜、家具等是有形的、具体的东西，并直接作用于人的视觉、味觉、触觉等。微笑则是通过交际双方面对面、直接的交往来体现出来的。它不是一种可以抓得到的东西，也不可能闻得到或品尝得到。相反，微笑的表情是直接作用于交际对象的视觉和感觉的，看得见、感觉得到。这种微笑是可以使交际对象当面接受、当面检验的。

2. 多样性

当交际双方直接交往时，使用微笑的种类是多样的。又因交际内容的多样性，也需要微笑的多样化。如与陌生人初次见面，要送去温和的微笑；交谈之中，要给予对方平和的微笑；当说服对方时，要做出耐心的微笑；不慎伤到对方，则必须付出歉意的微笑；当朋友帮助了自己，要报以感激的微笑……凡此种种，都证明微笑不是简单的、固定的、一成不变的。

3. 不可贮藏性

这是由微笑的直接性所引起的一个特点。当交际双方见面时，微笑便开始进行，直到双方分手为止。这个过程自始至终都可以令双方感觉到。假如交际的对象，或者与对方进行的是间接的、跨空间的交际，那么微笑是无法让交际对象感觉到，也不能像有的物质产品可以贮藏，以备取用。即使用摄像机把微笑录制下来，等到下一次双方交际时再予以播放，这种微笑也是不真实的、虚假的、间接的，非但不能令交际对象产生好感，反而令其顿生厌恶。

总之，微笑是一种良好的心理素质的体现，一旦学会微笑，将成为一笔宝贵的精神财富的拥有者。有人说，微笑是全世界通用的货币，但愿人人都学会微笑，成为微笑的使者。

（三）笑出真诚

要如何“笑”才能让人感到真诚与亲切呢？就是笑的时候，除了脸部肌肉显出笑容的弧度，眼睛也要有“笑意”，也就是说要用眼睛来表达笑容，因为我们内心的想法会影响到眼神。微笑的具体要求是：发自内心、自然大方、亲切，要由眼神、眉毛、嘴巴、表情等方面协调动作来完成。防止生硬、虚伪，笑不由衷。必要时可进行适当练习，先对着镜子，找出我们唇齿最美的笑容，然后把嘴巴部分盖起来，只有眼睛照到镜子，这时你的眼睛有没有笑容呢？一双带笑的眼睛最能打动别人的心。当你下颚略微向下，感觉很诚恳地面向正前方，嘴角微微上扬，一边看着对方，一边保持愉悦的笑脸，这种亲切和蔼的笑容最动人，也是最理想的表情，这种笑容有着感人的力量，显示了对生活的热爱和自信。

八、微笑训练

（1）对着镜子，像婴儿咿呀学语时那样，说“E——”“G——”“钱——”，让嘴的两端向后缩，微张双唇。轻轻浅笑，减弱发音的程度，这时可感觉到颧骨被拉向斜后方。相同的动作反复几次，直到感觉自然为止。

（2）先把手举到脸前，手从嘴角向外做“拉”的动作，一面想象笑的形象，同时想象愉快的事情，一面照镜子，这样的微笑就自然多了，微笑也就不一样了。

（3）手张开举在眼前，手掌向上提，并且两手展开，随着手掌上提，打开，眼睛一下子睁大，眼前豁然开朗。

专家提示

（1）相信自己的眼睛会说话，你的思想及你的心态，正在通过你的眼神流露出来。

（2）要全神贯注地注视讲话者。

（3）在近距离的空间，避免与人目光对视，如电梯、地铁等场所。

（4）目光接触的时间保持适中，不要死盯不放，也不要左顾右盼。

（5）经常对镜观察自己的眼睛，寻找不同的心态目光。

学习与思考

一、问答题

1. 常用的仪态礼仪有哪些？

2. 为什么说微笑是“世界语”？

二、论述题

肢体语言与口语表达的关系如何？

三、实践题

设计一次岗位竞聘演讲的肢体语言。

第十章　常见社交礼仪

名人名言

人无礼则不立，事无礼则不成，国无礼则不宁。

——荀子

礼仪的目的与作用本在使得本来的顽梗变柔顺，使人们的气质变温和，使他尊重别人，和别人合得来。

——约翰·洛克

章前导读

社交礼仪是指在人际交往、社会交往和国际交往活动中，用于表示尊重、亲善和友好的行为规范和惯用形式。社交礼仪的本质是尊重，即自尊、尊重他人、尊重社会。在社会交往活动过程中，按照社交礼仪的要求去做，就会使人获得尊重的满足，由此达到人与人之间关系的和谐。卡耐基说："一个人的成功，15% 靠过硬的专业知识，85% 靠顺达的人际关系。"大多数人知道社交的重要性，但并不清楚如何才能够建立自己的社交关系。其基本要求是在社交中掌握一定的社交礼仪，并熟练应用。

社交礼仪的功能可从三个角度进行总结：一是个人角度，有助于提升自身素质，塑造良好的个人形象，在与人交往中给人留下彬彬有礼、温文尔雅的美好印象；二是社会角度，有助于在和谐人际关系的同时，获取更多信息，有益于信息交流，为我们的生活和事业搭建成功的桥梁；三是企业角度，有助于塑造单位形象，提高顾客满意度和美誉度，并最终达到提升单位的经济效益和社会效益的目的。

学习目标

知识目标：了解和掌握社会交往活动中谋面礼仪、职场礼仪、涉外礼仪的基本要求。

能力目标：能够根据社交礼仪的基本原则，灵活运用谋面礼仪、职场礼仪、涉外礼仪，培养应对酬答的实际能力。

素质目标：养成良好的社交礼仪习惯，具备基本的文明教养，逐步成为明辨礼与非礼之界限的社会主义文明人，促进社会和谐与温馨。

第一节　语言交际礼仪

语言是我们日常交往的重要工具，语言交际礼仪是指人们在交谈活动中应遵循的礼节，是我们体现自身修养与素质的重要载体。

一、语言交际的原则

（一）满足交际目的

人际交往、言语交际，总具有主观意图，即具有目的，即便是两个熟人相遇互相一声“你好”的问候，也是一种目的。中华民族的血液里融着“民以食为天”的传统观念，有很多关于“吃”的概念渗透在日常生活中，通过一定的词语表达出来，例如“混饭吃”“饭桶”“给碗饭吃”“丢了饭碗”“铁饭碗”“吃闲饭”“有饭大家吃”等，所以人们见面往往会问一声“你吃了吗？”。其目的就是打招呼，而不是真正关心你是不是已经吃过饭或者说要请客，这就是交际目的。而与一个陌生人相遇，则不能这样问候。

例如，一个人打电话给对方，对方的小孩子接了电话。这个人问：“你爸爸在家吗？”小孩回答说：“在家。”然后就把电话挂断了。因为小孩子不懂这里的疑问句的用途实际上是祈使句，是请求对方的父亲接听电话。发话人没有结合言语交际的目的和听话人的实际情况采用恰当的表达方式，结果交际目的没有达到。

因此，要做到满足交际目的，言语交际过程中一定要明确自己说话的目标是什么，使用语句不能含混不清、模棱两可，让人不得要领；话语还要注意准确，特别是像同义词的选用，一定要采用最能表达思想感情的那个词；注意把话说完整，把信息完整圆满地传递出去；同时还要注意尽量简化言语，避免冗余信息，特别是说一大堆废话把真实信息掩盖了，对方难以理解你的意图，交际目的就难以达到。

（二）适应言语环境

语境是言语交际的四大因素之一，包括主观因素和客观因素两个方面。语言中的词语、句子，本身无所谓优劣，全看是不是适合语境需要。俗话说“到什么山唱什么歌，见什么人说什么话”，就是要求说话根据语境需要随机应变，而不是墨守成规。

（1）利用题意情境。“情境”为一段时间和空间具体情形的概括。

（2）利用交际对象。这种方法报刊标题采用得较多。

（3）利用交际场合。场合是由一定的时间、地点、人员等构成的某种环境。同样的内容，可以用陈述句，也可以用祈使句，可以使用一般性词语，也可以采用成语，还可以采用专业术语。例如，同样是表示配偶的意义，　般场合可以说“老婆”“老公”“太太”“爱人”，但是外交场合一般要说“夫人”。

语言作为交际工具要适应社会发展的需要，社会不断向前发展，语言同样也要向前发展，这样语言才能完全适应社会需求。这就是我们古人使用文言文，而我们使用白话文的重要原因。因为文言文适合古人的需要，而白话文适合现代人的交际需要。语言是发展的、可变的，这是语言在运用中能够创新突破的前提条件。

（三）注意语言规范

语言规范对于从事文字工作或者接待工作的人来说，是一项基本功，因为如果使用语言不规范、不准确，于个人将有失个人的名誉，于集体将有失单位的名声。例如，从事秘书、空乘、酒店服务、主持人等行业的工作人员，其基本上就是一个单位的形象代言人，是公众了解单位形象的窗口，言语是不是得体规范，是留给对方的第一印象。因此，准确、规范使用语言不但可以提高言语交际的效果，而且能够融洽气氛，有助于改善人际关系，消除误会、淡化矛盾，给人留下良好的印象。

语言规范的总要求是语言文明，具体包含以下几个方面。

（1）语言标准。一般情况下应该采用普通话交际、交流，如果明确对方的身份，恰当使用听话人的语言，如方言，可以活跃气氛，增加好感，拉近彼此的距离。

（2）意义明确。语言文字的使用要明确意义，不使用模棱两可的语言，特别是要少用专业性术语，多采用通俗易懂的词语进行交际。

（3）言简意赅。言语交际中话语要简洁，避免冗余信息的干扰，多用短句，特别是口头交际，更要注意多使用生活化的语言，少用书面语。

（4）言辞平和。交际中要注意多使用中性语言，避免结论性语言和讽刺性语言，避免感情外露，对情绪化语言更要少用。

（5）注意逻辑。语句表达要流畅，要有层次感，发音准确，语速适当，条理清楚，逻辑性强，避免颠三倒四，不得要领。

（6）语言文明。交际沟通中使用文明的语言非常重要，应常用“你好、请、对不起、抱歉、打扰、再见”等礼貌交际语。交际沟通中要恰当使用敬辞和谦辞，例如：初次见面，要说“久仰”；许久不见，要说“久违”；客人到来，要说“欢迎光临”；等待客人，要说“恭候”；探望别人，要说“拜访”；起身作别，要说“告辞”；中途先走，要说“失陪”；请人别送，要说“留步”；请人批评，要说“指教”；请人指点，要说“赐教”；请人帮助，要说“劳驾”；托人办事，要说“拜托”；麻烦别人，要说“打扰”；求人谅解，要说“包涵”。此外，事先要注意准备，了解对方的基本情况，如姓名、职务、爱好、成就等，在交际过程中不失时机地融入其中，会给对方留下良好的印象。

二、交谈的语言艺术

优美的口语表达，是联结人际关系的纽带，是开启经济效益大门的金钥匙，是通往事业成功的阶梯。

（一）交谈的意义

交谈是两个人或许多人在一起说话，是人际间最直接、最简便、最广泛的口语表达活动，是人们进行思想沟通、切磋学问、交流感情的一种最基本、最常用的语言表达形式。

交谈包括非实用性交谈和实用性交谈两种类型。非实用性交谈是指无确定内容与目的的交谈，如寒暄、聊天等，它的作用不在于传递信息，而在于融洽气氛与交流感情。实用性交谈则是内容具体、目的明确的对话，它广泛用于社会生活的各个方面，如谈判、洽谈工作、切磋学问、咨询问答、调查采访等。

（二）交谈语言的基本要求

1. 看对象

话是说给别人听的，说话不仅要看话语是不是恰到好处地表达了自己所要表述的内容，还要看别人能不能准确理解、乐于接受。如果你说的话别人听不懂或者压根儿不想听，那还有什么意义呢？因此，在口语表达中，对象不同，说话的内容、方式、方法、态度、语气也应不相同。

（1）看年龄、性别。不同年龄、性别的人有着不同的人生阅历和人生体验。

（2）看文化程度。一般来说，文化程度高的人，喜爱典雅庄重、委婉有深度的话，对话语也比较敏感；而文化程度低的人，则喜欢直来直去、通俗简略、贴近生活的语言。

（3）看心态、性格。不同性格、气质的人，对交谈有不同的要求。人们的需求与兴趣也千差万别，努力进取的人，希望得到事业、工作上的指导与建议；生活困难者，希望得到脱贫致富方面的信息；书画爱好者、棋迷、球迷、歌迷们，都有自己专门爱好的“兴奋点”。话语要为对方所接受，要求我们在表达时充分考虑对方的处境、心情、心理、性格等因素，分析自己的话语给对方可能引起的内心感受，是愉悦还是悲伤，是排斥还是接受，再来选择语言的表达形式，使交谈双方产生共鸣，奏出和弦。

（4）看职业特点。交谈还要注意交谈对象的职业。人们的职业不同，对话语便有不同的兴趣点。

2. 看时间

我们在与人交谈时应随着时间因素恰当地把握交谈的内容、方式、方法、习惯用语等。一般来说，每天下午4～6时，人们在肉体和心理上的疲劳都已达到顶峰，倦怠、焦躁、情绪低落、思考力明显减弱，此时不适宜交谈。此外，交谈也要切合时机，即在恰当的时候交谈。

3. 看场合

场合的确是决定说话效果的重要因素，口头表达一般由说话的主体、听话的对象和特定的场合三者组成，这是不可摆脱的三维结构。场合可分为：庄重的、随意的，正式的、非正式的，喜庆的、悲伤的。不同的场合对口头表达有着不同的要求。

4. 分角色

社会心理学家把角色语言概括为三个方面：必须说的话、允许说的话、禁止说的话。

这三个方面告诉我们角色语言要求是严格的，如果在交谈中不注意自己的角色规范，就会产生不愉快。

5. 语言美

交谈要注意发声技巧的运用，并做到音美、意美、形美，具体表现为：礼貌、和气、文雅、谦逊、热情、坦诚、平等、宽容、委婉、注意避讳、姿态得体。

（三）掌握话题

交谈作为一种双向传递语言信息的交际活动，受到时间、场合、对象、目的、传输方式的种种制约，具有发生的随机性、话题的游移性、时间的不定性、表达的口语性，已有主客体的互变性等特点。因此，掌握话题，讲究交谈的艺术，对于交谈的融洽、高效、成功具有重要作用。

1. 话由旨谴

所谓“话由旨谴”，是指说话的人在说话时应有一个明确的目的，并自始至终地为达成这一目的进行阐述。

2. 听、说并重

交谈中，不仅要善于说，而且要善于听，要听、说兼顾。

3. 话语简明

交谈时说话要尽量做到言简意明，尽量少说重复信息、多余信息和无用信息。

4. 诙谐幽默

幽默是一种人生的觉悟。面对宇宙万象，人意识到了自身的局限，幽默即是人对自身生存环境局限的超越。幽默也是一种人生的态度。

三、交谈的语言技巧

（一）拜访与接待的语言技巧

拜访与接待是指为了礼仪或某种目的而进行的访问与接待。不同形式和目的的拜访会话语言各有不同，接待语言也有一定区别，但其结构上存在共性。

1. 拜访的语言技巧

1）起始语

首先拜访时要轻轻敲门或短促地按下门铃。同主人见面后应立即打招呼，例如“给您添麻烦了！”“打扰您了！”“让您久等了！”等。注意礼貌，一般不可调侃，例如“我又来了，您不会讨厌我吧？”，这样既不礼貌，也会让主人感到尴尬。

2）会谈语

会谈时话题要自然引入，内容真实符合情景，宜寻找主客共同关心的话题，创建融洽和谐的氛围。避免直接问对方年龄、收入、工作等，尤其不要提及令人不愉快的话题。例如，问一个没有上过大学的人：“请问你是什么学校毕业的？”会谈时要注意控制内容，明确目的；控制音量，保持适度；控制体态语，不可随意翻动主人物品。

3）告别语

表示感谢，请主人留步：“非常高兴与您见面，再见！”“拜托您了，谢谢！”邀请对方来访：“欢迎您有机会到我们学校参观指导。”

4）拜访应注意的事项

（1）择机而行。选择适当的拜访时机，一般而言，早晨、饭口、午休、深夜不宜拜访。

（2）事先预约。提前预约，按时拜访。

（3）顾及身份。拜访时，要顾及对方的身份、地位、辈分、关系等因素，选择礼貌用语。

（4）礼让三分。多人同时拜访时，不要抢话，要让大家都有表达的机会。

（5）主动告辞。主要事宜沟通后，如遇有来客、来电时，应前客礼让后客，说："您有客人来，我先告辞了，谢谢！"

2. 接待的语言技巧

1）迎客要热情

（1）礼貌诚恳。态度要真挚、亲切；声音大小要适宜，语调要平和沉稳；尊重他人。

（2）敬语待人。敬语如日常使用的"请""谢谢""对不起"，第二人称中的"您"字等。初次见面为"久仰"，很久不见为"久违"，请人批评为"指教"，麻烦别人称"打扰"，求给方便为"借光"，托人办事为"拜托"；等等。

2）待客要真诚

我国提倡的礼貌用语是十个字——"您好""请""谢谢""对不起""再见"，体现了文明和真诚的基本的语言形式。

3）送客要礼貌

"出迎三步，身送七步"是接待最基本的礼仪。因此，每次见面结束，都应以将再次见面恭送对方，伴随适当的言辞送别："希望下次再来！"

（二）交谈中打招呼的语言技巧

1. 称呼式

称呼式用语有尊称和泛称之别。

（1）亲缘性称呼：爸爸、妈妈、叔叔、大爷、大哥、二姐、姑妈、舅舅、姨妈、表哥、表姐之类。这在家庭生活、亲族聚会时常用，按辈分身份称呼，显得亲切温馨。

（2）职场性称呼：与交往对象的职务、职称等相称，如"孙院长""林教授""郑老师""陈经理""李博士""王医生"之类，以示身份有别、尊敬有加，这是一种常见的称呼。

（3）姓名性称呼：其一，连名带姓称呼（单字名的另当别论），显得比较生硬，只在开会等少数场合使用。其二，只呼其姓，并在姓前加上"老、小"等前缀，如"老张""小黄"，比较尊敬随和，也较常用；姓加后缀，如"王老""林公"之类则尊敬有加，只能对德高望重者使用。其三，只称其名，比较亲切，常用于长辈称呼晚辈，在亲友、同学、同事、邻里之间使用。

（4）泛称性称呼：对未知其姓名、职务、身份者，可用泛称。在公司、服务行业对男性称"先生"、未婚女性称"小姐"、已婚女性称"女士"；购物、问路等场合常用"同志""师傅""老板""服务员""小姐""小妹""小朋友"之类的泛称，也可用"大爷""大娘”“大哥”“大姐”“叔叔”“阿姨”之类带亲缘性的称呼，显得更为亲切。

称呼注意三因素：关系、场合、动听。人际关系随着场合变更而有所不同，称呼也要相应改变。称呼要让对方感到动听，觉得受到重视尊重，一般以“就高不就低”为好。称呼对方时要遵循先上级后下级，先长辈后晚辈，先女士后男士，先疏后亲的礼遇顺序进行。

2. 寒暄式

寒暄是交谈双方见面时相互问候的应酬话。寒暄的主要用途是在人际交往中打破僵局、缩短人际距离、向交谈对象表示自己的敬意，或是借以向对方表示乐于与其结交之意。在被介绍给他人之后，应当跟对方寒暄。若致意或握手，通常会被理解为不想与之深谈，不愿与之结交。碰上熟人，也应当跟他寒暄一两句。若视若不见，不置一辞，难免显得妄自尊大。

（1）问候式。例如“您好”“早上好”“新年好”之类的常见礼貌语；“好久不见，十分想念”“最近忙吗？身体好吗？”之类的关切问候语。

（2）触景生情式。例如“今天天气真好”“这里风景很好”等。这是日常生活常用的寒暄方式。

（3）赞美式。例如“多年不见，您风采依然”“小张，你这个发型可真漂亮”之类的语言，对方听了肯定高兴。

（4）敬慕式。例如“久仰大名”“拜读过您的大作”“很高兴见到您”等。

寒暄语或客套话没有固定的模式，要因人、因时、因地而选用，以诚恳、亲切、自然为好。对久未联系的朋友也不宜贸然说“孩子多大了”“代问夫人好”之类的用语，以免碰巧触及对方隐痛而尴尬。可用“请向朋友们致意”“请代问全家好”等寒暄语。

（三）交谈中赞美的语言技巧

赞美别人，仿佛用一支火把照亮别人的生活，也照亮自己的心田，有助于发扬被赞美者的美德和推动彼此友谊健康地发展，还可以消除人际间的龃龉和怨恨。赞美是一件好事，但绝不是一件易事，应掌握以下技巧。

1. 真诚的赞美

人们都喜欢听赞美的话，但能够引起对方好感的是那些基于事实、发自内心的赞美。相反，你若无凭无据、虚情假意地赞美别人，对方不仅会感到莫名其妙，更会觉得你油嘴滑舌、诡诈虚伪。例如，当你见到一位其貌不扬的小姐，却偏要对她喊“美女”，对方会认定你虚伪之至。但如果你着眼于她的气质、服饰、谈吐、特长等，发现其过人之处并真诚地赞美，她一定会欣然接受。

2. 具体的赞美

赞美应从具体的事件入手，善于发现别人哪怕是最微小的长处，并不失时机地予以赞美。赞美用语越翔实具体，说明你对对方越了解，对他的长处和成绩越看重。让对方感到你的真挚、亲切和可信，你们之间的人际距离就会越来越近。如果你只是含糊其辞地赞美对方，说一些“你工作得非常出色”或者“你是一位卓越的领导”等空泛飘浮的话语，就会引起对方的猜度，甚至产生不必要的误解和信任危机。

3. 比较性赞美

人的素质有高低之分，年龄有长幼之别，因人而异，突出个性，有区别的赞美比一般化的赞美能收到更好的效果。例如，老年人总希望别人记得他“想当年”的业绩与雄风，同其交谈时，可多称赞他引以为豪的过去；对年轻人不妨语气稍为夸张地赞扬他的创造才能和开拓精神，并举出几点实例证明他的确能够前程似锦；对于商业人士，可称赞他头脑灵活，生财有道；对于领导干部，可称赞他为国为民，廉洁清正；对于知识分子，可称赞他知识渊博、宁静淡泊……当然这一切要依据事实，切不可虚夸。

4. 直接赞美与间接赞美

当别人计划做一件有意义的事时，开头直接的赞扬能激励他下决心做出成绩，中间的赞扬有益于对方再接再厉，结尾的赞扬则可以肯定成绩，指出进一步的努力方向，从而达到“赞扬一个，激励一批”的效果。

5. 鼓励性赞美

鼓励性赞美即雪中送炭，俗话说：“患难见真情。”最需要赞美的不是那些早已功成名就的人，而是那些自卑或身处逆境的人。一声鼓励性赞美的话语，便有可能使人振作精神，大展宏图。因此，最有实效的赞美不是“锦上添花”，而是“雪中送炭”。

此外，赞美时投以赞许的目光、做一个夸奖的手势、送一个友好的微笑能收到意想不到的效果。

我们总能看到一个经常赞扬子女的母亲创造出了一个完满快乐的家庭，一个经常赞扬学生的老师使一个班集体团结友爱天天向上，一个经常赞扬下属的领导者成功把他的机构管理成和谐向上的集体……与此同时，我们也由衷地接受和学会了人际间充满真诚和善意的赞美。

（四）交谈中安慰的语言技巧

1. 融情动心

善用同理心，先耐心听完别人的故事，再考虑有没有必要分享自己的故事，而分享的结果是否对对方有益。因为，即使我们遭遇过类似的经验，也无法百分之百地了解别人的感受，但是我们可以善用同理心去关怀对方。

2. 启发宽慰

宽慰是指不要对他们下判断，不要心想他们正在受苦、需要接受帮忙；应该给予对方空间去做自己并认同自己的感觉。我们不需要透过同意或反对他们的选择或处理困境的方法，来表达关心。宽慰并不是告诉别人：你应该或你不应该，而是要安抚、激励。

3. 迂回婉转

安慰的艺术，在于在适当的时机说适当的话，不在一时冲动下说出不该说的话。我们的亲朋好友有时候仅需要我们当他们的“共鸣箱”，且能不厌其烦地供其反复使用。

4. 注意时机

设身处地去考量人们可能需要的协助，是有效助人的第一步。人们有时会对自己真正的需要开不了口。

5. 用语灵活

安慰其实是种分享，只需要向对方显示自己的存在和陪伴，敢于说出自己面对别人痛苦时的感受。仔细听听对方说了什么、没说什么，以及真正的含义。如果对方出现的痛苦是你曾经经历过的，你可以把自己的经历说出来，再说出最后是怎么走出来的。然后，告诉对方："只要你需要我的陪伴，随时联系我。"要是无法安慰别人，请不要说话，只在旁边陪着他。

（五）交谈中问话的语言技巧

1. 精心选词

问话的角度不同，引起对方的反应也不同，得到的效果也不同。例如，在谈判时，直接说："你们的报价这么高，我们能接受吗？"这句话告诉对方，如果这个价位，就不会合作；但如果这样说："你们的开价远远超出了我们的预期，可否再商量？"这样的效果会使气氛缓和许多。

2. 引人就范

问话一般是一句话，因此不仅要准确简练，而且要控制谈话的方向。

3. 吸引注意

如果话题已经岔开，可以通过问话将别人的注意力吸引到你的话题中，并可以通过连续问话把对方引导到你希望的结论上。

（六）交谈中批评的语言技巧

当我们发现别人的过失时，应该及时予以指正和批评，这是非常必要的。但是，指出别人的缺点时，双方之间的气氛总是让人紧张，在紧张的氛围中，更要把握好说话的分寸，否则很容易"祸从口出"。在批评别人时，既不能伤害到对方，又不能引起对方的反感而让自己尴尬。掌握一些技巧，就能让批评成为一件轻松的事情，同时也使自己的人际关系更加和谐。常用的批评技巧如下。

（1）欲抑先扬。人们在听到别人对自己的表扬之后，再听到批评，在心理上往往更容易接受。

（2）仰人贬己。批评别人时可以同时检讨自己的不足，从而使对方乐意接受你的批评。

（3）风趣幽默。批评别人时不妨幽默调侃一下，这样可以避免紧张的气氛，不但达到教育对方的目的，还创造了轻松的气氛，有利于他人接受。

（4）委婉含蓄。批评别人时，要注意循序渐进、含蓄委婉，不要伤害对方的自尊心。

（七）与不同对象交谈的语言技巧

1. 与领导交谈的技巧

（1）不亢不卑。

（2）适应个性。

（3）选择时机。

（4）语句精当。

2. 与下级交谈的技巧

（1）尊重下级，平等待人。

（2）突出重点，掌握分寸。

（3）善解人意，宽怀大度。

（4）启发诱导，讲究技巧。

3. 与孩子交谈的技巧

（1）不要斥责，循循善诱。

（2）话语充满童趣。

（八）打电话的语言技巧

（1）讲究礼貌。

（2）选好时间。

（3）语言清晰简洁。

（4）语调轻柔舒缓。

四、闲谈的误区

有语言能力的人都经历过闲谈，然而，并不是人人都善于闲谈。闲谈存在一系列误区。

（1）话题难找。

（2）随意插话。

（3）言过其实。

（4）含混啰唆。

（5）争执抬杠。

（6）唯我独尊。

（7）漫不经心。

（8）道人长短。

（9）触人隐私。

（10）冷落一方。

（11）话题太专。

（12）自我吹嘘。

（13）谈扫兴事。

（14）低级庸俗。

（15）造谣传谣。

五、说服的语言艺术

说服是征服心灵的艺术。通过说服，让他人心甘情愿地接受意见、改变态度、转变行为、产生行动。拥有了说服力，就拥有了影响他人的能力。卓越的说服力可以为一个人赢得他人的支持和尊重，可以为其人际交往和事业发展铺平道路。说服的基本方法是晓之以理，动之以情，导之以利。说服的策略有单刀直入与迂回说服、直言劝说与委婉暗示、常规说服与出奇制胜、单面说服与双面说服等。有效说服的关键在于区别对象、把握时机、对症下药。

1. 攻心为上

有效说服的前提是了解对象，把握心理。说服前，应充分了解说服对象的基本情况、个性特点、观点态度、需求好恶；说服时，要善于察言观色，摸准说服对象的心理特点，搞清其心理需求，找到其心理症结，从而运用恰当的说服策略，对症下药。

2. 心理相容

说服是一个心理沟通与转化的过程，心悦才能诚服。消除防范、心理相容是接受说服的基础。说服者应注重感情沟通，以自己的真诚、热情、友善赢得对方的好感和信任，消除对方的防范和排斥心理；充分理解和尊重说服对象的情感和选择，语气温和，以请求或商量的口吻提出劝说意见。说服不是指责与压服，用盛气凌人、教训、命令的口气说话，否则，即使道理正确、理由充分，也会让对方感到伤及自尊而心生反感。

3. 利益诱导

每个人都有自己的利益追求，人们总是根据自身的利害关系判断是否接受说服者的观点。利益追求可分为物质利益追求与精神利益追求、个人利益追求与社会利益追求。不同的人，利益追求往往是不同的。

六、“圆场”的语言艺术

在社交活动中，我们经常会遇到需要圆场的时候。例如，别人尴尬陷入窘境时，要主动解围；自己造成失误时，要善于自救；不幸落入社交僵局时，要能够找到解决的方法；与人产生不快时，让双方少丢些面子，保持体面，从而把事情摆平，甚至变坏事为好事。圆场不是一味地赞美别人，常用方法和注意事项如下。

1. 良好的心理品质和正确的语言

良好的心理品质包括自信、诚实守信、谦虚、谨慎、乐于助人、尊重理解、宽容豁达等。正确的语言包括准确表达、有效倾听、文明礼貌等。这些都有助于提高圆场的成功率，同时是交际所必须具备的基本条件，此外还应该注意服饰整洁，举止文明得体， 坐、立、行姿势雅观。

2. 幽默

幽默是人际关系的润滑剂、化解尴尬的良方，幽默的话语常能令人开怀大笑。而且，有时利用幽默表达一下对对方的不满，也不失为一种好方法。

3. 善用赞美

赞美能有效地缩短人与人之间的心理距离，能让交际更得人缘。马克·吐温更是风趣地说："一句美好的赞语可以使我多活两个月。"从古至今，喜欢被赞美，几乎是人们共有的一种心理。

4. 承认错误

诚恳致歉也不失为一种好的圆场办法。多些自我反省，勇敢地承认自己的错误，向受害人诚恳道歉，不要轻易辩解，越早承认过失就越容易被人谅解。

5. 学会吃亏

朋友之间发生纠纷，有时只要主动地承担责任，化干戈为玉帛，就可以化解双方的矛盾。

6. 避开对方敏感区

谁都不愿在太多人面前暴露自己的错处或隐私，但无意中暴露出来，就会使其感到难堪或恼怒。因此，在交际中，一般应尽量避免触及对方的敏感区。

7. 别人的举止让人不舒服而你觉得有必要给他指出

日常生活中，你总有被无意或有意冒犯的时候，掌握表达不满而又让对方乐意改正的恰当方法非常重要。即使是亲近的人，也应该为对方留有余地，不能不讲方式方法，直来直去。

8. 大度忽略他人小错

不要小题大做，否则会让人觉得你太斤斤计较。

9. 别人的一些谎言无关大事应当放过

社交中，一些人为了拉近关系而说了一些谎话，这些谎话无关紧要时，我们要当作不知道，这样也会对自己的社交产生好处。

第二节　谋面礼仪

谋面礼仪，就是在与人交往的见面之初，举止言行、待人接物等方面应遵守的礼仪，是给交往对象留下第一印象的关键。

一、握手

（一）握手的意义

人类文明发展到今天，无论哪个民族、哪种信仰的人，见面时都要使用各种各样的见面礼，其中最常见、最广泛的就是握手礼。它是沟通思想、交流感情、增进友谊的重要方式，是现代交际和应酬的礼仪之一。

握手既是一种礼仪方式，又可称为人类相同的"次语言"。深情、文雅而得体的握手，往往蕴藏着令人愉悦、信任、接受的契机。两人见面，若是熟人，不用言语，两手紧紧一握，各自的许多亲热情感就互相传递过去了；若是生人，一握之际，就是由生变熟的开端。因此，握手礼已成为世界上通行的人们在日常交际中使用的见面礼节。

握手多用于见面致意和问候，也是对久别重逢或多日未见的友人相见或辞别的礼节。握手有时又具有“和解”的象征意义。据说握手是西方中世纪骑士相互格斗，势均力敌时，作为和解的表示，把平时持剑的右手伸向对方，证明手中没有武器，相互握手言和。发展到后来，便演变为国与国之间言和的象征。

握手除了作为见面、告辞、和解时的礼节，还是一种祝贺、感谢或相互鼓励的表示。

例如对方取得某些成绩与进步时，赠送礼品或发放奖品、奖状时，发表祝词讲话后，均可用握手来表示祝贺、感谢、鼓励等。

（二）握手礼仪

1. 握手的基本礼仪

握手应自然大方地距受礼者约一步（75 厘米左右）时，上体微微前倾，同时伸出右手（见图 10-1）。

除年老体弱或残疾人以外，坐着握手是很失礼的。在一般情况下，应由主人、年长者、身份地位高者、女性先伸手。应注意的是，在社交场合，无论谁先向我们伸手，即使他忽视了握手礼的先后顺序而已经伸出了手，也应看作是友好、问候的表示，应马上伸手相握；拒绝他人的握手是很不礼貌的。

微课　　握手基本礼仪及方法

2. 与女士握手的礼仪

男士与女士握手时，应等对方首先伸出手，男士只要轻轻一握即可。如果对方不愿握手，也可以微微欠身问好，或用点头、说客气话等代替握手。一个男士主动与女士握手是不适宜的。

握手之前，男士必须先脱下手套，而女士握手，则不必脱手套。客人多时，握手不要与他人交叉，让别人握完后再握。按国际惯例，身穿军装的男士可以戴着手套与女士握手，握手时先行举手礼，然后再握，这是一种惯例。握手时，应微笑致意，目光不可看别处，或另与第三者谈话。握手后，不要当着对方的面擦手。男士不可双手握女士的手（见图 10-2）。

图 10-1　握手

图 10-2　男士不可双手握女士的手

与女士握手最应掌握的是时间和力度。一般来说，握手要轻一些、时间短一些，也不应握着对方的手用劲摇晃。但是，如果用力过小，就会使对方感到你拘谨或虚伪敷衍。因此，握手必须因时间、地点和对象不同而区别对待。

3. 与老人、长辈或贵宾握手的礼仪

一般情况下，平辈、朋友或熟人之间先伸手有礼，而对老人、长辈或贵宾时则应等对方先伸手，自己才可伸手去接握，否则便会被看作是不礼貌的表现。握手时，不能昂首挺胸，身体可微微前倾，以示尊重，但也不能因对方是贵宾就显得胆小拘谨而只把手指轻轻触碰对方的手掌就算握手，也不能因感到“荣幸”而久握对方的手不放。

当老人或贵宾向你伸手时，应快步向前，用双手握住对方的手，这也是尊敬对方的表示，并应根据场合，边握手边打招呼问候，如说“您好”“欢迎您”“见到您很荣幸”等热情洋溢的话。

4. 上级与下级之间的握手礼仪

在上级与下级握手时，除了应遵守一般握手的礼仪，还应注意以下几个方面。

（1）上级为了表示对下级的友好、问候，可先伸出手，下级则应等对方有所表示后再伸手去接握，否则，将被视为不得体或无礼。

（2）当遇到几位都是你的上级时，握手时应尽可能按其职位高低的顺序，但也可由他们中的一位进行介绍后，由你与对方一一握手致意。如同来的上级职位相当，握手的顺序应是先长者（或女性），然后是其他人。如果长者中有自己比较熟悉者，握手时应同时说些如“近来身体可好”之类表达问候的话。

（3）上级与下级握手，一般也应以其职位高低为序，遇有自己熟悉的下级，握手的同时也应说些问候、鼓励和关心的话。

（4）不论与上级还是下级握手，都应做到热情大方，遵守交往礼节。

（5）下级与上级握手时，身体可微欠，或快步趋前双手握住对方的手，以表示尊敬，但切不可久握不放，表现得过分热情。

（6）上级与下级握手时同样要热情诚恳，应面带笑容，注视对方的眼睛，切忌用指尖相握，或敷衍一握了事。也不可在握手时，东张西望或漫不经心，使对方感到你冷漠无情。在众多的下级面前，不要厚此薄彼，只与其中一两个人握手而冷落其他人，更不能与下级握手后，急忙用手帕擦手。这些表现，都会被人认为是轻慢与无礼的行为。

（三）握手的具体样式

握手既有较为统一的礼仪规范，又因各种具体情况的不同而有许多具体样式。了解一些握手的典型式样，既有助于我们通过握手了解交际对方的性格、情感状况、待人接物的基本态度等，也有助于我们在交往中根据不同的场合、不同的对象去自觉地应用各种具体的样式。

1. 对等式握手

对等式握手是标准的握手样式，握手时两人伸出的手不约而同地向着对方，或者说是到了最后都不得不将手心向着对方。这样的握手多见于双方的社会地位不相上下，由于双方都“试图”处于支配的地位，通过“竞争”最后双方的手心在握住时不得不都向着对方。这种握手方式也是一种单纯的、礼节性的表达友好的方式。

2. 双握式握手

双握式握手被美国人称为“政客式”握手。据说在美国历届总统竞选时，几乎所有的竞选人都要以这样的样式对上至亿万富翁，下至西部牛仔握手。其具体样式是：在用右手紧握对方右手的同时，再用左手加握对方的手背、前臂、上臂或肩部。使用这种样式握手的人是在表达一种热情真挚、诚实可靠的情感，以显示自己对对方的信赖和友谊。从手背开始，对对方的加握部位越高，其热情友好的程度也就显得越高。

3. 支配式握手

支配式握手也称“控制”式握手，用掌心向下或向左下的姿势握住对方的手。以这种样式握手的人想表达自己的优势、主动、傲慢或支配地位。这种人一般说话干净利落、办事果断、高度自信，凡事一经自己决定，就很难改变观点，作风不大民主，在交际双方社会地位差距较大时，社会地位较高的一方常采用这种方式与对方握手。

4. 谦恭式握手

谦恭式握手也称“乞讨式”握手、顺从式握手。与支配式握手相对，用掌心向上或向左上的手势与对方握手。用这种样式握手的人往往性格软弱，处于被动、劣势地位，这种人处世比较民主、谦和、平易近人，对对方比较尊重、敬仰，甚至有几分畏惧。这种人往往易改变自己的看法，不固执，愿意受对方支配。

5. 抠手心式握手

抠手心式握手是指两手相握之后，不是很快松开，而是双手手掌相互缓缓滑离，让手指在对方手心适当停留。握手本来就是身体感觉最敏感的部位相互接触，彼此都能通过握手获得一种快感。如果再让手指在对方手心轻轻划过，无疑更能使对方热血沸腾、情绪高涨。因此，抠手心式握手一般只见于恋人、情人之间，或心有灵犀的好朋友之间。

6. 拉臂式握手

拉臂式握手是指将对方的手拉到自己的身边相握，且往往相握时间较长。这常常是社会地位较低者，特别是那些自卑感较强的人在与社会地位较高者握手时采用的形式。这种人往往过分谦恭，在他人面前唯唯诺诺，轻视自我，缺乏主见与敢作敢为的精神。

7. 捏手指式握手

捏手指式握手不是两手的虎口相触对握，而是有意或无意地只捏住对方的几个手指或手指尖部。女性与男性握手时，为了保持自己的矜持和稳重，常采取这种握手样式。如果是同性这样握手，就显得有几分冷淡与生疏。据说，英国女王与人握手时，为了不让对方完全握住她的手，她总是不把手完全伸出来，并把拇指明显地曲向下方。

8. “死鱼”式握手

“死鱼”式握手是指握手时伸出一只无任何力度、质感，不显示任何信息的手，给人的感觉就好像是握住一条三伏天腐烂的“死鱼”。采用这种握手样式的人的特点不是生性懦弱，就是对人冷漠无情，待人接物消极傲慢。假如你握到一双这样的手，那你就不要指望手的主人会热情地为你办事。

（四）握手的注意事项

（1）多人见面时应避免交叉握手。多人相会或道别时，不能交叉握手。因为四人交叉握手，手臂恰好形成一个十字架形。在西方有些国家，传说交叉握手会招来不幸。另外，多人交叉握手也显得比较忙乱，缺少从容的态度。

（2）跨门槛时不可握手。宾主告别时，要注意跨门槛时不可握手，也不可边行走边握手（见图 10-3），因为这些都是不礼貌的握手方式。

图 10-3　不正确的握手（双脚须并拢）

（3）握手时应面带微笑，目光专注。与对方握手时应注意面部表情、手的力度、眼光以显示诚意和郑重，千万不可顾左右而握之。

（4）握手忌讳：伸出左手、戴墨镜、戴帽子、戴手套、过分用力、敷衍造作。

二、拥抱、鞠躬、拱手和作揖

（一）拥抱

1. 拥抱的作用

拥抱礼是西方国家传统的礼节形式。人们在见面、告别、祝贺、慰问、欣喜时，常采用拥抱礼，随之而来的还有贴面颊或亲脸礼。在我国，部分少数民族使用拥抱礼。汉族在日常交往中一般不使用拥抱礼。

对人类来说，拥抱是传递感情、寄托感情、释放感情的一种举动。夫妻之间拥抱是爱的表示；婴儿一出世便接受拥抱是很自然而纯洁的反应；母亲抱着孩子，就感受到一种精神慰藉和爱心的冲击；孤儿院的孩子渴望被人拥抱，期望得到爱心的滋润和情感的沐浴。如果没有人拥抱自己，就会感觉没有人爱自己，没有人关心自己。因此，拥抱是人类感情的需要。

2. 拥抱的使用方法

正规的拥抱礼一般是两人正面相对而立，各自举起右臂，右手扶住对方的左后肩，左手扶住对方的右后腰，按各自的方向，两人的头部及上身都向左相互拥抱，然后头部及上身向右拥抱，再次向左拥抱后，礼毕。

拥抱礼因亲疏、远近、关系的不同而有不同的要求。夫妻之间是拥抱亲吻，父母、子女之间是亲脸、亲额头，兄弟姐妹或平等的亲友之间都是贴面颊。一般在公共场合关系亲近的妇女之间是亲脸，男子之间是拥抱，男女之间是贴面颊，晚辈对长辈一般亲额头。至于官方和民间的一些表示祝贺、欢迎和感谢的隆重场合，也使用拥抱的礼节。

各民族所处的历史环境、地理条件、文化背景不同，因此各国形成了各具特色的见面礼节。对于这些，我们应当有所了解，以便根据不同国家、不同民族的习惯，采取正确的方式，给对方留下良好印象，促使双方建立和睦的人际关系。

（二）鞠躬

1. 鞠躬的形成与发展

鞠躬源于中国先秦时期，因使用者鞠躬时身体向前弓弯的程度不同，形成表达感情上的细微差别。如果上身微向前倾，是谓恭敬之意。倘若身体向前弯曲程度较大，则表达的礼貌恭敬的程度更为深厚。

鞠躬的礼节不仅中华民族有之，在朝鲜、新加坡、日本等国，这种礼节也普遍被人们所接受和使用。特别是在日本，可说是以鞠躬“独步天下”。一般双方见面后，都要鞠躬致意。女士鞠躬时双手合拢，自然放在身前并弯下身子。男士则将双臂自然下垂，放在身体两侧，同时弯腰。弯腰度数因场合、对象的不同而有所区别。

2. 鞠躬使用的场合

（1）演员谢幕时。当一场精彩的演出结束时，观众往往报以热烈的掌声，演员则以鞠躬谢幕。有的演员每唱完一支歌或奏完一首曲，也常以鞠躬礼对观众的鼓励表示感谢。

（2）演讲和领奖时。演讲者在演讲开始前和结束后，要以深深地鞠躬表示自己对听众的敬意。得奖人在台上领取奖品时，也总是要向授奖人和全体与会者鞠躬，以表示感谢上级领导的关心和爱护，感谢与会者的支持和鼓励。

（3）师生见面时。学生上下课多行此礼。上课时由值日生喊“起立”，全体学生向老师行鞠躬礼，然后老师还鞠躬礼。下课亦然。途中相见，也先由学生行鞠躬礼，老师则点头还礼。

（4）举行婚礼时。在举行婚礼时，一般都要“新郎、新娘三鞠躬”。这是传统礼节，沿用至今。同时，新婚夫妇要向尊长、亲友和来宾行诚挚的鞠躬礼。

（5）青年男女初次拜访双方父母时。当青年男女恋爱后，第一次到对方家里做客时，为了表示对长辈的尊重和礼貌，也可向对方父母鞠躬问候，以示知书达理、注重礼节。

3. 鞠躬的使用方法

鞠躬时，应从心底发出向对方表示感谢和尊重的意念，从而体现在行动上，给对方留下诚恳、真实的印象。遇到客人或表示感谢或回礼时，行 15° 鞠躬礼；遇到尊贵客人来访时，行 30° 鞠躬礼。行礼时面对客人，并拢双脚，视线由对方脸上落至自己的脚前 1.5 米处（15° 礼见图 10-4）、脚前 1 米处（30° 礼见图 10-5）或脚前 0.5 米处（45° 礼见图 10-6）。90° 的大鞠躬常用于悔过、谢罪等特殊情况。男性双手放在身体两侧，女性双手叠放在身体前面。

（三）拱手和作揖

拱手和作揖是中华民族的一种传统交际礼节。施礼者男士右手在内，左手在外；女士右手在外，左手在内。两手合抱至下巴处，自上而下或由内到外，有节奏晃动两三下。

拱手礼在周朝已很普遍。据考证，拱手姿势最初是双手抱拳，模仿戴手枷的奴隶，以表示自谦之意。拱手无所谓高低贵贱，属于人们的日常礼节，用于亲友相见、迎送宾客、向人问讯和谦让时。

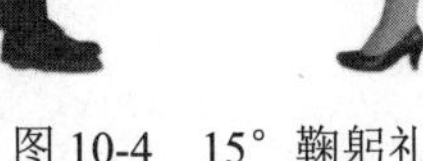

图 10-4 15°鞠躬礼

图 10-5 30°鞠躬礼

图 10-6 45°鞠躬礼

作揖的礼节于先秦时代开始使用，方式一般是双手叠抱举前轻轻晃动，身略前倾，表示问候、致谢、邀请、讨教等，还常伴以谦辞、敬辞。古人常以作揖时推手位置的高低之别和屈身打躬的角度不同来定尊卑、别亲疏。由此可见，作揖是以拱手为基本姿势，辅之上下左右的具体动作而成的一种礼节。

外国人认为作揖是一种民族气息很浓又很风趣的礼节。

当代中国人行此礼，多分不清“拱手”与“作揖”的区别，目前，我国行拱手、作揖礼的场合主要有以下四种。

（1）团拜。每逢佳节，机关团体成员相聚在一起互相祝贺时，常以拱手为礼。领导下基层拜年，也常一边说“恭贺新禧”，一边拱手作揖，表示拜年。团拜时，施礼者面向全体与会者，呈环状拱手作揖，向大家表示节日祝贺。

（2）开会。在供销会、产品鉴定会或订货会上，施礼者也常采取一边向大家拱手，一边说“请大家多多关照”的方式向在座众人表示敬意。拱手作揖礼比之鞠躬礼要随便一些，较之握手礼，又方便得多。

（3）过春节。邻居、朋友、同事或亲戚之间，相见时拱手行礼，口道“恭喜发财”“万事如意”，向对方表示祝愿和敬意。

（4）祝贺。如向寿星祝寿，向同学祝贺考试成功，向同事祝贺取得成果，向邻居祝贺乔迁新居等，习惯上一般也可以拱手为礼。

另外，当开会时，领导提前退席，也常用拱手礼以示歉意。

专家提示

（1）保持头部直立，走路和坐、立都不要让自己松懈，运用自信的身体语言。

（2）与初次相识者相遇，要用自己的身体语言展示出自信的态度，保持仪态。

（3）先自我介绍，再伸出你的手。通常是高职位的人或女士、长者先伸手，表示愿意与对方握手。如果他们没伸手，你应该等待。若是对方非常积极主动地先伸出手来，你一定要回握，否则不但让对方感到窘迫，也显得你不懂礼仪。

（4）握手时，要与对方目光接触，面带笑容。目光接触显示你对别人的重视和兴趣，也表现出自信和坦然，同时还可以观察对方的表情。

（5）当你伸手时，手掌和拇指应该成一个角度，一旦你与别人握手，你的四指与拇指

应该全部与对方的手握在一起。“死鱼”式握手的特征之一就是不用拇指。

（6）握手要有一定的力度，它体现了你坚定的性格和热切的态度，但又不要握得太紧。

（7）握手时间宜保持3~5秒，时间过短则显得太仓促；握得太久则显得过于热情，尤其是男生握女生的手，握得太久容易引起对方的防范之心。

三、介绍

（一）介绍在社交中的作用

介绍在社交中的作用如下。

（1）能够拉近人们之间的距离。

（2）有助于人们扩大社交面，加快彼此间的了解。

微课　　介绍礼仪

（二）介绍的方式方法

1. 按交际场合来区分：正式介绍和非正式介绍

（1）正式介绍是指在较为正式和隆重的场合进行的介绍（见图10-7）。

正式介绍总的原则是：将男性介绍给女性；将年轻者介绍给年长者；将职位低的介绍给职位高的；将客人介绍给主人；将晚到者介绍给早到者。在这五个顺序中，如果被介绍者之间符合其中两个以上的顺序，一般应按后一个顺序进行。介绍时，最好是把对方的工作单位或就读学校顺便提一下。介绍顺序问题绝不是一个可有可无的形式问题，它涉及个人修养与组织形象以及公关活动目的是否能够达成。

图10-7　介绍礼

当你被介绍后，通常要做的礼仪是握手，面露笑容并道：“您好！”在需要表示庄重或特别客气时，还可以略施一躬，如见到某人特别高兴，则可以说：“见到您很高兴。”

（2）非正式介绍是指在非正式场合进行的介绍，可轻松随便、亲切自然些。例如，大家都是年轻人，介绍人可先说“让我来介绍一下”，然后做简单介绍，不必遵循先后次序，至于把一位朋友介绍给大家，只说“诸位，这位是×××”即可。

2. 按介绍者区分：自我介绍和他人介绍

自我介绍在社交场合也是很重要的一环，如果在集会的场合要与一位不认识的人谈话，主人忘了介绍，你可先进行自我介绍，等对方也做自我介绍后，便可进行交谈。

（1）自我介绍的含义。自我介绍是指口头自我介绍。它是借助于声音，艺术地将自己的姓名、年龄、职业、情趣、爱好、追求等基本概况向公众做一简短说明的交际形式。

由于市场经济体制的确立，人才的激烈竞争，以及现代人广交朋友、渴望互相了解的需求，人们在某些场合，诸如聚会、演讲、谋职、应试之时，为了加深听者的印象，使之在较短时间内对自己有一个大概的了解，就需要通过声音语言将自身的一些情况做一简短的介绍。这种交际形式在现代社会应用得相当普遍，可以说是每个人都应掌握的一种交际的基本功。

（2）自我介绍的作用。较之物体语言中的名片，自我介绍具有内容丰富、形式多样、表达灵活、印象深刻等特点。因此，它的作用也被更多的人所认知。自我介绍的作用如下。

① 显示介绍者自我推销的能力。现代社会竞争异常激烈，处于这样一个竞争的时代，我们要不断提高自身的竞争意识，掌握竞争的手段，以战胜竞争对手。其中之一即是学习自我推销。而自我介绍又是自我推销的一种有效方式。因为人的生命是有限的，而了解他人的过程是无限的。我们不可能将有限的生命投入无限的了解他人的过程中，那样会无端地浪费许多宝贵的时光。所以，通过自我介绍可以缩短人与人之间互相了解的时间，达到提高效率的目的。那么，介绍者的表达技巧、语言组织能力以及内容安排方法等，都是反映介绍者逻辑思维能力、想象能力、应变能力的途径，进而可以考察介绍者自我推销能力的强弱。现实生活中，有些人很善于在以上几方面表现自我，尽管专业水平稍逊一筹，却能通过自我介绍引起对方注意，给人留下深刻的印象，从而达到自我推销的目的。而有些人虽然有较深的专业知识，但语言表达能力比较欠缺，不善于恰当地表达自己，结果很可能在竞争中处于劣势，失去机会。所以，为了使自己把握住难得的机遇，显示自己多方面的才能，我们不仅要掌握专业知识，更要学会自我推销的方法，从而在市场竞争中立于不败之地。

② 加深听众对自己的全面了解。自我介绍需要一定的时间。介绍者利用有限的时间可巧妙地将自己的情况进行恰当安排，通过简洁的语言，流畅地表达出来。这是对自我本体形象必要的、有益的、辅助性的补充，可成为强化和突出自我形象的极其有效的手段。比之名片的无声介绍，自我介绍的内容相对丰富得多，显示的价值更大。例如介绍者的专业知识、主要经历、脾气禀性、兴趣爱好、人生态度、价值观念、审美意识、理想追求等，名片上未必都能一一加以注明，而自我介绍却能发挥这个独到的作用，并且根据对方的要求，增删一些内容，灵活性较强，易于使对方对介绍者进行全面了解。

③ 反映介绍者的文学修养。尽管自我介绍需要一定的时间，但是时间相对要少一些，一般控制在 2～3 分钟。要在这短暂的时间内，将诸多情况做一全面介绍，又要取得对方的信任和好感，没有一定的文学修养是很难取得成功的。介绍中，词语的选择、句子的安排，都应准确恰当，以体现介绍者的语言基本功底和素养。特别是一些表达手法的运用，诸如比喻、谐音、引用、对比、夸张等，更是展示介绍者文学水平高低的一个标志。如果运用得好，语言简练、句式优美，引用得体，手法多样，可表现出介绍者知识丰富、颇有文采的一面，这样就能为自我推销的成功创造重要的条件。

（3）自我介绍的方法：谐音式、矛盾式、自嘲式、引用式。

① 谐音式。这是利用字词的音相同或相近的方法来进行自我介绍的一种手段。例如介绍姓名："人人都知道这样一句话——'理解万岁'，本人就叫李杰——（理解），希望我们能成为朋友，达到心灵上的理解。"

②矛盾式。矛盾本是比喻语言和行为相互抵触之意，这里主要用来表现介绍者介绍的某些内容与现实相矛盾的情况。例如，“我很荣幸，因为我叫张忠良，是一个忠厚善良之人。但我非常不幸，因为我的名字和电影《一江春水向东流》中那个忘恩负义的小人张忠良同名。不过，请大家相信我，我是一个重情重义的好人。”

③自嘲式。这是一种以介绍者自身为对象，进行嘲笑，以使自己突出的方法。使用这种方法需一定的勇气。例如，“大家抬头往天上看，高高的蓝天上飘浮着一朵白云，我虽然个子很低，却有一个和天空有关的名字——高云。”

④引用式。这是借用名人的名句、名诗、名言或俗语、谚语等来进行自我介绍的方法，以此带动听众的联想，加深听众的记忆。例如，“人们说，眼睛是心灵的窗户。每个人都希望在走向光明的道路上拥有一双明亮的眼睛。我就在大光眼镜店工作。我希望通过我的工作给大家带来光明。”再如，“伟大出于平凡。我就叫王平凡，我愿意在平凡的岗位上做出不平凡的业绩。”

自我介绍的方法多种多样，绝不仅仅只有上述几种。现实生活中许多人在自我介绍方面创造了相当有价值且可供参考借鉴的方法。总而言之，自我介绍要调动各种手段，发挥充分的想象来巧妙地介绍自己，显示介绍者多方面的水平，取得对方良好的第一印象。因为好的开端是成功的一半。

（4）自我介绍应注意以下几点。

① 把握好内容。自我介绍的内容一般包括姓名、年龄、籍贯、毕业学校、专业知识、家庭状况以及其他一些情况。显然，在自我介绍时不必每次都将上述事项逐一说出，而应视交际场合、交际内容、交际对象的需要来决定繁简取舍。一般而言，自我介绍简明扼要。若对方要加深了解或就某一方面提问，则应按其需要详尽介绍。

②把握好态度。自我评价一般不宜用“很”“最”“第一”等表示极端的字眼，尤其是夸奖的话，出于自己口中，是一种乏味的表现。当然，也不必因此有意贬低自己。关键在于正确认识自己，掌握度量分寸，强调实事求是。

一般来说，人们都喜欢那种知识面宽、兴趣广泛的人。如果在自我介绍中，能根据实际把自己多方面的特长与知识面加以介绍，那么，介绍者有可能获得更多人的喜爱，结识更多的朋友。

③把握好时间。要选择适当的时机，在对方有兴趣、有需要、干扰少、情绪好时介绍自己，要简洁明了，用的时间越短越好，不可信口开河、不得要领。

（5）他人介绍的含义。他人介绍是指由第三者为彼此不相识的双方相互介绍、引见的一种介绍方法。

为他人介绍时，介绍人处于当事人之外，一般情况下，不同场合有不同的人充当介绍人。家庭性聚会：女主人。公务活动：专业人士（公关部、礼宾、秘书），或本单位职务最高者。社交活动：双方的熟人，或应邀者。

介绍人应审时度势，善解人意，在双方有意结识并期望有人做介绍时，成人之美，义不容辞地为双方做好介绍工作。

（6）他人介绍的顺序。

做介绍时，先介绍位卑者给位尊者认识，应坚持受尊敬的一方有了解对方的优先权这一原则，严格遵守介绍的先后顺序。先介绍给谁，后介绍给谁，是礼节性极强的问题。

① 把男士介绍给女士（见图 10-8）。在为年龄相仿的男士与女士做介绍时，最好把男士引导到女士面前，把男士介绍给女士。例如，“王小姐，我给你介绍一下，这位是李先生。”

② 把地位低者介绍给地位高者。在社交场合，无论男女老少，一般以社会地位和职位的高低作为社会交际礼仪的衡量标准，把社会地位和职位低者介绍给社会地位和职位高者。

③ 把晚辈介绍给长辈。介绍同性别相识时，应该把年轻的同辈介绍给年长的人，以表示对长辈的尊重。

④ 把主人介绍给客人。在主客双方身份相当时， 应该先介绍主人，再介绍客人，以表示对客人的尊敬。

⑤ 把非官方人士介绍给官方人士。如果只介绍两个平辈的同学或朋友相互认识，只需要说：“李东，这位是王迪。王迪，来见见李东。”如果一时想不起来被介绍人的姓名，当场就可以向对方承认，同时也不妨自嘲一下，以化解尴尬的气氛。如果介绍人一时想不起你的名字，你不妨主动伸出右手，报上自己的姓名：“你好，我叫马玉，很高兴见到你！”

图 10-8　把男士介绍给女士

无论通过怎样的方式介绍，最重要的是，你被介绍给在场的每一个人认识了，每一个人也都会很开心。

（三）介绍的姿态

在为他人做介绍时，介绍者应该热情、诚恳，身体姿态文雅大方。无论介绍哪一位，介绍者应手心向上，手背向下，四指并拢，以肘关节为轴，指向被介绍者一方，并向另一方点头微笑。切不可用手指指来指去。必要时，可以说明被介绍一方同自己的关系，以便介绍的双方增进了解和信任。

他人做介绍后，看不起对方、摆架子、装腔作势应付对方是失礼的；而低三下四、阿谀奉承，讨对方的欢心，也是有失人格的，都是不正确的态度。

1. 按介绍人次区分：集体介绍和个别介绍

集体介绍是他人介绍的一种特殊形式，是指介绍者在为他人介绍时，被介绍者其中一方或者双方不止一个人，甚至是许多人。

在需要做集体介绍时，原则上应参照他人介绍的顺序进行。由于在正式活动和隆重的场合中，介绍顺序礼节性极强，在做集体介绍时，应根据具体情况慎重对待。

少数介绍给多数，当被介绍双方地位、身份大致相似时，先介绍一人或人数少的一方，再介绍人数较多的一方。

由卑到尊被介绍双方均为多数人时，应按照先介绍职位低的一方，后介绍职位高的一方；先介绍主方，后介绍客方的顺序。介绍各方人员时，则应由职位高者开始，依次而行。

2. 按被介绍者的层次、地位区分：一般介绍和重点介绍

（1）一般介绍。

两条原则：一是把男士介绍给女士；二是在一般介绍中，必须先提女方名字，然后再

说男方名字。

（2）重点介绍。

来宾较多时，主持者不必逐一进行介绍，只需介绍重点来宾。

四、名片

名片作为社交中雅致而实用的一种交际工具和手段，在我国西汉时就已广为流行了。古人通名拜谒，都是自书姓名爵里。最初是削竹、木为片，刻上名字，供拜访者通报姓名用，之后才是写在纸上。汉初称为“谒”，六朝时称为“名”，唐朝时称为“状”，宋时称为“碟片”。到明清时期，使用名片之风更盛，通常称为“门状”“门刺”“名帖”，一直沿用到近代。

据考证，世界上最长的名片，当推清代李鸿章出使美国期间特制的一张长达 2 米的名片。而体积最大的名片，则是清乾隆年间，高丽国宰相李根为向郑板桥索取字画送来的高 40 厘米、宽 17 厘米、厚 17 毫米的如“金版玉片”的名片。

（一）名片的分类

名片有普通社交名片、公务名片和职业名片之分。后两者与普通社交名片的区别在于：除了姓名、地址、邮编、电话号码，还应把使用者的单位名称、现任职务以及职称等印在名片上。现在常用的名片，基本都是公务或职业名片，但因它们在社交场合经常使用，所以一般不加区别。

（二）名片的作用

名片虽仅方寸大小，却在现代交际中发挥着越来越大的作用。有人把名片比作人与人之间的黏合剂，还有人把它比作社交的媒介，就像介绍信和联谊卡。

（1）减少自我介绍的麻烦。名片的内容和形式虽然各异，但大都印有姓名、工作单位、行政职务、业务职称、通信地址、电话号码等项。初次见面时，交际双方都想了解对方的一些有关情况，又碍于面子，不敢直言相问。而一张小小的名片将这些内容囊括其中，一目了然。需要时互递名片，则可不必再口头重复自己的姓名，既避免了打探他人隐私之嫌，又减少自我介绍的麻烦，还节约了时间，实可谓一举三得。

（2）缩小彼此之间的距离。有些名片不仅印有姓名、职务等，而且还有经营项目、业务范围，或者性格爱好、生活特点。在递交名片时，递交者不仅仅是把自己介绍给对方，更重要的是将自己的工作内容和脾气秉性告诉对方。这样就可通过名片，使对方找到某些共同的话题，以消除彼此之间的心理障碍，融洽关系，从而为交际双方友好交往创造必要的条件。

（3）显示使用者的风度和修养。名片属于物体语言。它虽然是无声的，但通过使用者同样能传达各种信息，使对方做出判断。因此，出示名片的动作恰当与否，与其文化修养和交际水平的高低关系密切。懂得名片使用的人，会以此作为体现身份、修养的方法，进而表达对对方的尊重之情。反之，则会暴露出粗俗的一面，由此给接受名片者留下不良的印象。

（4）名片还可以起到推荐他人、牵线搭桥的作用。

（三）名片的使用

名片一般在三种情况下使用：第一，商业性的横向联系和交际时；第二，社交中的礼节性拜访时；第三，表达感情或表示祝贺时。

1. 名片使用的场合

使用名片是为了和对方建立联系、加深了解，因此要掌握使用名片的恰当场合。我国古人十分讲究这一点，名片一般在参见重要人物、礼贤下士、亲友互访时使用，以表达对对方的尊重之情。现代社会使用名片的人越来越多，名片的持有者已囊括从省、部级领导干部到普通老百姓各色人等，流通范围已涉及党政军工农商学各行各业。一般来说，使用名片的场合主要有以下几种。

（1）商业性质的横向联系和交际。

当今，市场经济逐渐发展，商业活动日益频繁。为加强企业间的协作，沟通感情，掌握信息，组成一个网状的交际结构，需要互赠名片，便于联络。

（2）礼节性交往中的礼节性拜访。

现代人生活节奏加快，时间观念加强，互相之间的拜访较以往逐渐减少，且时间缩短。也正是由于这个原因，人们更注重提高交往效率，以互赠名片的形式来弥补短暂拜访的不足，为保持长期的联系创造条件。

（3）表达感情的场所。

在社交场合中，有时出于友情，需要应酬。但又因为公务缠身，无法亲自前往，如生日聚会、结婚宴请、送别仪式、答谢酒会等场合，可将名片写上若干字样，再配以合适的礼物，托人送去，既方便体面，又不失礼仪。

拜访用的名片多用于以下场合：赠送礼物，当别人代送礼物时，附在礼物里面或外面；非正式邀请中可用名片代替请帖，在名片上写明时间、地址及留言；当朋友请人送来礼品或书信时，可将名片作为收条或谢帖。

2. 名片使用的方法

名片的使用涉及递接的双方，细分起来，可归结为递交、接受和交换三个步骤。前两个步骤分别由递、接的两方进行，最后一个步骤则必须由双方共同完成。

（1）递交名片。

① 在外出前将名片放在容易掏出的地方，以便需要时迅速掏出。一般地，男士可以将名片放在西装上衣的内兜里，或公文包里，女士可将名片置于手提包里。

② 掌握递交名片的时间。如果是初次见面，相互介绍后，可递上。倘若是比较熟识的朋友，也可在告辞的时候递过去。

③ 递名片时，为表达对对方的尊敬，一般应双手递过去。特别是下级递给上级、晚辈递给长辈，更应该如此。

④ 递名片时，应将名片的下方指向对方，以方便对方观看。

⑤ 递名片的同时，应面带微笑，说些友好客气、礼貌的话语，例如“这是我的名片，欢迎多联系”“这是我的名片，请多关照”。总之，递交名片时，动作要洒脱大方，态度要从容自然，表情要亲切谦恭（见图10-9）。

图10-9　递交名片

（2）接受名片。

递名片者将名片递过去，表达了递交者对对方的友好之意。首先，接受名片者应双手接过名片，然后从上到下，从正到反，认真观看，以表示对赠送名片者的尊重，同时也加深了对名片的印象。遇到不会读的字应主动向对方请教。其次，接受名片者看过名片后，要细心地把名片放在名片夹里，并表示谢意，在对方离去之前，或话题尚未结束，不必急于将对方的名片收藏起来。切不可把名片随意地放到一堆物品中间，或在名片上加放茶杯等物，也不可以顺手不经意地塞进衣袋，甚至轻慢地放置一旁。因为名片上印有对方的姓名，是其人格的一个组成部分，接受名片者应通过动作与表情来显示对对方人格的尊重。

（3）交换名片。

交换名片体现了双方感情的沟通，表达了愿意友好交往下去的意愿。交换名片的方法主要体现在交换名片的顺序上。一般是地位低者、晚辈或客人先递给地位高者、长辈或主人，再由地位高者、长辈或主人予以回赠。概括起来即为“先低后高、先幼后长、先客后主”。倘若上级或长辈先递过名片，此时作为下级或晚辈不必谦让，大大方方地收下即可。如果接受者没有名片，也可说一句：“谢谢。但很抱歉，我没有名片回赠。”

总之，社交场合千变万化，递收或交换名片要选择恰当的时间和方式。

（四）使用名片的事项

1. 名片使用三不准

（1）名片不得随意涂改。

（2）名片头衔的提供不得多过两个。

（3）名片不提供私人联络方式。

2. 名片交换四注意

（1）递自身名片，索取对方名片。

（2）递送名片时要站立，两手拿着名片上角，名片正面对着客人，其顺序为先尊后卑。

（3）接过名片要看，并放在上衣兜或公文包中。

（4）接受名片后，如不想同对方交换或没有名片时，应先表示歉意，解释忘带或用完了。

3. 名片使用三注意

（1）没有名片的人，将被视为没有社会地位的人。

（2）不随身携带名片的人，是不尊重别人的人。

（3）名片一般放在专用名片包里或西装上衣口袋里。

4. 索取对方名片四方法

索取对方名片四方法：交易法、激将法、谦恭法、平等法。可用请求口吻：“如果没有什么不便，能否请您留一张名片给我？”若对方手头已无名片，一般会婉言谢绝。

5. 外行的表现

（1）无意识地玩弄对方的名片。

（2）把对方名片放入裤兜里。

（3）当场在对方名片上写备忘事情。

（4）先于上司向客人递交名片。

五、座次

在现代社会活动中，会场、办公室的布置，离不开对桌子和座次的安排。这些物品除了其本身所具有的使用功能，还是人的社会地位的体现和延伸，对交际产生重要影响。

因此，注意座次的合理使用，就显得尤为重要。

思政拓展　　朱德为老师让座

（一）座次的分类

1. 边角座次

边角座次的位置是交际双方取一桌角，分别坐在两边（见图 10-10）。这种位置适合于和善轻松、诚挚友好的谈话。它的特点是目光投射自由，行动自如方便，便于使用手势、观察对方心理、消除彼此界限，显示双方平等，易于把握主动。

2. 合作座次

合作座次是交际双方为达到一定的目的而采取的一种并肩而坐的座次（见图 10-11）。这种座次适合于双方交换意见、融洽感情时使用。特点是显示地位平等，表明目标一致，体现感情相投。双方因工作的需求要加强协作，采取这种座次交谈，此外，夫妻、恋人、密友之间也常选择这种并肩位置，使一方不知不觉进入另一方的“领地”之中。

这种座次也适合于介绍第三者加入会谈。

3. 竞争防御座次

竞争防御座次是交际双方隔桌相望而坐（见图 10-12），这种位置会造成一种防范的气氛，而且由于桌子本身形成的屏障，所以易使双方坚持各自的立场或观点。这种座次适合于双方发生竞争和产生对立情绪时使用。采取这种座次的谈话一般来说时间较短，专题性也较强，而且各自拥有自己的一半领地，不喜欢对方侵犯。所以，在友好洽谈和讨论商议性质的会晤中，应尽量避免采取这种竞争防御座次。

至于两国首脑级会谈时的隔桌相坐，则是另外一种情况。因为谈判桌的宽度远远超出常用的办公桌宽度，双方人员的行动，如打手势等，不会超出自己的领地范围，而且也决不会侵犯对方领地。加之长方形的谈判桌看起来是个整体，实际上等于两个独立的桌子的拼合，所以也就意味着每一方都拥有自己的空间领地，自然不会导致“侵犯”一类事情的发生。

4. 独立座次

独立座次是交际双方隔桌相望且各坐在桌子的一角（见图 10-13），形成一种互不干扰的气氛。这种位置由于相距较远，因而显示出冷漠疏远的感情，不便于双方交谈。独立座次适用的场合一般是在饭店、图书馆、阅览室、公园等处，表示彼此不感兴趣，也暗示出“井水不犯河水”的心理。

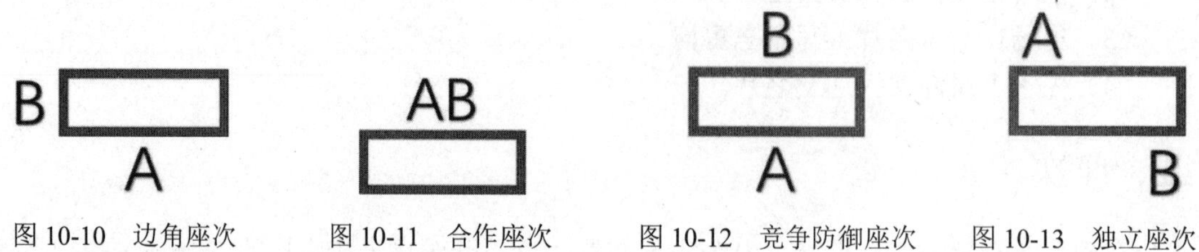

图 10-10　边角座次　　图 10-11　合作座次　　图 10-12　竞争防御座次　　图 10-13　独立座次

（二）座次礼仪

日常交际中使用的桌子并非只有一种规格。在交际中经常会用到的是方桌、圆桌、长桌。桌子的大小、座次的位置以及面向的方向，同样会对交际产生重要影响。

一般来说，使用方桌又相对而坐，易于产生对立情绪，制造主从关系气氛，适合简短谈话。如果目的一致，应在方桌一侧并肩而坐。当上级斥责下级时，可相对就座。倘若多人交谈，按理说坐在身旁的人比较易于合作，而对抗最强的则是正对面而坐的人。

圆桌适宜于非正式的场合。因为就座各方拥有相同的领地，显示地位平等，可以造成轻松自在的气氛，有利于合作和友好关系的建立，激发人谈论的兴趣（见插页图 10-14）。目前，商业人士与他人会谈时，常使用圆桌进行和谐随意和规劝性的谈话；而用方桌来谈工作、谈生意，进行简短交谈和带有争论性的话题。另外，一些高档的饭店也使用圆桌，以便于顾客就餐和交谈。

使用长桌，则带有地位的差别和权力的影响。一般面向门口的人负责统观全局，背朝门口的人则和对面的人形成对手。长桌一般适宜于会议室和谈判场合。在使用长桌与人交谈时，位置的选择应该根据在场人的身份、地位和职务的高低排列。此外，还要考虑会谈性质。

至于家庭餐桌的形状，也可能显示这个家庭中的权力分配情况、生活格调和家庭气氛。民主、自由、开放的家庭一般使用圆桌，封闭、保守的家庭大都趋向于使用方桌，而权威、家长制较强的家庭则选用长桌。长桌的座次在我国一般是：男主人坐在朝向门口的位置，女主人坐在男主人对面，两边用于子女就座。

如果是因为住宅空间或其他条件的限制，而使用圆桌或方桌，就不能依照上述分析予以判断。

（三）就餐座次

（1）正式宴会应事先为每个赴宴者安排好桌次和位次，并且事先通知到每个人，以便参加者心中有数。也有的只安排部分主要宾客的席位，其他人只排桌次或自由就座。

（2）不同形式的宴会，席位的排列各有不同。排列主要是依据国际惯例和本国的礼宾顺序，除此之外，还应考虑客人之间的政治关系、身份地位、语言沟通、专业兴趣等因素。但是无论如何排列，都应先把主宾夫妇和主人夫妇置于最为尊贵的位置。

（3）桌次高低以距离主桌位置远近而定，右高左低。同一桌上，席位高低以离主人远近而定，右高左低（见图 10-15、图 10-16，图中 A 座为上座，右边的 B 座次之，依次类推）。国外的习惯是男女穿插就座，以女主人为准，主宾在女主人右上方，主宾夫人在男主人右上方。我国的习惯是按职务排列以便于谈话，如夫人出席，常常把女士排在一起。译员一般安排在主宾右侧。如遇特殊情况，还可以灵活处理。

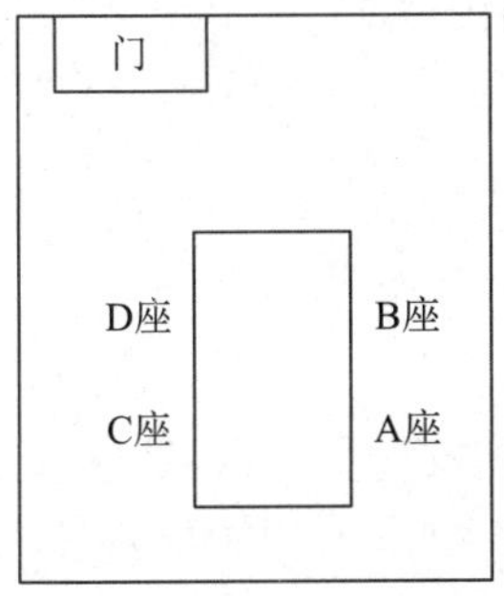

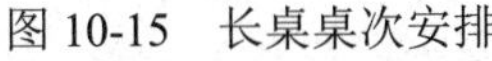
图 10-15　长桌桌次安排

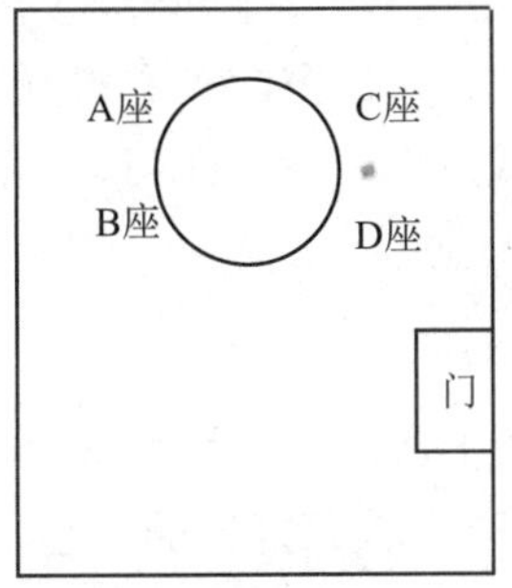

图 10-16　圆桌桌次安排

（四）会议座次

1. 大型会议主席台排座次三要点

（1）前排高于后排。

（2）中央高于两侧。

（3）政务礼仪是左高右低，商务礼仪是右高左低。

主席台座次排列，领导为单数时，主要领导居中，2 号领导安排在 1 号领导左手位置，3 号领导在 1 号领导右手位置；领导为偶数时，1 号、2 号领导同时居中，2 号领导依然在 1 号领导左手位置，3 号领导依然在 1 号领导右手位置。

2. 小型会议排座次三要点

（1）自由择座。不排定固定的具体座次，由全体与会者完全自由地选择座位就座。

（2）面门设座。一般面对会议室正门的是会议主席座位。其他的与会者在其两侧自左而右依次就座。在中国是左尊右卑，国际上是以右为上。

（3）依景设座。会议主席的具体位置，不必面对会议室正门，而是应当背依会议室之内的主要景致所在，如字画、讲台等。其他与会者的排座，则略同于前者。

（五）乘车座次

（1）一般朋友驾车时，副驾驶座为上（见图 10-17）。

（2）专职司机驾车时，副驾驶座后方座为上（见图 10-18）。

（3）接待高级贵宾时，驾驶员后方座为上。

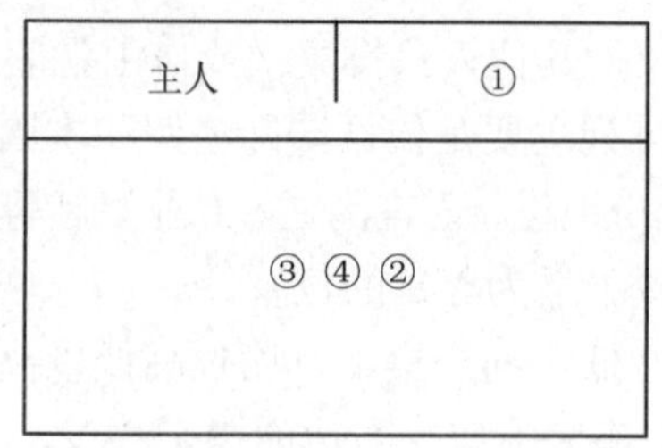

图 10-17　朋友驾车

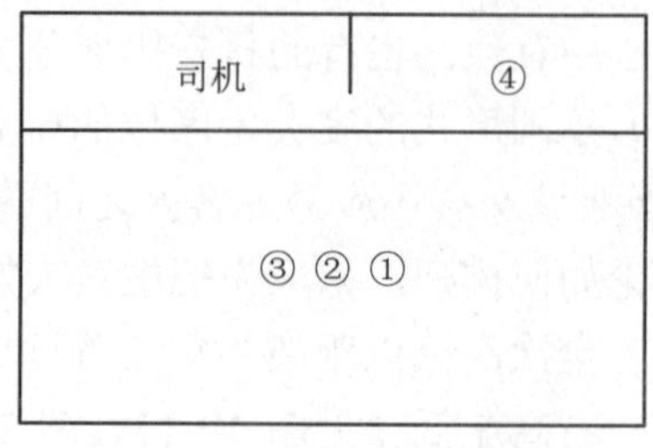

图 10-18　专职司机驾车

（六）会客排座次

（1）自由式：当难以排列时，则可采取随意而坐的方式。

（2）相对式：进门方向以右内侧为上。

（3）并列式：坐好后，面门、右内侧居中为上。

六、奉茶

中国是“茶的故乡”。4000多年前，我们的祖先发现了一种可以解毒治病、健神延年的神草，就是茶叶。饮茶之风的兴起，一说始于战国时期，一说始于西汉，总之，已有2000多年的历史。到了唐代，茶叶生产得以蓬勃发展，饮茶之风日益兴盛。唐代的学者陆羽为此写出了世界上第一部关于茶的专著——《茶经》。《茶经》分上、中、下三卷，共十节，记述了茶的起源、茶树品种、种植方法、茶叶产地、茶叶采摘和制作技术、烹饮方法及同采制、烹饮有关的各种茶具。《茶经》的问世和流传，普及了茶的知识并对茶叶生产和饮茶礼俗的发展起到很大的推动作用。《茶经》后来传入日本，又于17世纪传入欧洲，至今仍有很高的研究价值。

（一）茶的作用

茶作为人际交往中的一种物品，起着极其重要的媒介作用。随着饮茶之风的兴起，我国古代很早就懂得客来敬茶、以茶助兴的方法。宋代的杜耒在《寒夜》中有“寒夜客来茶当酒，竹炉汤沸火初红”的诗句。古人在交往中形成了以茶代礼、以茶联姻、以茶解怨的习俗。

1. 以茶代礼

以茶代礼的礼俗在唐代为最盛。人们将茶作为雅尚佳礼，寄赠文友或亲友，以求超凡脱俗、清新淡雅，并通过寄、收茶叶觅得一份人间真情。

以茶代礼，不但民间有之，皇宫深院也不例外。自唐朝始，历代皇帝都有以贡茶作为礼品赐给宠臣或外国使臣以示关怀的例子，以茶代礼的礼俗在现代生活中仍被人们所喜爱。毛泽东主席和周恩来总理都喜欢以茶待客，以示对客人的尊重。

2. 以茶联姻

从古至今，茶既可用来款待宾客，馈赠亲友，也可作为定情的信物。例如四川等地就有男女定亲以茶联姻的礼俗。因为古代民间有“凡种茶树必下子，移植则不复生，故俗聘妇必以茶为礼”的说法。所以，“吃了哪家的茶就是哪家的人”，进而把茶看作一种矢志不渝和“必定有子”的象征。不仅如此，有些地方还将婚姻礼仪称为“三茶之礼”，即订婚时叫“下茶”，女方收聘礼时叫“受茶”，结婚同房时叫“合茶”。藏族人结婚时，以茶为聘为饮。在结婚之际，男家要以大量的茶叶来招待客人。熬用的茶要红艳，象征婚姻美满幸福，表示婚后夫妇感情一定很好。《红楼梦》中，王熙凤送两瓶新茶给林黛玉，并语带双关调笑道：“你既吃了我们家的茶，怎么还不给我们家做媳妇？”

3. 以茶解怨

由于茶具有去火清神、平息肝火等药理作用，因此在我国南方一些地区流行一种以茶解怨的礼俗。倘若双方有了矛盾纠纷，则请一位德高望重的长者调解评议。其间，先端上清茶，请双方饮用，以求肝火渐平，然后再心平气和地讲理、调解、评判，直至“亦有不平事，尽从毛孔散”，纠纷得以圆满解决，最后由输方支付茶钱了事。

4. 以茶治病

传说南宋绍兴五年（公元1135年），岳飞奉朝廷之命带兵南下与杨幺领导的起义军作战。由于岳家军多来自北方中原大地，很多士兵进入江南出现水土不服的症状，腹胀、呕吐、腹泻、乏力，眼看着难以正常作战。平时喜读医书的岳飞将当地盛产的茶叶、芝麻、生姜、黄豆一起熬煮让属下饮用，果然治好了军中的恶疾。

（二）茶的分类

绿茶：不发酵的茶（发酵度为零），如西湖龙井、碧螺春、信阳毛尖。

红茶：全发酵的茶（发酵度为80%～90%），如祁门红茶、荔枝红茶。

黄茶：微发酵的茶（发酵度为10%～20%），如君山银针、蒙顶黄茶、远安黄茶。

青茶：半发酵的茶（发酵度为30%～60%），如铁观音、文山包种茶、冻顶乌龙茶。

黑茶：后发酵的茶（发酵度为100%），如六堡茶、普洱茶、安茶。

白茶：轻度发酵的茶（发酵度为20%～30%），如白毫银针、白牡丹。

（三）喝茶的礼节

饮茶有一定的规矩。由于各地风俗人情、文化背景、地理环境等不同，茶礼内容也不尽相同。现代人生活节奏加快，时间观念加强，喝茶之礼也趋于简单，不像古人那般烦琐、细致，但也有约定俗成的茶礼。

1. 讲究茶具的选择与洁净

以茶待客，是主人表达感情的一种方式。而选择合适的茶具，并注意茶具的洁净，就成为检验主人情意浓淡的途径。一般说来，敬茶以玻璃杯为器皿最好，这样可让客人观赏到茶叶形态的美妙，或若山水云雾，或似花鸟鱼虫，汤纹水脉，别有情趣。

2. 投放适量的茶叶

投放茶叶的多少，也是衡量主人泡茶是否得法的一个标志。除了按品种掌握用量，还须因人而异。对待饮茶有年者，茶叶的用量不妨多些；对待妇女、青年以及平时饮茶不多的人，用量可略少些，不至于浪费或显得小气。

3. 注入适量的开水

为客人泡茶，应注入适量的开水，一般以七成为宜，以示尊敬。这就是俗话说的“茶七饭八酒满杯”。在我国有些地方，茶斟得太满是对客人的不敬，甚至是骂人之意。主人为客人倒茶切莫只一次性充满一杯。水太满了，客人捧杯不便，且刚冲泡的茶叶一时难以泡透，茶叶浮泛水面，客人饮时只得边吹边饮，显得不雅。及至茶叶舒展茶已凉了，客人也要离去，那就失去了敬茶的意趣。故杯中第一泡开水不要太满，到可饮用时即主动先请客人品上几口，待杯中茶汤余下 1/3 时，再及时为客人添水。此时水略多些也无妨。因杯中茶叶已浸出，茶味浓淡相宜，尽可令客细尝慢饮，一享品茶之乐。不过，一杯茶叶冲上三四次后其味就淡了，如再频频为之添水，便成清汤，反倒显得不敬。

4. 约束端茶举止

以茶待客涉及宾主双方。作为主人，为客人沏好茶后，端杯时应以双手捧之，并将杯把置于客人右侧，以便对方端杯。在端茶过程中，切不可将手指靠着杯沿，甚至伸进杯中，显得不卫生。举止文雅，是显示主人修养的一个方面，不可忽视。

茶是我国的国饮之一，种类繁多。在我国南方有一种喝茶的方式叫“工夫茶”；在民间流传得非常广泛的茶艺叫“擂茶”（又叫“三生汤”）；在牧民中流行奶茶。茶对于人类来说，一是可让人啜英咀华，尽享茶之美味；二是醒神明目，有益健康；三是可陶冶性情，助人修身养德。因此，茶文化已成为华夏文化的重要组成部分，并远播海外。中国的茶文化是随着人们饮茶、品茶、斗茶而形成的。这种文化多以诗歌的形式表现出来，进而远播海外。

茶道是日本茶汤之道的俗称。经过千余年的历史积淀，茶道深深融入了日本民族的精神，成为日本特有的文化形态。它通过主人在茶会上擦碗、取勺、倒水、端茶等一整套严格规范的动作，来表达主人对客人的真诚友好以及认真投入的程度。这些固定了的程式化动作，加之动作者放松入静的状态，使客人在品茶中自然地忘掉自我，起到调整阴阳、修身养性、净化心灵、超然物外的作用。

日本大众化茶道的创始人当推千利休，有“茶道始祖”的美誉。他学识渊博、深悟禅宗奥理，提出了“和、敬、清、寂”的茶道精神，即所谓“四规”。“和”是表示恭和、谦让、和谐之意，期望人人都能以情为重，以和为贵，促使人际关系更加融洽、亲和。这是人类理想的共同追求和最高境界。“敬”表示以礼相待，以茶致意，意味着对宾客的敬意，对长辈的尊重，对同辈及晚辈的亲情。通过“敬”达到相敬如宾、互致友情的目的，形成良好的社会风尚。“清”不仅是指茶能清心、清目、清神，而且指环境的清雅幽静，心境的安宁平静，意味着在美好的环境中，嫩绿的香茗与心神的绿洲相互映衬，使之环境宜人，身心泰然。君子之交，意在清茶一杯；为政者，清明廉洁，故有两袖清风之说。清茶无音，意味深长。“寂”则是茶道美学的最高境界。在“和、敬、清”的基础上，饮茶者寂然入静，进入凝神沉思、知己去欲、心无杂念、超凡脱俗的精神境界，从而从日常生活中的烦恼和复杂的人际关系中解脱出来，陶醉于一种寂静空无、回归自然的氛围之中。

（四）奉茶礼仪

冲泡茶时首先要清洁茶具，多杯茶应依次排开来回冲，每杯茶以斟杯高的 2/3 为宜。

奉茶也是有技巧的，需要恰当地引导服务或肢体语言，在很多场合都可能用到，例如客户坐下来洽谈商务的时候顺便请他喝茶。奉茶给客户的时候，一种情形是放在桌上，应双手捧上放在客人的右手上方（见插页图 10-19），先敬尊长者；另一种情形是客人会顺手接过茶杯，应右手在上扶住茶杯，左手在下托着杯底。这样，客户在接茶杯的时候也是左下右上，从而避免了两个人之间肌肤接触。这是个细微的礼节，但是重视细节可以避免引起不必要的尴尬。

七、宴请

古希腊哲学家伊壁鸠鲁说："我们与谁一起吃饭，比我们吃什么更为重要。"

现实生活中，人们并不仅限于单一语言的交际。纯粹的人体语言、物体语言、空间语言和有声语言的交际是很难适应现代生活发展的。在许多情况下，人们是在进行综合语言的交际。例如对方交谈时，既有声音的表达，又有目光的对视，还有位置的把握，以及服饰的选择。这些交际语言错综复杂、交叉使用，直接或间接地作用于交际对象，影响着交际对象的情绪，决定着交际的成败。因此，了解各种场合的综合语言的使用，对于掌握各种交际礼仪的意义，提高人际交往的水平，同样起着举足轻重的作用。宴请作为一种社交礼仪活动，实现其目的，自然是组织者所追求的目标。为了能使这种交际活动获得圆满成功，组织者在宴请前必须做好充分的准备工作。

（一）宴会

在社会交往中，宴请是最常见的交际活动，尤其是宴会，又是最高层次的社交活动之一，所以宴请在整个社交礼仪中占有非常重要的地位。由于各国、各民族都有自己国家和民族的文化特点和生活习惯，不同形式的宴请对礼仪规范和个人行为举止都有不同的要求，在宴请中礼仪失当，不仅会贻笑大方，损害个人的形象，也会影响正常的社会交往和友好合作。

中国的饮食文化在世界上独树一帜，不同风格的菜系和精湛的烹调技术令世界人民倾倒。鲁菜、川菜、粤菜、苏菜、浙菜、闽菜、湘菜、徽菜八大菜系更是名扬四海。煮、蒸、烤、炒、烧、爆、炖、煎、炸、烹、溜、贴、焖、熬、煨、熏、卤、渍、腌、拌、涮等数十种烹调技术令人叫绝。所以中国人喜爱中国菜，自在情理之中。然而吃中餐也有一定的礼节贯穿其中。对于这些，我们应有所了解，以便在餐厅设宴招待宾客时，表现出良好的风度和举止，给对方留下美好的印象，促进双方友谊的加深。

宴请可以根据不同的标准具体划分为多种形式，每种形式的宴请在菜肴、人数、时间、着装等方面也有许多不同的要求。目前，国际宴请主要分为宴会、招待会、茶会和工作进餐等形式，采用何种方式要根据活动的目的、对象、人数、时间、地点以及经费开支等各种因素而定。

1. 宴会与宴请

宴会是最正式、最隆重的宴请。宴会为正餐，由服务人员按顺序上菜。宴会种类繁多，按举办时间划分，可分为早宴、午宴、晚宴，以晚宴档次最高；按餐别划分，可分为中餐宴会、西餐宴会、中西合餐宴会；按性质划分，可分为工作宴会、欢迎宴会、节庆宴会；按礼宾规格划分，可分为国宴、正式宴会、便宴和家宴。一般情况下，宴会持续时间为两个小时左右。

（1）国宴是国家元首或政府首脑为国家庆典或欢迎外国元首、政府首脑而举行的规格最高的正式宴会。

宴会厅内要悬挂国旗，并由乐队演奏国歌和席间乐。国宴由国家元首或政府首脑主持，席间由主人和主宾致辞和祝酒。国宴的礼仪要求最为严格，参加者必须着正装，座次按礼宾次序排列。

（2）正式宴会的规格仅次于国宴，除了不挂国旗、不奏国歌以及出席人员的规格不同，其余的安排大体与国宴相同。礼仪要求也比较严格，宾主按身份排席次和座次，许多国家还在请柬上注明对客人的服饰要求。席间一般也有致辞和祝酒，有时也设乐队演奏席间乐。正式宴会对服务人员以及餐具和菜肴的道数均有一定的要求。

（3）便宴不属于正式宴会，故比较亲切、随便，更适合于日常的友好交往。便宴形式简便，偏重人际交往，而不重视规模、档次；可以不排座次，不做正式致辞，菜肴的道数亦可酌减。

（4）家宴，即在家中设宴招待客人，是一种便宴的形式。家宴往往由主妇亲自下厨烹调，家人共同招待客人，显得亲切、自然，让客人产生“宾至如归”的感觉。西方人士喜欢采用这种方式，以示友好、融洽。

2. 招待会

招待会指不备正餐、较为灵活的宴请方式，常备有食品、酒水、饮料，由客人根据自己的口味选择自己喜欢的食物，或站或坐，与他人一起或单独用餐。招待会一般不排座次，可以自由活动。常见的招待会有冷餐会、酒会。

（1）冷餐会又称自助餐宴会，是一种非常流行、灵活、方便的宴请形式。根据主客双方的身份，冷餐会规格可高可低，常用于官方的正式活动，以宴请人数众多的宾客。冷餐会一般在中午 12 时至下午 2 时，或下午 5 时到 7 时左右举办。菜肴以冷食为主，也可用热菜，连同餐具陈设在桌子上，供客人自取，也可由服务人员端送。食品、饮料应按量取食，不可浪费。冷餐会可设在室内或院子、花园里，可不设桌椅，站立进餐，也可设桌椅自由入座。

（2）酒会亦称鸡尾酒会，规格可高可低，适用于各种节目、庆典、仪式及招待性演出前后。酒会的形式活泼，便于宾客间广泛的接触和交流。酒会以酒水为主，佐以各种小吃、果汁，不用或少用烈酒，食品多为三明治、面包、小香肠、炸春卷等，不设刀叉，以牙签取食。食品和酒水由服务人员用托盘端送，或部分放置在小桌上由客人自取。酒会一般采取站立的形式，不设座椅，仅设小桌或茶几，以便客人随意走动，广泛交流。酒会举办时间比较灵活，请柬上往往注明整个活动持续的时间，客人可在活动期间任何时候到达或退席，来去自由，不受时间约束。

3. 茶会

茶会是一种简便的接待形式，通常安排在上午 10 时或下午 4 时左右在客厅举行，内设茶几、座椅。会上备有茶、点心或地方风味小吃，请客人一边品尝，一边交谈。茶会不排座次，如果是为贵宾举行的活动，入座时应有意识地将主宾和主人的座位安排在一起，其他人员可随意就座。

茶会对茶叶的品种、泡茶的用水和水温以及茶具颇有讲究。茶叶的选择要照顾到客人的喜好和习惯，茶具要选用陶瓷器皿，不要用玻璃杯，也不要用热水瓶代替茶壶。欧洲人一般用红茶，日本人喜欢乌龙茶，美国人用袋茶，外国人参加的茶会还可以准备咖啡和冷饮。

4. 工作进餐

工作进餐是现代生活中经常采用的一种非正式宴请形式，是利用进餐的时间和形式，边吃边谈工作。按用餐时间可分为工作早餐、工作午餐和工作晚餐。此类活动不请配偶和与工作无关的人员参加，不排座次。大家边吃边谈，不必拘束，形式较为灵活。如果是双方正式工作餐，往往要排座次。为便于谈话，常用长桌。工作进餐可以由做东者付费。在国外，工作进餐经常实行“AA 制”，由参加者各自付费。

（二）宴会的组织

1. 预订餐桌，发出请柬

作为设宴者，也就是东道主在决定宴请宾客后，应事先做好各种准备，如预订餐桌，发出请柬。这样做的目的有三：一是显示主人的从容不迫；二是表现主人对客人的尊重；三是便于餐厅准备。反之，临时仓促决定，心中无数，如果恰逢餐厅用餐高峰，难免东找西寻，让客人感到自己不受重视。即便最终找到适合的餐桌，花费又很高，但仍弥补不了先前的损失，以至于因小失大。

宴会的时间应对主宾双方都合适，尤其要照顾来宾方面。按国际惯例，晚宴被认为是最高规格的。安排宴会的时间要注意避开重要的节假日、重要的活动日和双方或一方的禁忌日。例如对西方人士，不要选 13 日，更不要选 13 日且星期五。伊斯兰教徒在斋月内白天禁食，宴请宜在日落后进行。宴请活动时间要与主宾单位商量，主宾同意后，确定时间，再邀请其他宾客。

2. 确定宴会的菜单

要想组织好宴会，菜单的确定至关重要。要根据宴会的规格和形式，在预算标准之内予以安排。选菜主要考虑主宾的口味、喜好和禁忌。例如伊斯兰教徒用清真席、不喝酒，印度教徒不吃牛肉等。不要以主人的喜好为主，也不要以为中国人喜欢的或名贵的菜肴也适合外国人，例如海参、动物内脏，许多欧洲人都不喜欢。菜单确定后，即可印制。正式的宴会上，菜单至少每桌一份；讲究的可以每人一份，以便大家用餐时心中有数，各取所需，菜单也可留作纪念。

3. 安排好席位

在正式宴请宾客时，对出席来宾的位次，要按 定的规则和惯例进行排列。在宴会的席位安排中，必须注意符合中西方宴会活动的不同礼仪规范。

4. 照顾左右，礼貌友好

当客人接受邀请后，陆续进入指定餐厅，这时候，主人应热情相迎，为不认识的宾客相互介绍，而客人之间也应微笑相对，点头示意，握手问候。有长辈时，应主动起立，让座问候。对女宾应举止庄重、彬彬有礼。对小孩应亲切问候、多加爱抚。这样有利于赴宴者彼此消除陌生感，便于创造宴席热烈融洽的气氛。

（三）中餐宴会规范

1. 位次排列

举办中餐宴会一般采用圆桌，每张桌子的具体位次有主次尊卑之分。宴会的主人应坐在主桌上，面对正门就座；同一张桌上位次的尊卑，根据距离主人的远近而定，以近为上，以远为下；同一张桌上距离主人相同的位次，排列顺序讲究以右为尊，以左为卑。在举行多桌宴会时，各桌之上均有一位主桌主人的代表，作为各桌的主人，其位置一般应与主桌主人同向就座，有时也可以面向主桌主人就座。每张餐桌上，安排进餐人数一般应限制在 10 人之内，并且为双数。

2. 桌次排列

举办一张圆桌以上的宴请时，就出现了桌次的排列问题。经常遇到的有以下两种情况。

（1）两桌组成的小型宴会，餐桌的排列，有时需要横排，有时需要竖排。两桌横排时右为尊，左为卑，左和右方位的确定以面对正门的位置为准。

（2）三桌或三桌以上的宴会，叫多桌宴会，其桌次排列方法，除了要遵守两桌排列的规则，还应考虑与主桌的距离，即距离近者桌次高，距离远者桌次低。

在安排桌次时，主桌可以略大，而其他餐桌大小、形状应大体相仿，不宜差别过大。

3. 上菜顺序与就餐方式

1）上菜顺序

标准的中餐，无论何种风味，其上菜的顺序大体相同。通常是首先上冷盘，接着是热炒，随后是主菜，然后上点心和汤，最后是水果拼盘。

当冷盘只剩 1/3 时，开始上第一道热菜，一般每桌要安排 10 个热菜。宴会上桌次再多也要同时上菜。

上菜时，如果服务员给每个人上菜，要按照先主宾后主人、先女士后男士或按顺时针方向依次进行。如果由个人取菜，每道热菜应放在主宾前面，由主宾开始按顺时针方向依次取食。切不可迫不及待地越位取菜。

上菜一定要是双数。根据某些地区的风俗，七道菜是祭奠用的。通常鱼头要对着座上嘉宾，以示尊敬和吉利。

2）就餐方式

具体的就餐方式可以分为多种。

（1）分餐式，即在就餐时，为每个用餐者提供的主食、菜肴、酒水及餐具一律每人一样一份，分别使用，一般由服务员用小碟盛放，既卫生又公平。此形式尤其适合于正式宴会。

（2）布菜式，即用大盘盛放，由服务员托菜盘依次放入每个人的食碟中，剩余部分放在餐桌上供客人自取。布菜式既卫生又照顾了饭量大或不同口味人士的需要，是宴会上常采取的形式之一。

（3）公筷式，即主食菜肴不必分开每人一份，而是将菜和食品用大盘盛放，用公用的餐具适量取食，放入自己的食碟中。

（4）混餐式，即用餐者根据自己的口味，用自己的餐具，直接从盛菜的大盘中取食。这是中国传统用餐方式的特点，在正式的宴会上不宜使用。

借鉴西方的用餐方式，在举办人数众多的宴请活动时，采用中餐自助的形式，也不失为一种明智的选择。

4. 餐具的使用

中餐的餐具主要有杯、盘、碗、碟、筷、匙等。在正式宴会上，水杯放在菜盘上方，酒杯放在右上方。筷子和汤匙放在专用托上。公用的筷子与汤匙最好也放在专用托上。酱油、醋、辣油等佐料应一桌一份，并要备好牙签和烟灰缸。宴请外宾时，还应备好刀叉，供不会使用筷子者使用。

筷子是中餐的主要餐具，用以夹取食物。一般应以右手持筷，用右手拇指、食指、中指三指共同捏住筷子上部1/3处。筷子应成双使用，不能用单根筷子去叉取食物。使用筷子要注意：一不要嘴含筷子；二不要挥动筷子；三不要敲筷子；四不要用筷子插食物；五不要用筷子翻搅菜肴；六不要把筷子放在碗上等。

汤匙主要用以饮汤，尽量不要用其舀菜。用筷子取菜时，可用汤匙加以辅助。使用汤匙要注意：一是饮汤时，不要全部放入口中吸吮；二是用汤匙取食物后，应立刻食用，不要再次倒回原处；三是若食物过烫，不宜用汤匙倒来倒去；四是不用时，应将汤匙放在自己的食碟上，不要放在桌上或汤碗里。

碗主要用于盛放主食、羹、汤。在正式的宴会上，使用碗要注意：一是不要端起碗进食，尤其不要双手端起碗进食；二是碗内的食物要用餐具取，不能用嘴吸；三是碗内的剩余食物不可往嘴里倒，也不可用舌头舔；四是暂不用的碗不可放杂物。

稍小一些的盘子又叫碟子。在餐桌上，盘子一般应保持原位不动，并且不宜将多个盘子叠放在一起。

每个人面前的食碟是用来暂放从公用菜盘取来的菜肴的。使用食碟要注意：一不要取放菜肴过多；二不要多种菜肴堆放在一起相互“串味”；三不要将不宜入口的残渣、骨、刺吐在地上、桌上，应轻放在食碟的前端，由服务人员撤换。

中餐中使用的水杯主要用于盛白开水、饮料、果汁。使用水杯要注意：一不要用于盛酒；二不要倒扣水杯；三不要将喝入口中的东西再吐回去。

宴会前的湿毛巾是用来擦手的，不能用来擦脸、擦汗。宴会结束时的湿毛巾是用来擦嘴的，不能用来擦脸、擦汗。

餐巾应铺放在并拢之后的大腿上，不能围在脖子上，或掖在衣领里、腰带上。餐巾可用于轻揩嘴部和手，但不能用于擦餐具或擦汗。

5. 用餐要求

由于中餐的特点和就餐习惯，参加中餐宴会时，尤其要注意以下几点。

（1）上菜后，不要先拿筷子，应等主人邀请，主宾动筷子时再拿筷子，主人拿起筷子说声“请”，大家便可以开始吃了。当主人举起杯子向客人敬茶时，客人在礼貌上也要喝一口茶。取菜时要相互礼让，不要争抢。取菜要适量，不要把适合自己口味的菜一人“包干”。

（2）为表示友好、热情，彼此之间可以让菜，劝对方品尝，但不要为他人布菜，不要擅自做主，无论对方是否喜欢，主动为人夹菜、添饭，都会让人为难。

（3）不要挑菜，不要在公用的盘子里挑挑拣拣、翻来覆去。取菜时，要看准后夹住立即取走，不能夹起来又放下，或取回来又放回去。

6. 就座和离席

（1）应等长者坐定后，方可入座。

（2）如有女士，应等女士坐定后，方可入座。如与女士座位相邻，应招呼女士入座。

（3）用餐后，须等男、女主人离席后，其他宾客方可离席。

（4）坐姿要端正，与餐桌的距离保持适宜。

（5）离席时，应帮助邻座长者或女士拖拉座椅；离座后将座椅轻轻推入桌下，方便他人离座。

（四）西餐宴会规范

西餐是西式饭菜的一种约定成俗的统称，大致可以分成欧美式和俄式两种，以法国菜、意大利菜为主流。西餐菜肴主料突出，营养丰富，讲究色彩，味道鲜香，其烹饪和食用同中餐有很大的不同，体现了西方文化的特色。

有人将中西方文化表现在吃方面的差异具体为中国的锅文化和西方的盘文化。吃中餐一团和气，吃西餐则是吃情调。壁炉、水晶灯、烛台、美酒，再加上就餐者优雅迷人的举止，简直就是一幅动情醉人的油画。

传统的法式菜单通常超过十二道菜，那是传统形式下的丰盛大餐。现代的西式菜单越来越简化，目前流行的西式菜分为五道：头盘—汤—副菜—主菜—甜品，外加餐前酒和佐餐酒。

1. 西餐宴会的席位排列

同中餐相比，西餐的席位排列既有许多相同之处，也有一些不同。由于人们对席位的排列十分关注，排列时要多加注意。

（1）排列的规矩。在绝大多数情况下西餐宴会席位排列主要是位次问题。除了极其盛大的宴会，一般不涉及桌次。了解西餐席位排列的常规及同中餐席位排列的差别，就能够较好地处理具体的席位问题。

① 女士优先。在西餐礼仪里，往往体现女士优先的原则。排定用餐席位时，一般女主人为第一主人，在主位就位，而男主人为第二主人。

② 距离定位。西餐桌上席位的尊卑，是根据其距离主位的远近决定的。距主位近的位置要尊于距主位远的位置。排定席位时，以右为尊是基本原则。就某一具体位置而言，按礼仪规范其右侧要尊于左侧之位。在西餐排位时，男主宾要排在女主人的右侧，女主宾排在男主人的右侧，按此原则，依次排列。

③ 面向门为上。在餐厅内，以餐厅门作为参照物时，按礼仪要求，面对餐厅正门的位子要高于背对餐厅正门的位子。

④ 交叉排列。西餐排列席位时，讲究交叉排列的原则，即男女应该交叉排列，熟人和生人也应当交叉排列。一个就餐者的对面和两侧往往是异性或不熟悉的人，这样可以广交朋友。

（2）席位的排列。

长桌的排列。最正规的西餐桌是长桌，其排位如下。

① 男、女主人在长桌的中央相对而坐，餐桌的两端可以坐人，也可以不坐人。

② 男、女主人分别坐在长桌的两端。

③ 用餐人数较多时，可以把长桌拼成其他形状，以使大家能够一道用餐，要注意的是长桌的两端尽可能安排举办方的男士就座。

西餐宴会一般不用圆桌。方桌的排位是：就座于餐桌四面的人数应相等，并使男女主人与男女主宾相对而坐，所有人各自与自己的恋人或配偶坐成斜对角。

2. 西餐的上菜顺序

由于饮食习惯不同，西餐的上菜顺序与中餐有明显不同。正规的西餐宴会，其上菜顺序既复杂又非常讲究。一般情况下，完整的西餐正餐由下列八道菜肴组成。

（1）开胃菜。开胃菜就是打开胃口的菜，也叫头盆、前菜，一般是由蔬菜、水果、海鲜、肉食所组成的拼盘。

（2）面包。西餐正餐面包一般是切片面包，吃面包时，可根据个人口味，涂上黄油、果酱和奶酪。

（3）汤。汤有两大类，即浓汤和清汤，也有很好的开胃作用。喝汤时，才算正式开始吃西餐。

（4）主菜。主菜的内容非常广泛，包括水产类、畜肉类、禽类和蔬菜类菜肴。正式的西餐宴会上，大体要上一个冷菜、两个热菜。两个热菜中，讲究先上一个鱼类，由鱼或虾及蔬菜组成。另一个是肉菜，为西餐中的大菜，是必不可少的。它多用烤肉配以蔬菜，往往代表着此次用餐的最高档次和水平。

（5）点心。吃过主菜后，一般要上一些蛋糕、吐司、三明治等西式点心。

（6）甜品。点心过后，接着上甜品，最常见的有冰激凌、布丁等。

（7）水果。吃完甜品，一般还有些干鲜果品。

（8）热饮。在宴会结束前，还要为餐者提供热饮，一般为红茶或咖啡，以帮助消化。

3. 西餐餐具的摆放和用餐方法

（1）餐具的摆放。西餐的餐具主要有刀、叉、匙、盘、碟、杯等，讲究吃不同的菜要用不同的刀、叉，饮不同的酒要用不同的酒杯。其摆放为：正面放汤盘，左手放叉，右手放刀，汤盘前方放匙，右前方放酒杯。餐巾放在汤盘上或插在水杯里，面包奶油盘摆放在左前方。

（2）用餐方法。

① 自助西餐。

a. 原则上按照生菜、色拉、主食、甜点、水果顺序取菜，一次取 2～3 样。盘子如果堆得太满，既不雅观，又容易混淆原味。选用牛排、猪排、鱼排等食物时，须遵照西餐的礼仪食用。

b. 不要混用专用菜夹，用过的餐盘不可再用。

c. 既不可浪费，又不可抱着“捞本”和“不吃白不吃”的心态，暴饮暴食。

② 餐具的使用。

a. 左叉固定食物，右刀切割食物。

b. 餐具由外向内取用。

c. 几道菜会放置几个餐具，每个餐具使用一次。

d. 就餐过程中，需要暂时离开或与人攀谈，应放下手中的刀、叉，刀右、叉左，刀口向内、叉齿向下，呈“八”字形摆放在餐盘上，表示此菜尚未用毕。

e. 使用完的餐具，刀右、叉左并排放在餐盘上，叉齿向上，刀口朝内，握把皆向右，等待服务员来收取。

③ 进食的方法。

a. 色拉：用小叉食用，食用过程不可出声。

b. 汤：用汤匙由内往外舀，不可将汤碗端起来喝，喝汤时不出声，不要用嘴吹，不要身子俯得太低。

c. 面条和面包：面条用叉子卷妥食用。面包用手撕成小块放入口中，不可用嘴啃食。

d. 主菜：用刀切割，一次吃一块。不可一次切完再逐一食用。口中有骨头或鱼刺时，用拇指和食指从紧闭的唇间取出。

e. 水果：用叉子取用。嘴里有果核，先轻轻吐在叉子上，再放入盘内。

f. 咖啡和红茶：不能大口吞咽，小口细品才能显示出品位和高雅。

④ 品饮咖啡。

a. 端咖啡杯：右手拇指和食指捏住杯把，把杯子轻轻端起。

b. 给咖啡加糖：先用糖夹子把方糖夹到咖啡碟的近身一侧，然后再用咖啡匙把糖加入杯中。

c. 搅拌咖啡：喝咖啡前应仔细搅拌，待搅匀后饮用。把咖啡匙放在托碟外边或左边。

d. 品饮咖啡：品饮咖啡不能用匙子舀，匙子是用来搅拌咖啡或加糖的。不用时，应将匙子平放在咖啡碟中。喝咖啡只需将杯子端起即可，不要将下面的接碟一并托起。

⑤ 坐姿与话语。

a. 坐姿端正，不可用嘴就碗，应将食物拿起放入口中。

b. 取用较远的东西，应请别人递过来，不要离座伸手去拿。

c. 嘴里有食物，不可谈话。

d. 说话文明，且不要影响邻座的客人。

4. 赴宴礼仪

出席正式的宴会，必须遵守宴会的礼仪规范，注意自己的言行举止，维护国家、单位以及个人的良好形象。

（1）应邀。接到赴宴的邀请，能否出席应尽早答复对方，以便主人做好安排。如不能出席应向主人解释、道歉。

应邀参加活动前，要核实宴请的主办方、活动时间、活动地点、活动性质，是否邀请配偶参加，服饰上有什么要求，是否需要带礼物等，提前做好准备，防止出现差错。

（2）仪容仪表。吃饭时穿着得体是欧美人的常识。男士要穿着整齐的上衣和皮鞋；女士要穿着正装和有跟的鞋子，避免非常随意的服装。有这样一位朋友，初次相识的法国朋友邀请他去某高档西餐厅就餐，这位朋友因为没有合适的服装出席，便拒绝了。当然因为服装问题而拒绝邀请有些不合适，但是足见这位朋友对自己形象的要求。作为现代人，准备几套便于出席正规而浪漫场合的服装是非常有必要的。

（3）掌握好时间。出席宴请活动，抵达的时间不可过早或迟到，也不可早退，我国的习惯是正点或提前两三分钟到达。

（4）抵达。进餐厅时如果有外国人在场，应体现女士优先原则。作为女士，千万不可矫揉造作，否则会显得不识大体，不够自重。进入餐厅时，往往男士开门，请女士进入或者由服务员带位，到达后先到衣帽间脱下大衣和帽子，然后前往迎宾处主动向主人问候，并根据活动内容向主人道贺。

参加庆祝活动，可按当地的风俗习惯和相互关系赠送花束或花篮，赴家庭宴会，可酌情给女主人赠鲜花。

（5）入座。应尊重主人的安排，并注意与其他人谦让。最得体的入座方式是从左侧入座，当椅子被拉开后，身体在几乎要碰到桌子的距离站直，领位者会把椅子推进来，腿弯碰到后面的椅子时，就可以坐下，调整一下自己和餐桌的距离以便使用餐具，但注意避免拉椅子时发出刮地板的声音。不要将外衣或随身携带的物品放在餐台上。就座后要表现出优雅的仪态，手肘不要放在桌面上，脚放在本人座椅下，不要跷足，不可玩弄桌上的酒杯、盘碗、刀叉等餐具。点完菜后，在前菜送来前的这段时间把餐巾打开，往内折 1/3，让 2/3 平铺在腿上，盖住膝盖以上的双腿部位

（6）进餐。大家入座后，主人应招呼客人用餐。中餐通常由男主人提议大家开始用餐，而在西方则往往由女主人宣布就餐开始。

吃东西要文雅，闭嘴咀嚼，不要发出声音，嘴里有东西不要张嘴说话。热汤不要用嘴吹。注意吃相，既不要狼吞虎咽，也不要过细过慢。

要讲究卫生，不要吸烟。在餐桌进餐时，不要咳嗽、清嗓子、吸鼻涕、打喷嚏，如有此需要，应起身去卫生间处理。万一不能控制，也要用餐巾纸捂住鼻子、嘴巴，事后向周围的人道歉。

要尊重不同的就餐习俗。各国的餐饮都有自己的风俗习惯，要注意尊重。如中餐，有的地方吃鱼，忌鱼翻身，餐桌上不要故意违反。

商务宴请基本礼仪

第三节 职场礼仪

办公室是处理单位业务的场所，办公室礼仪不仅是对同事的尊重和对单位文化的认同，也是每位员工为人处世、待人接物最直接的表现。在办公室遵守礼仪，是职场人士的基本

要求，职场细节决定成败。办公室作为一个特殊的场所，其礼仪要求与社交礼仪有本质的区别，请记住：在工作中，应该不分男女。

一、办公环境

办公环境是指一定的组织机构工作所处的自然环境。

（一）办公室布置的原则

（1）选用大小合适的办公室，不浪费资源。

（2）同一办公室尽可能使用统一规格的办公桌。

（3）档案柜的高度应与其他柜子一致，以达到美观的效果。

（4）采用直线对称的布置。

（5）领导或主管的办公区域需设置适当的访客空间。

（6）来访者较多的部门，通常置于入口处，减少办公干扰。

（7）领导或主管的工作区域位于部属座位后方，以便于监督。

开放式办公室与封闭式办公室各有其优缺点，如表 10-1 所示。

表 10-1　开放式办公室与封闭式办公室的优缺点比较

办公室类型	优　　点	缺　　点
开放式办公室	1. 灵活应变，工作位置能随需要移动改变 2. 节省面积费用，能容纳更多员工 3. 易于沟通，便于交流 4. 容易集中化服务和共享办公室设备	1. 难保机密 2. 难以集中注意力，员工容易受接打电话、人们走动等干扰 3. 房间易有噪声，如说话声、打电话声和操作声 4. 员工难于找到属于自己的私人空间
封闭式办公室	1. 比较安全，可以锁门 2. 易于保证工作的机密性 3. 易于员工集中注意力，从事细致或专业工作 4. 易于保证隐私，明确办公空间由自己使用	1. 费用高，墙、门、走廊等占用空间多并要装修 2. 难以交流，员工被分隔开，易感觉孤独

（二）办公用品摆放

1. 个人办公用品

个人经常使用的办公用品和设备应摆放有序，方便操作。

个人自用的办公文具、用品、零散物件等应有序地放在抽屉里，按照使用频率及使用习惯安排；常用文件夹应整齐叠放在桌边或直立在文件夹上，并贴有标识予以区分，以做到取用有序；涉密文件和不常用的文件夹应存放在文件柜里；专用的电话一般放在左手边方便拿到的位置，以便右手记录留言；计算机、打印机等用电设备宜放在一起，便于电源接线和管理。

2. 公共办公用品

文件柜里的公用文件袋、文件夹等资料要整齐有序地摆放，取用后要放回原位置，方便他人再用。

公共办公用品柜里的物品要放置规范，通常重的、大的放下面，轻的、小的放上面，摆放有序，便于取用，并要做到用后归位。

一些常用的公共物品，如电话号码簿等按办公室要求放在柜子里或书架上，注意用后放回原位，不给他人带来不便。

接待区为访客提供的宣传品、资料以及报纸、杂志等应整齐摆放，并设专人负责整理，做好接待窗口的对外形象。

二、办公交际礼仪

哈佛大学、卡耐基基金会和斯坦福研究所提供的调查报告显示，要找到工作、保住工作或在岗位上得到晋升，85%取决于人际关系，而只有15%取决于技术知识和技能。遵循办公室交际礼仪有助于建立良好的人际关系。

（一）人际礼仪

1. 与下属相处

领导能力体现在带领一组人完成工作的过程中。要充分了解并发挥三种领导特质：拥有广博知识，适时创造动能，关注小组中的每个成员。

与下属相处，绝不能忽视工作团队的重要性。永远用“我们”来代表所属的部门；当部属受到不公平的指控时，尽力为他们辩护；当部属确实犯错时，积极为他们争取将功补过的机会。绝不轻率侵犯其他经理的业务领域；有效率地主持会议，注意会议议题，避免浪费时间；在可能的范围内，改善员工的工作环境，注意通风、照明、办公桌椅、隔音等设备；当同事或朋友遇到困难时，主动伸出援助之手；制止不当谣言的扩散，并主动予以澄清；在钱财上，不斤斤计较；遵守礼仪规范，懂得对上司表示适度的尊重；懂得如何赞美别人与接受别人的赞美；熟知涉及电话、书信、传真等的常用礼节；关怀员工，知道部属的专长，并按其所长分派适当的工作；当员工犯错误时，私底下批评，同时要让他清楚地知道自己错在哪里。这些不但需要领导具备相当成熟的沟通技巧，也要认识员工的个性。一方面要让员工确信他对公司很重要，另一方面要避免员工产生“少做少错，不做不错”的消极心态。领导要赏罚分明，根据部属的工作表现，给予公平合理的回馈。

领导要重视以身作则。在征求员工意见时，领导可以要求员工在提意见的同时附带解决方案，而不仅仅是把问题上交或只有对原有方案的否定意见；也可以要求员工在提出重要意见时区分不同的场合，以免影响方案在未来的推行；还可以在方案提交大范围讨论前，先个别征求意见。这样，领导在推进一项工作时，即使遇到极力反对，也可以从容解决，避免在公开场合遇到严重挑战。否则，即使勉强通过，也势必难以实施。而在个别或小范围征求意见时，领导应该有这样的肚量：鼓励部属直截了当地提出不同意见，不需要讲究所谓的技巧。

沟通原则是指将积极的信息往下传，消极的信息往上传，而不往下扩散。积极的信息往下传是为了贯彻和激励，消极的信息往上传是为了了解问题和解决问题，这也意味着领导要勇于面对上传的消极信息。

2. 与同事相处

团队精神是现代组织的核心，团队作业又是现代组织最重要的成长方式（见插页图 10-20）。职场中的优秀者进入团队后能自觉主动地融入其中，并设法确认每个人都了解、接受团队目标，而组织中的工作也公平地分配给了每个人。营造良好的人际关系是成功的必要条件。这需要领导者具备良好的合作精神，在团队协作中表现出色。单枪匹马的时代已经不再，不善于协作的人，纵然是天才，也无法获得真正的成功。

（1）透明竞争，不可玩弄阴谋。现代的职场人都很讨厌那些喜欢搬弄是非、玩弄阴谋的人，忌讳任人唯亲或拉帮结派。许多行业需要的是团队配合，同事时常一起加班研讨，长时间共处，彼此更为了解，往往能够成为知心朋友。这点与传统的职场人际关系不同，所以你不要抱着同事是“冤家”“敌人”的成见，否则你将难以立足，很难发展。你与同事的共处原则是彼此尊重、配合，然后尽量施展你的才华，在透明竞争中求发展。

（2）交友有度，不要过问隐私。现代职场人的生活方式、思想观念大都比较前卫，许多私事不喜欢让人知道，哪怕是最要好的朋友。他们比其他的群体更注意捍卫自己的隐私权，所以，即便是领导，也不要轻易侵入对方的这个“领地”，除非对方自己主动向你说起。在他们看来，过分关心别人隐私是无聊、没有修养的低素质的表现。

（二）着装仪态

不管你的衣服是花多少钱买的，只要在清洗上发生一个遗漏或失误，整件衣服的质感就完全消失了。如果你不善于注意小的细节，不妨在家里某处贴一张清理查验单，例如贴在浴室的镜子上。每当你早晨出门前，读一遍这张查验单，并且一项一项地检查自己。

1. 头部

刮好胡子，敷好面霜，修剪好鬓毛。谨慎地化妆，拔眉毛，擦拭和清洁首饰。

如果要戴围巾，它一定要干净而且烫平过。

梳好和清理好头发，洗好脸，清洗耳朵、洗脖子。

2. 身体

清理衬衫，检查领子和袖口是否磨损，领带是否干净。使用少许香水，勿让化妆品沾于衣服，勿露出衬裙。

洗好身体，换上干净的内衣裤，穿上无污点和烫平的衣服，确认纽扣没有掉落。

3. 手部

清理和修剪指甲，指甲要保持光泽，涂抹护手乳液，清理戒指并用皂丝清洗表带。

4. 腿和脚

把干净的袜子拉高穿，保持鞋子上边饰的形状，紧身裤袜如果有破洞坚决不穿，鞋子要擦亮，鞋跟要保持良好。

（三）通信礼仪

1. 接、打电话

（1）准备好电话号码，确保周围安静，嘴里不含东西，想好说话内容、措辞和语气语调。

（2）如无急事，非上班时间不打私人电话。给客户打电话，上午不早于 8 点，晚上不晚于 10 点。

（3）拨错号码，要向对方表示歉意。

（4）做自我介绍，扼要说明打电话的目的和事项。询问和确认对方的姓名、所在部门和职位。记录对方谈话内容并予以确认。

（5）如果对方不在，且事情不重要或不保密时，可请代接电话者转告。相反，应向代接电话者询问对方的去处和联系方式，或把自己的联系方式留下，让对方回来后回电话。

（6）感谢对方或代接电话者，并有礼貌地说声“再见”。

（7）注意音量、语气、声调。

2. 手机礼仪

（1）由于手机随时随地都可能响铃，因此在听报告、讲座、音乐会时一定要把手机提示音调为振动状态。

（2）在餐厅、候机厅、酒吧等公共场合使用手机时，说话声音一定要小。比较合宜的做法是走到门外去接听电话，而且音量适中。

（四）就餐礼仪

单位员工尽可能不在办公室用餐。如需在办公室用餐，要注意以下细节。

（1）用餐的时间不要太长。他人可能要随时进入工作状态，也可能有客人来访。

（2）尽快扔掉开口的饮料罐。开口的饮料罐长时间摆在桌上有损办公室雅观。如果要等会儿再喝，应放在不被人注意的地方。

（3）口里含有食物不要贸然讲话。口含食物时要咽完再讲话。如果大家围坐一堂，难免有人讲笑话，每口含食物不要太多，以防止大笑喷饭。

（4）吃东西不要乱溅，不要吃咀嚼声音有可能很大的食物。

（5）不将带有强烈味道的食品带到办公室食用。即使你喜欢，也会有人不喜欢，而且其气味会弥散在办公室里，有损办公环境。

（6）掉在地上的食物要马上捡起扔掉。餐后将桌面和地板打扫干净。

（7）准备好餐巾纸。饭后不要用手擦嘴，应该用餐巾纸擦拭。

（8）及时清理餐具。用完餐把一次性餐具立刻扔掉，不要长时间摆在桌子或茶几上。如突然有事情耽搁，也记得礼貌地请同事代劳。

三、办公会议、公文礼仪

会议，又称集会或聚会。一般情况下，会议是有组织地把人们聚集在一起，对某些议题进行商议或讨论的集会。

（一）会议礼仪

会议是一项重要的公务活动，要想取得较好的效果：一要确定实在、必要的会议内容；二要讲究会议的种种程式，使之符合礼仪。

1. 会议的组织程式

（1）确立会议议题、中心。每一个会议都有其目的、重点，大到全国人民代表大会，小到班组学习座谈会，都必须在会前明确议题，否则，目的不明、可开可不开的会议还是不开为好。

（2）拟发会议通知，确定会议议程。及早发布通知，说明会议的时间、地点、主题和议程，以及参加会议者的食宿，应准备的发言材料、学习资料等。整个会议议程要事先拟定，以便整个会议能够有条不紊地进行。

（3）安排布置好会场。要根据会议的规模、大小来选择会场。会场布置也要和会议内容相统一，主席台上方要挂会议名称的横幅，会场中要有宣传会议的标语、主席台人员的名单牌、参加会议代表团的标牌、指示路线的路标及表示欢迎的室外标语等。要事先装配、调试会场灯光、音响设备，以及采购、准备会场茶水、饮料等，一些大型会议还需要配备保安、医务人员及有关设施。

（4）做好迎送接待工作。大、中型会议，一定要安排好与会者的接待迎送工作，不然，与会者不知如何报到、食宿、回程，容易延误会议，对与会者来说也是十分不礼貌的。所以会议组织者一定要安排好这项工作，如果对方是德高望重的领导、权威或老弱病残，还应该安排车辆人员前往机场、车站接送，会议期间的食宿起居应安排专职人员服务。

2. 会议主持人的礼仪

（1）组织者礼仪。作为会议组织者自始至终要保持清醒的头脑和细致的洞察力，在会议组织过程中要热情、耐心，发现问题及时解决，力争做到有求必应、有问必答、不厌其烦、准备充分，整个工作流程要以严肃、认真的态度来完成。

（2）主持人礼仪。一般来说主持会议者都是由具有一定职位的人来担任的，因此更要注意一举一动须符合身份，自然大方。走姿步伐应自信、刚劲、有力，体现一种胸有成竹、沉稳自信的风度和气质，步幅、步频要依据不同性质的会议而定。一般的纪念性、悼念性会议，步频要慢，每秒1～2步，且步幅要小；欢快、热烈的会议步频应较快，每秒约2.5步，步幅应较大；主持庄严的大会，步频以每秒2步为好，步幅自然。行走时挺胸抬头，目视前方，摆臂自然。遇见熟人不能打招呼，更不可寒暄闲谈，但落座后会议还未正式开始时可适当点头，微笑致意。

坐姿要端正，腰部挺起，颈部伸直，面对前方虚视全场，双臂前伸，两肘轻按桌沿，呈对称的“外八字”。站姿要双腿并拢，腰背挺直，持稿时，右手持稿底部中间，左手五指并拢自然下垂，双手持稿时要与胸等高，与身体成45°角。主持时，注意不能出现用手抓头、揉眼、挠脸、抖腿、手舞足蹈等不雅的肢体动作。

会议主持人的言谈要根据不同的会议气氛，或庄重，或幽默。要处处尊重他人的发言和提问，口齿清楚，思维敏捷。注意调节、控制会议气氛和议题，会议出现僵局冷场后要及时引导，不以动作、表情或语言对不同意见者表示不满。

3. 例会礼仪

例会是一种制度化的会议，开会时间、地点、人员均固定，以讨论工作、沟通信息为会议内容。例会的一般程序与礼仪如下。

（1）与会者应准时参加例会，召开例会不发通知和告示，与会者如遇意外不能参加，一定要事先请假，以免其他人无端等候。如果因事取消或推迟会议要通知有关人员。

（2）会议布置宜紧凑。通常是圆桌或长桌，与会者可团团围坐，显得集中。

（3）会议时间要简短，议题要明确。“短小精悍”是例会的基本风格，每一个与会者发言时应一个接着一个，不要冷场，讨论工作时要议题集中，主持人及时控制，不要岔开主题，切忌把例会开成“马拉松”式的长会。

4. 座谈会礼仪

这是一种邀请有关人员交谈讨论某一专题的会议，“平等”“轻松”应是座谈会的基本风格。开座谈会的礼仪要求如下。

（1）发送邀请通知要提前 3 天。会议通知应明确会议时间、地点、议题，以便与会者了解。

（2）会议中要积极创造平等和谐的气氛。会议主持人的座位不宜太显眼，要与其他人员围圈而坐。主持人宣布开会后，要简要说明会议的宗旨、时间、出席单位或个人、会议内容、原则，在引导座谈讨论过程中，要就重点、难点或不清楚的问题启发思路，让大家畅所欲言，并归纳、整理、重述结果。

（3）在座谈会上应鼓励插话和争论。座谈会可以你一言我一语，使会议气氛尽量显得活泼一些，使与会者做到知无不言，言无不尽。

5. 庆祝表彰会礼仪

“热烈、欢快、隆重”是庆祝表彰会的基本氛围，为体现这一点，就必须做到如下几方面。

（1）会场布置采用大红横幅、彩旗、宣传标语、敲锣打鼓来体现这种气氛。会场大小要与与会人数相当。

（2）做好迎送工作，对上级领导或被表彰人员要热情、妥善地迎送，会场可播放轻松的乐曲，主席台人员入座时，全体与会人员要报以热烈的掌声。

（3）会议发言要短小精悍，每一个人发言结束时，主持人要引导全场热烈鼓掌，这既是对发言者的尊重，也是为了进一步渲染、烘托会议气氛。

（4）表彰时先由领导宣布表彰决定，并为受表彰人颁发奖状、锦旗或奖金，宣读祝贺词。庆祝会可在其间穿插宣读贺电、喜报、捷报等，宣读时口齿要清楚，声音要洪亮，语调要欢快，要符合整个会场热烈的气氛。

（5）会后可安排联欢会、电影招待会、舞会或庆功宴会、座谈会等形式与之呼应。

6. 新闻发布会（记者招待会）礼仪

新闻发布会是政府、企业、社会团体或个人邀请各新闻媒介记者参加，公布有关消息或情况，并通过记者向社会公众进一步传播信息的会议活动形式。

其特点是正式、隆重，规格高，成本高，传播广，事先需要充分的准备。

（1）新闻发布会的常规程序如下：第一步，主持人宣布开会；第二步，介绍应邀参加会议的政府官员和主要发言人；第三步，宣布记者提问时间、提问规则等；第四步，宣布提问开始，并指定提问记者；第五步，宣布提问时间到，提问结束；第六步，组织参观或宴请。

（2）举办新闻发布会应注意以下礼仪要求。

① 选择恰当的新闻媒体。确定信息是否具有专门召集记者前来并予以报道的新闻价值，确认该信息发布的紧迫性和最佳时机。

② 选择一个良好适宜的环境。选择室温、灯光、音响、座椅等方面均显得气氛和谐、主宾平等的环境来举办新闻发布会，往往容易收到更好的效果。

③ 主持人与发言人要求。主持人要尊重记者的提问，并能随时把握会场气氛，讲话措辞要典雅而有力量，风趣而不失庄重。主要发言人应该是权威人物，如新闻发布单位的法人代表等，发言人应头脑机敏、口齿清楚，具有较强的口头表达能力。

④ 议程安排要有章有节、准备充分。开新闻发布会之前，可预先准备好视听辅助工具，如图表、画片、照片、录音带、录像带等，还可安排现场参观、采访、摄像、拍照等，但时间不宜过长，应控制在 1 小时以内。

⑤ 仪表仪态要求。新闻发布会上的主持人、发言人与记者都应讲究仪表整洁端庄。对记者的提问，作为主持人和发言人都应以礼相待，不能用任何动作、表情或语言阻止记者发言。记者提问不可涉及人身攻击等内容。

（二）公文礼仪

1. 公文礼仪的特点

（1）格式固定化。公文的格式包括标题、主送机关、正文、附件、发文机关、发文日期、报送单位、文件版头、公文编号、机密等级、紧急程度、阅读范围等项。对公文不讲格式、随意乱造，是不尊重收文者、阅读者的表现。

（2）行文关系化。公文的关系应以原有的行政关系、职能关系、隶属关系为依据，如无特殊情况，应一级一级依次行文，不应越级行文。拟文涉及部门职权的公文，主办单位要主动与有关部门会商，在取得一致的意见后联合行文。平行或不相隶属的单位之间，只能使用平行文，不能使用下行文或上行文。另外，抄、送、发的关系要明确。

（3）行文逻辑化。提高公文写作技巧、写作水平也是讲究礼仪的具体表现。文书写作中的词语组合要严密精确，不能产生歧义。在一篇具体的文书中，如何称呼，用何种语气，都要和内容相一致，都要考虑对方能否接受，会做出什么样的反应。文书语言不得体，不仅失礼，还会对解决问题起反作用。

2. 公文礼仪的规则

各级国家行政机关的行文关系，应根据各自隶属关系和职权范围确定。

政府各部门在自己的权限内，可以互相行文，可以同下一级人民政府的有关业务部门互相行文；也可以根据本级政府授权和有关规定，对下一级直接行文。

向下级机关的重要行文，应抄报直接上级机关。

凡部门间未对有关问题协商一致时，一律不得各自向下行文。政府各部门可以联合行文。

各级国家行政机关不得越级请示。因特殊情况，必须越级行文时，应抄报越过的机关请示的公文，一般应一文一事。除领导直接交办的事项外，请示不要直接发送给领导者个人，也不要同时抄送同级和下级机关。

受双重领导的机关上报公文，应根据内容写明主报机关和抄报机关，由主报机关负责答复请示问题。上级机关向受双重领导的下级机关行文时，应同时抄送另一上级机关。经过批准在报刊发表的国家行政机关公文，应视为正式公文依照执行。如不另行文，应在报刊发表时注明。

3. 公文办理的礼仪

公文办理一般包括登记、分办、拟办、批办、承办、催办、拟稿、核稿、签发、印制、用印、传递、归档、销毁等程序。凡需办理的公文，文书部门应根据内容和性质，送领导人批示或送交有关业务部门办理。紧急公文，文书部门应提出办理时限。凡涉及其他部门或地区的问题，主办机关应主动与有关部门或地区协商、会签。上报的公文如有关方面意见不一，要如实反映。已送领导人批示或交有关业务部门办理的公文，文书部门要负责检查催办，防止漏办和延误。

公文写作要符合国家政策、法律，人名、地名、数字、引文要准确属实，时间要用具体的年月日，数字书写一般用汉字，同一公文中的数字写法要前后一致，使用简称时必须先用全称，并加以说明。各行政机关发出的公文，由机关领导人签发。重要的或涉及面广的，由正职领导人或主持日常工作的副职领导人签发。有的公文，可由秘书长或办公室主任根据授权签发。

各级领导人审批公文要认真负责。文件主批人要签署自己的意见、姓名和时间。拟写、签发公文时应使用黑色钢笔或毛笔。

各级国家行政机关的办公室在将公文送领导人签发之前，应认真做好审核工作。审核重点：是否需要行文，公文内容、文字表述、文件使用、格式等是否符合有关规定。

上级机关的发文，除绝密或注明不准翻印的以外，经下一级机关的秘书长或办公室主任批准，可以翻印、转发。翻印时，要注明翻印的机关和时间。

传递秘密公文时，必须采取相应的保密措施，确保文件安全。

公文办完后，应根据文书立卷、归档的有关规定，及时将公文定稿、正文和有关材料整理立卷。

公文立卷应根据其特征、相互联系和保存价值分类整理，保证齐全、完整、正确反映本机关的主要情况，便于保管、查找和利用。

立好的案卷，应按照有关规定定期向档案部门移交。个人不得保存存档的公文。

没有存档价值和存查必要的公文，经过鉴别和主管领导人批准，可定期销毁。销毁秘密公文，要进行登记，有专人监督，保证不丢失、不漏销。

4. 常用公文写作的礼仪

1）简报

简报的写作要求：一是简明扼要，二是快速及时，三是真实准确，四是符合格式。

简报根据其内容大体可分为会议简报、工作简报、情况简报三大类。会议简报主要通报会议议题、发言要点、会议决议及会场花絮等背景材料。

工作简报是一种向外单位和内部员工、下属机构通报工作情况、交流工作经验的简报形式，具有较强的公共关系作用。

情况简报是一种涉及面广、容量大，类似于动态消息的简报类型。简报有固定的格式，由报头、正文和报尾三部分组成，报头往往统一印制好待用。

报头：在简报第一页上方，约占全页 1/3 的位置，由简报的名称、期号、编制单位和印发日期四部分组成。其中名称字体较大，可套红印制，可用“××简报”或“××动态”等形式。

正文：报头下用一条较粗的横线隔开后，接着就是简报的正文，正文是简报的主体，要求内容简洁，材料翔实，有的简报还要在正文之前加上目录或标题。标题要求能简要地概括正文的内容，如果是重要的正文，文前可加编者按。

报尾：正规的简报在末页正文下面用一条略细的横线隔开，注明这期简报的发送单位，这就是报尾，“报”指给上级单位，“发”指给下级单位，“送”指给平行或不相隶属的部门。

2）会议记录和会议纪要

会议记录是指在会议进行的同时用书面文字进行记录的形式，把会议的基本情况、议题、决议等有关内容，如实地记录下来，以备事后查考。会议记录人一般由大会工作人员或秘书担任，也可由会议主持人临时指定。

会议记录由开头、正文、结尾三部分构成。

开头：应记录会议名称、会议时间、会议地点、出席人、列席人、会议主持人和记录人七项内容。

正文：主要包括会议主持人的讲话、会议报告与传达、与会者的发言、讨论的问题及会议决议等内容。一般简要记录只需重点地摘要记录，而详细记录要把整个会议的各项议程自始至终地记录下来。

结尾：正文记录完毕后，要另起一行空两格写上“散会”，如中途休会时也应注明“休会”。正式的会议记录，最后要由主持人和记录人在正文的右下方签名，并写上签名的日期。

3）公函

公函是上下级和平级机关或不相隶属的单位之间在洽商、联系工作、询问、答复问题以及委托和告知某一事项、情况时所使用的公文类型，内容涉及的都是较为重要的公务活动。

公函的作用是用于机关之间洽商和联系工作、询问问题，用于向上级部门请求批准某事项等，还可用于上级单位对下级处理问题中做指示、通知、补充、更正和介绍等。

公函的使用范围较广，凡是不便使用其他文种的公务活动，都可以用公函行文，它的行文比较自由，篇幅简短，简便灵活。

公函的写作格式与一般书信大致相同，但公函正文前有标题，结束语的写法也与一般书信的祝愿不同，一般宜用“请函复”“请予以大力协助”“为盼”“特此函复”“此复”等词，署名后还要加盖公章以证明其效力。

第四节　涉外交际礼仪

目前，全世界有 100 多个国家，各国的政治、经济、文化状况都不相同。社交礼仪当然也各有特点。俗话说：“入境问俗，入国问禁。”只有了解各国不同的习俗、礼仪和禁忌，熟悉异国情调，才有利于与这些国家的人士交往和相互了解。

随着国际交往的日趋频繁，逐渐形成了一些各国共同遵循的外事礼仪。外事礼仪在不同国家运用时虽不完全相同，却也大同小异。我国作为联合国的常任理事国，在国际事务中正发挥着重要的作用。外国国家元首、政府首脑和其他贵宾不断地来华访问，为我国了解并运用各种外事礼仪提供了丰富的实践机会。掌握有关外事礼仪的知识，不仅有助于与外宾友好地交往，而且关系到我们伟大祖国的形象。这比了解各国的礼俗文化，自然又加重了一层意义。

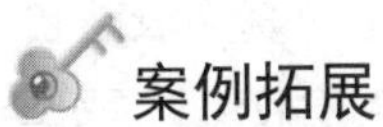
案例拓展　　尼克松访华中的涉外礼仪

一、和外国友人交谈

由于中外地理环境、文化背景、风俗人情各异，在涉外交际中要特别注重言谈举止，既要尊重对方意见，又要不失君子风度，同时还要相互平等，友好待人。唯此，才能在国际社交场合体现出良好的修养。

和外国友人交谈，需要注意以下几个方面。

1. 讲究话题的选择

和外国友人交往，首先，要注意谈论话题的选择，避免涉及个人隐私，例如对方的收入、婚姻、年龄、生意等问题。在他们看来，这属于个人隐私，不能随便过问。这一点和中国人之间的交往方式迥然相异。中国人见面时，常询问对方的姓名、职业、收入、年龄以及婚姻状况，以此表示亲切友好。而这种话题在国际场合中千万不能谈论，免得被对方所厌，造成中国人好询问人家底细的不良印象。其次，避免涉及有关身体健康状况的问题。一般情况下，中国人在交谈时，如遇身体有病，常毫无顾忌地用“我最近拉肚子”“我头疼得不得了”等一类言辞向别人描述自身的状况，这些在外国友人面前是应有所忌讳的。特别是在外国女士面前，有关脚、腿、胃、肠等字眼都以不说为宜。如肚子不好受，只可含糊地说：“我不舒服。”而作为听者，也不必刨根问底，询问对方究竟身体哪个部位不适。最后，要避免谈及有关政治见解的话题。欧美等国党派较多，政见不同，在交际场合提到这些问题，容易引起争论。尤其是外交关系，瞬息万变，谁是谁非，无从判断，若单凭一纸新闻便轻信人家的宣传，盲目加以褒贬，会导致对方不快，造成关系疏远。一般比较稳妥、安全的话题是天气、电影、娱乐、游艺、竞技之类的内容。

2. 礼貌地回答对方的提问

通常在中国人之间的普通交际场合中，不懂对方或不赞成对方的谈话内容时，出于礼貌，不愿刨根问底或直率表达，可含糊其词，敷衍过去。但与外国人交谈，则应采取坦率的态度为好。如没听懂对方的意思，可直截了当地说："对不起，我没有听懂你的话，请再说一遍好不好？"或"这个问题，我一点也不相信。"以此显示态度认真，诚意十足。如果遇到难以回答的问题，可大方地说："对不起，我不能回答你的问题。"

3. 不必过分客气谦让

中国人之间，以"礼多人不怪"为处事原则，有时甚至表现得过分谦虚客气。例如做报告时，发言人常说几句客气话："我今天准备仓促，对这方面研究不够，浪费大家时间，随便听一点吧……"有些中国女青年受到外国人赞扬时，总是谦虚地回答"我长得不美"或"哪里，还差得远呢"。倘若接待外国客人吃饭，也难免客气一番："饭菜做得不好，凑合着吃吧。"这种过分谦虚客气的习惯对外国人来讲并不适宜。对方会以为既然准备不足，何必来讲？明明长得漂亮，为什么不让赞美？所以在国际社交场合，应以国际交往礼节对待外国友人。无论讲学讲话，还是受人赞扬，抑或请客吃饭，都应实事求是，真实表达自己的感情。或表明："关于这个问题，我做了认真的准备，现在谈谈自己的看法。"或回答："非常感谢您的夸奖。"或告知："这是我特意为您准备的饭菜，请品尝！"这些都表现出落落大方、真诚友好的文明风范。

案例拓展　　中外称谓差异

二、迎送外宾

外宾接待工作是涉外交际的重要组成部分，特别是迎送程序和宴请礼节，都有一定的要求。了解和掌握这些内容，对于显示修养、宣传中国、建立感情、促进合作有着不可忽视的作用。

1. 迎送

迎送外宾应首先了解对方身份和来访性质，以及两国关系等因素，以安排合适的迎送活动。其次掌握外宾抵离时间，提前到达机场、车站或码头，以便顺利接送，又不过多耽误迎送人员的时间。

迎接时，应在飞机（车、船）抵达之前到达机场（车站、码头）。送行时，则应在客人登机（乘车、船）离开时，送客人员挥手告别，直到客人看不见我方人员时再离开。

接送客人一般都使用小型轿车，位置是主左客右，也就是当主人陪车时，请客人坐在主人的右侧。如果是三排座轿车，译员坐在主人前面的加座上；如果是两排座，译员坐在司机旁边。上车时，最好让客人从右侧车门上车，主人从左侧车门上车，避免从客人座位前穿过。假若客人先行上车，并坐在主人的位置上，则不必请客人挪动位置。

当客人与迎接人员见面时，要互相介绍。通常由工作人员或迎接人员中身份最高者将前来欢迎客人的人员介绍给来宾。介绍时，要将姓名、职务说清楚。

外宾到达住处后，一般不要马上安排活动，应稍事休息。然后，根据客人要求安排会见、会谈、宴请或游览等活动。

2. 宴请

宴请要顾及主客双方人数和身份的对等，而采用何种宴请形式，应根据当地习惯，一般规格较高、人数较少以宴会为宜，人数较多则以冷餐或酒会更为合适，妇女界活动多用茶会。

宴请时间的确定应以主客双方皆满意为标准，要注意避开有星期五的 13 日，最好先征求对方同意再确定具体时间。

宴请地点一般选择在客人下榻的宾馆或带有当地风味和特色的涉外饭店。

宴请外宾应发出请柬，以表示礼貌尊重，同时也对客人起到提醒、备忘作用。如果是便宴或宴请客人较少，也可不发请柬。

宴请要讲究程序。宴请时，主人应在门口迎候客人，主要陪同人员同主人排成一行迎接客人。迎宾线排列顺序为主人在前，其余陪同人员按职务高低排列。迎宾线应保持到客人进门存衣之后进入休息厅之前，主人及主要陪同人员同客人握手后，由工作人员将客人引进休息厅，或者直接进入宴会厅。宴席讲话，可安排在一入席即开始。宴请席位的安排应根据参加人数多少而定。如是大型宴会，最好排好席位，以免混乱。至于用餐，则应遵守宴请礼仪。

三、会见外宾

改革开放以来，许多外国企业纷纷将目光转向中国。它们投资办厂、捐资、赞助，不少学术文化团体也纷至沓来，与国内相关团体进行科学技术方面的广泛交流。同时，一些外国友好城市的代表频繁来访，寻求合作，进行贸易洽谈。这样，不可避免地要会见外宾，并与其进行会谈。于是精心组织、认真安排这些活动，以加强双方之间的了解、促进感情，就成为涉外的一项重要工作。

会见，在国际上一般称接见或拜会。凡身份高的会见身份低的，或是主人会见客人，称为接见或召见。反之，凡身份低的会见身份高的，或是客人会见主人，称为拜会或拜见。接见和拜会后的回访，称回拜。我国国内不做上述区分，一律统称会见。

会见分为礼节性的、事务性的、政治性的。礼节性的会见时间较短，话题较广泛。事务性的会见一般包含外交交涉、业务交流等。政治性的会见涉及双方关系、国际局势等重大问题。

会见，一般要求上级出面，领导人即是主持人。参加人员不宜过多，只要求有关人员参加。会见地点大都安排在客人下榻宾馆的会议室。如会见时间在会谈之前，可在客人抵达的第二天或宴请之前进行。当然，机关的办公室、会客室和小型会议室也可作为会见地点。会见的座位安排一般是客人坐在主人右边，译员、记录员分别坐在主人和主宾的后边或右边，其他客人按礼宾顺序在主宾一侧就座，主方陪见人在主人一侧就座。座位不够可在后边加座。

四、会谈礼仪

会谈与会见有所不同，一般是双方为解决实际而具体的问题进行的双边谈判。会谈参加人员一般不受限制，但要慎重选择，既要考虑出席者的个人素质，又要注重整体形象。注重选用善于言辞、交际和应变的人才，并确定主谈人。会谈地点可安排在客人下榻宾馆的会议室，如果人少也可以在客人房间进行。日程应在客人抵达前安排妥当，并做好材料准备。

会谈座位安排有一定的规定。会谈通常采用长方形、椭圆形或圆形桌子就座。宾主对面坐，以门为准，主人占背门一侧，客人面向正门。主谈人居中。我国习惯把译员安排在主谈人右侧，有的国家则让译员坐在后面。一般应尊重主人安排。其他人员按礼宾顺序左右排列，记录员在后排。如果会谈是长桌，其一端面向正门，则以入门方向为准，右为客方，左为主方。

会见、会谈还有一些必要的礼节。例如会谈前，主人应提前到达，并到正门口迎接，也可由工作人员在大楼门口迎接，再引到会谈室，主人在会谈室门口迎接。

会见时间可控制在半小时之内。如需合影，可安排在宾主握手之后。合影时，由主人居中，按礼宾次序，以主人右手为上，主客双方间隔排列，两端由主方人员把边，合影后再入座。会见结束时，主人应将客人送至车前或门口，握手并目送客人离去再返回室内。

五、互赠礼品

在涉外友好交往中，互赠礼品已成为一种国际惯例。送礼既不是为了满足对方的欲望，也不是为了显示自己的富有，而是为了增进感情、加深友谊、促进合作、表示感谢。送礼要掌握以下三点。

1. 适时

送礼要掌握恰当时机。业务往来中的初次见面一般不要送礼，因为这不符合欧洲人的习惯，又易产生贿赂之嫌。如只可能和对方有一次见面的话，也可送礼。私人朋友往来时送礼应避开公开场合，而业务往来互赠礼品应选择公共场所。送礼的具体时间可定在生日、婚礼、宴请、探病、圣诞节、复活节，以及其他一些可送礼的节日。

2. 适量

送礼要把握礼品数量的多少和礼品价值的高低。一般西方人认为 13 是个不吉利的数字。它源于上断头台前要迈上 13 级台阶，以及出卖耶稣的犹大是耶稣的第 13 个门徒，因此无论是现代宾馆，还是豪华饭店，都没有 13 这个数字。送礼也不例外。日本对礼品数量有一些特殊的讲究，如避讳 4 和 9 两个数字，却推崇奇数，如 3 等。

礼品价值的高低对外国人来讲是次要的，他们主要看重礼品的实用价值和纪念意义。但礼品太轻则容易被人看不起，太重又易让人产生行贿的印象，故以适中为好。

3. 适需

送礼要察人所需，了解对方的爱好情趣。一般比较好的礼品是具有民族特色的工艺品，如瓷器、漆器、刺绣、丝绸、茶具、字画、景泰蓝等。一般不送香水，以免误会；也不要送带有本公司标志的礼品，以免被人认为是在为其公司做廉价广告。

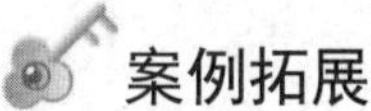

案例拓展　　中外送礼差异

除此之外，送礼还有一些具体规则和要求：赠送的礼品要有精致的包装，包装纸的颜色以花色为好；礼品一般要当面赠送，尽量不要托人转送；赠送礼品要用右手或双手递过去；赠礼时应在刚进入受礼人家时呈递，不要在告辞时再送；送礼人对呈递的礼物应做简短的介绍。此外，祝贺生日、节日、探望病人、参加婚礼的场合，送礼时应说几句祝词或问候的话语。如委托他人代送礼物，礼品中不要放名片，可在纸上亲笔书写问候、祝贺或纪念的话语。接受礼物时应双手去接。欧洲人习惯当着送礼人的面打开礼品包装，并极力称赞后放在醒目的位置；送礼人不要对受礼人家中的某个物品长时间盯视，以免对方提出赠送，造成尴尬局面。

社交应酬，礼尚往来，既是人之常情，也是建立人际关系、拓展交际范围不可缺少的一部分。中国人与外国人交往时，可根据上述规则，针对不同国家的风格，注意礼品颜色、图案的选择，从而赠送恰当的礼品，以达到交流感情、增进友谊的目的。

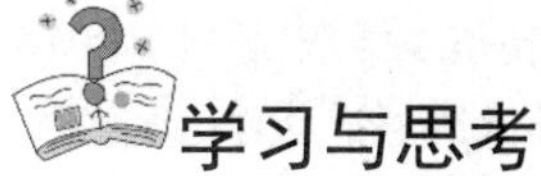

学习与思考

一、问答题

1. 社交礼仪的内容有哪些？

2. 职场礼仪与社交礼仪的关系如何？

3. 涉外礼仪有哪些基本要求？

二、论述题

举实例谈一谈职场礼仪的重要性。

三、实践题

设计并演练一次商务谋面。

参考文献

[1] 英格丽•张．你的形象价值百万[M]．北京：中国青年出版社，2005.

[2] 李科凤．商务形象塑造与礼仪[M]．北京：北京交通大学出版社，2013.

[3] 谢伦浩．礼仪主持艺术教程[M]．北京：中国传媒大学出版社，2013.

[4] 杨静．形体礼仪实用教程[M]．北京：中国戏剧出版社，2013.

[5] 人力资源社会保障部教材办公室．形体训练[M]．4 版．北京：中国劳动社会保障出版社，2016.

[6] 杨贺，杨娟，马静静．商务礼仪[M]．2 版．北京：北京理工大学出版社，2016.

[7] 英格拉姆．赢在礼仪[M]．庞喜娥，译．哈尔滨：黑龙江科学技术出版社，2009.

[8] 雷鸣．秘书礼仪与形体训练[M]．北京：北京大学出版社，2010.

[9] 吴彩棉，孔繁敏．大学生现代礼仪实用教程[M]．北京：中国传媒大学出版社，2016.

[10] 王晶，张岩松．形体训练与形象设计[M]．北京：清华大学出版社，2011.

[11] 张霞．形体训练[M]．北京：科学出版社，2012.

[12] 金正昆．公司礼仪[M]．北京：首都经济贸易大学出版社，2006.

[13] 张玲．形体礼仪[M]．武汉：华中科技大学出版社，2010.

[14] 张桂兰．形体训练[M]．北京：国防工业出版社，2010.

[15] 教育部，财政部，沈勇根．塑造美的形象：美容美发与人物形象设计技术[M]．北京：外语教学与研究出版社，2012.